AUTONOMIA**LITERÁRIA**
EDITORA**ELEFANTE**

organização
Gerhard Dilger
Miriam Lang
Jorge Pereira Filho

DESCOLONIZAR O IMAGINÁRIO

—

Debates sobre pós-extrativismo e alternativas ao desenvolvimento

tradução
Igor Ojeda

AUTONOMIA LITERÁRIA

coordenação editorial
Cauê Seignemartin Ameni
Manuela Beloni
Hugo Albuquerque

elefante EDITORA

conselho editorial
Bianca Oliveira
João Peres
Leonardo Garzaro
Tadeu Breda

edição & preparação
Jorge Pereira Filho
Tadeu Breda

revisão
João Peres
Priscilla Vicenzo

capa & projeto gráfico
Bianca Oliveira

diagramação
Bianca Oliveira
Mateus Valadares

Gerhard Dilger é jornalista, formado em Letras e Sociologia. Mora na América Latina desde 1992, onde trabalhou como correspondente para *Die Tageszeitung* (*TAZ*), *Neues Deutschland*, *Evangelischer Pressedienst*, *Der Standard* e *Die Wochenzeitung* (*WOZ*), entre outros. Desde 2013, é diretor do escritório regional da Fundação Rosa Luxemburgo para o Brasil e o Cone Sul, em São Paulo.

Jorge Pereira Filho é coordenador de projetos na Fundação Rosa Luxemburgo. É formado em Comunicação Social e cursou Geografia na Universidade de São Paulo (USP), onde é mestre e doutorando em Comunicação Pública.

Apresentação à edição brasileira

Ousar pensar "fora da caixa"

Gerhard Dilger
Jorge Pereira Filho

Com o capitalismo desenfreado que importam ao "desenvolver-se", nossos países se encontram hoje à beira do deserto ecológico e do inferno explosivo da miséria das maiorias. Como se não bastasse, o servilismo mimético resultante ameaça nossas raízes históricas e culturais.
Orlando Fals Borda

Hoje, dezoito anos depois que o sociólogo colombiano Orlando Fals Borda apresentou seu diagnóstico, e dezoito anos depois da primeira vitória eleitoral de Hugo Chávez na Venezuela, o ciclo inédito dos governos progressistas na América Latina, que tantas esperanças despertara em todo o mundo, parece encerrar-se, com algumas poucas exceções. A direita neoliberal, golpista ou não, e que sempre pode contar com o apoio dos governos e das empresas transnacionais do Norte global, está em festa. E a advertência de Fals Borda segue tão vigente como em 1998.

De fato, a publicação deste livro no Brasil se dá em um momento oportuno: as autoras e os autores pertencem a uma esquerda plural e crítica e não se calaram diante de alguns dos enfoques mais problemáticos dos governos progressistas que, por pragmatismo ou convicção, se apegaram à lógica capitalista, em sua variante neodesenvolvimentista.

O maior êxito desses governos na América Latina consiste, sem dúvida alguma, em tirar da pobreza dezenas de milhões de pessoas. Além disso, no âmbito internacional, graças a uma política exterior que o ex-chanceler Celso Amorim denominou "altiva e ativa", as vozes do Sul global foram ouvidas com mais força e se forjaram novas alianças. O "enterro" da Área de Livre-Comércio das Américas (Alca), em 2005, liderado por Luiz Inácio Lula da Silva, Néstor Kirchner e Hugo Chávez, e apoiado por uma amplíssima articulação de movimentos sociais, restará como marco mais importante desta cooperação regional.

Ainda assim, os tímidos avanços na área social tiveram respostas ferozes das oligarquias regionais, que não hesitaram em promover golpes de Estado de novo tipo, como se tem verificado em Honduras (2009), no Paraguai (2012) e no Brasil (2016). Por uma série de fatores, esse campo de força progressista não foi capaz de construir mecanismos que pudessem barrar a atual ofensiva neoliberal na América Latina.

Na realidade, esses governos não conseguiram – ou não quiseram – aproveitar o *boom* das *commodities* a partir de 2003 para implementar reformas estruturais que apontassem para um horizonte pós-extrativista,[1] para não falar pós-capitalista ou ecossocialista. Diante de alianças pragmáticas com o agronegócio, por exemplo, a reforma agrária tem sido praticamente esquecida.

E a febre dos megaprojetos chegou inclusive ao aprazível Uruguai, onde o projeto de mineração de ferro a céu aberto Aratirí não saiu da etapa de planejamento por razões

1 Sobre os diferentes usos de "extrativismo", ver mais adiante.

puramente econômicas. Ao mesmo tempo, continua a expansão do "país florestal" com enormes plantações de eucalipto e fábricas de celulose, impulsionada desde os anos 1990 pelo Banco Mundial, pelo Banco Interamericano de Desenvolvimento e outras agências do capitalismo global.

Na Argentina, o governo direitista de Mauricio Macri aprofunda as apostas do *fracking*, da megamineração e do modelo sojicultor iniciadas durante os doze anos do kirchnerismo, e que, segundo Maristella Svampa e Enrique Viale, já tinham levado a um verdadeiro "maldesenvolvimento".[2]

A Nova Maioria no Chile, formada em 2014 pelo Partido Comunista e pela Concertação de centro-esquerda – que, entre 1990 e 2010, apenas tinha modernizado o modelo neoliberal instalado por Augusto Pinochet –, tampouco dá sinais de que pretende livrar-se de sua nefasta dependência do extrativismo florestal ou da grande mineração de cobre e ouro. Lucio Cuenca, do Observatório Latino-Americano de Conflitos Ambientais, adverte que é preciso estarmos alertas "para o extrativismo de Estado, porque, embora estejamos de acordo em nacionalizar, não queremos que a política de mineração seja a mesma praticada pelas transnacionais hoje em dia".[3]

No Peru, a primavera da esquerda durou apenas alguns meses, em 2011, até que os poderes estabelecidos fizeram o presidente Ollanta Humala "cair em si".

2 Cf.: Maristella Svampa; Enrique Viale, *Maldesarrollo: la Argentina del extractivismo y el despojo* (Buenos Aires: Katz, 2014, <http://www.katzeditores.com/images/fragmentos/SvampaFragmento.pdf>).

3 Consuelo Infante (ed.), *Constituyendo los bienes comunes: memoria seminario sobre extractivismo y proceso constituyente* (Santiago, 2016, <http://rosaluxspba.org/constituyendo-los-bienes-comunes/>), p. 81.

O caso equatoriano é mais complexo: sua Constituição de 2008, construída em torno do conceito ainda aberto do Bem Viver[4] e com a inclusão dos Direitos da Natureza, não foi implementada. Ao mesmo tempo, abandonou-se a proposta visionária de deixar o petróleo embaixo da terra na parte oriental do Parque Yasuní.[5]

Guardadas as consideráveis particularidades de cada processo, a queda dos preços de alguns produtos primários – como o cobre no Chile, o petróleo no Equador e na Venezuela ou as exportações agrícolas no Brasil – mostra de maneira drástica o calcanhar de Aquiles da aposta continuada no modelo primário-exportador e da aliança com as forças políticas que o representam.

Segundo Edgardo Lander,

> *nos dezessete anos do processo bolivariano, a economia foi se tornando cada vez mais dependente das receitas do petróleo, receitas sem as quais não é possível importar os bens requeridos para satisfazer as necessidades básicas da população, incluindo uma ampla gama do que antes se produzia no país.*[6]

O que Lander acrescenta vale, *grosso modo*, para todos os governos progressistas: "priorizou-se durante esses anos a política assistencialista em detrimento da transformação do modelo econômico; a pobreza foi reduzida sem alterar as condições estruturais da exclusão".[7] De fato, os únicos governos progressistas que contam com uma situação estável, no momento em que esse texto é redigido, são o uruguaio e o boliviano.

4 Alberto Acosta, *O Bem Viver* (São Paulo: Fundação Rosa Luxemburgo; Autonomia Literária; Elefante, 2016).

5 Alberto Acosta, *La propuesta Yasuní-ITT abandonada: el fracaso de los gobiernos* (25/8/2013, <http://rosaluxspba.org/es/yasuni-itt/>).

6 Edgardo Lander, *La implosión de la Venezuela rentista* (jul. 2016, <http://rosaluxspba.org/la-implosion-de-la-venezuela-rentista/>).

7 Idem.

No Brasil, o cenário de golpe contra Dilma Rousseff confere contornos emblemáticos para o fim do ciclo petista. A ofensiva contra a presidenta se inscreve, entre outros aspectos, em um roteiro novelesco de traições e capitulações protagonizado pelo vice-presidente Michel Temer e apoiado por setores políticos que também patrocinaram o golpe civil-militar em 1964: entidades patronais, fazendeiros e oligopólios midiáticos.

Repleto de simbolismo, o processo tem um significado explícito para as forças de esquerda que irromperam durante a resistência ao período de arbítrio. Se é verdade que o governo petista promoveu avanços sociais, o arranjo político conservador em que se apoiava guardava fragilidades tão evidentes que não resistiu a um cenário adverso, marcado pela retração econômica.

Não era mais possível, para o governo, manter a conciliação entre a feroz exigência do capital por taxas de lucros crescentes e as políticas sociais que apontavam timidamente para uma redistribuição de renda. E o golpe colocou uma pá de cal na perspectiva de que as concessões ao poder oligárquico seriam uma contrapartida necessária para garantir a famigerada "governabilidade".

O período do Partido dos Trabalhadores no governo poderá se encerrar, assim, sem que fossem atendidas demandas sociais históricas, forjadas em décadas de resistência popular e construção democrática, como a reforma agrária ou o fim da concentração dos meios de comunicação.

Nesse momento, a América Latina vive uma fase melancólica, talvez terminal, de alguns governos progressistas – Bolívia, Chile, El Salvador, Uruguai –, acompanhada pela ascensão de governos de direita, com novas roupagens, cuja agenda é conhecida:

o aprofundamento do extrativismo, o desmonte das débeis conquistas sociais, a conformação do poder político a serviço das oligarquias regionais e a constituição de Estados repressores para criminalizar a dissidência e os movimentos sociais.

No entanto, são justamente muitos destes inúmeros movimentos, dos *pingüinos* chilenos ou dos secundaristas paulistanos, passando por comunidades indígenas, quilombolas ou camponesas, até as cooperativas da economia solidária, que vêm resistindo há tempos a esse projeto neocolonial e construindo alternativas ao capitalismo e ao colonialismo do século XXI.

Renovar horizontes

É neste debate que se inserem os treze ensaios reunidos nesta obra.[8] Os textos problematizam a noção de "desenvolvimento", entendido hegemonicamente como um processo linear, ininterrupto, associado à "dominação da Natureza", reduzido ao acúmulo incessante de mercadorias. Predomina aqui uma perspectiva crítica em relação à fetichização da técnica, convertida em reles instrumento para promover a racionalidade capitalista. No lugar do excludente e autoritário lema "ordem e progresso", tão caro aos regimes pouco democráticos brasileiros, sugere-se uma narrativa radicalmente polifônica e diversa como horizonte para nossas construções coletivas.

8 Os dez primeiros textos desta obra foram publicados originalmente em três livros do Grupo Permanente de Trabalho sobre Alternativas ao Desenvolvimento, iniciativa do escritório andino da Fundação Rosa Luxemburgo: *Más allá del desarrollo* (2011); *Alternativas al capitalismo/colonialismo del siglo XXI* (2013) e *¿Como transformar?* (2015): <http://rosaluxspba.org/es/category/publicaciones/>. Os três ensaios que fecham o livro não foram publicados anteriormente.

Não se trata, porém, apenas da imprescindível crítica da coisificação do ser humano, submetido a uma modernidade infecunda, esterilizada de sentidos. Os autores partem do resgate da tradição latino-americana – e do diálogo com os saberes de seus povos ancestrais invisibilizados pelo pensamento eurocêntrico – e para assim desvendar novas articulações e novos horizontes para o continente. E um aspecto fundante dessa abordagem é a proposição de um convívio ressignificado com a Natureza, a partir de uma relação pautada não mais pela instrumentalização, mas pela harmonia e pela autodeterminação.

Daí o papel-chave que se inscreve a crítica ao extrativismo, compreendido nesta obra com uma ênfase distinta da acepção usual no Brasil. Cabe aqui um importante esclarecimento. A rigor, em português, o termo remete a qualquer atividade praticada pelo ser humano que envolve a obtenção de produtos da Natureza, abarcando a extração vegetal, mineral e animal, em uma relação que pode ou não ser pautada pelo equilíbrio com o meio ambiente. Trata-se de uma atividade, assim, que remonta à própria interação do homem com seu habitat.

Segundo essa definição, consideram-se hoje atividades extrativistas tanto a coleta realizada por povos indígenas ou a pesca efetuada por comunidades litorâneas, como também a exploração desenfreada do solo para a mineração. Tradicionalmente, no entanto, no Brasil, a palavra vem sendo associada ao convívio equilibrado do homem e seu meio. A legislação que institui o Sistema Nacional de Unidades de Conservação da Natureza é um exemplo disso, ao definir extrativismo como "sistema de exploração baseado na coleta e extração, de modo sustentável, de recursos naturais renováveis". Uma aplicação prática dessa acepção são as chamadas "Reservas extrativistas" (Resex), espaços territoriais protegidos cuja finalidade é justamente proteger os meios de vida e a cultura das populações tradicionais, bem como assegurar o uso sustentável dos recursos naturais de uma localidade.

Nesta obra, porém, extrativismo é sinônimo da extração desenfreada de recursos naturais, sem preocupação com a sustentabilidade. Assim, quando se lê extrativismo, os autores estão se referindo à remoção de grandes volumes de recursos naturais destinados à exportação, não se limitando aos produtos minerais ou ao petróleo. Trata-se de uma ênfase na reprimarização da economia, que, para ser efetivada, quase sempre requer um sistema político pouco democrático. Sem diálogo com as necessidades locais do território, necessita de um Estado repressor para impor sua racionalidade diante de qualquer dissidência e, dessa maneira, manter uma divisão desigual de seus rendimentos.

O primeiro texto desta coletânea, de Alberto Acosta, esclarece bem o que os autores destes ensaios entendem por extrativismo: consiste em uma "uma modalidade de acumulação que começou a ser forjada em grande escala há quinhentos anos" e que "esteve determinada pelas demandas das metrópoles – os centros do capitalismo nascente".

Essa perspectiva crítica em relação à instrumentalização da Natureza também dá o tom dos textos assinados por Camila Moreno, Verena Glass, Felício de Araújo Pontes Júnior e Lucivaldo Vasconcelos Barros. Esses autores problematizam, em diferentes abordagens, os impactos negativos de uma relação predatória com o meio ambiente, da inserção subordinada no mercado internacional, da financeirização das questões ambientais, das violações decorrentes de megaempreendimentos.

Maristella Svampa e Eduardo Gudynas compartilham dessa crítica, mas enfatizam a necessidade de construções que extrapolem a noção de desenvolvimento tão cara a determinados governos da região, inclusive aos progressistas, seja partindo das novas gramáticas de lutas sociais da América Latina, seja relacionando algumas propostas para a transição ao pós-extrativismo a partir do Bem Viver. Esse também é o caso do texto escrito por Margarita Aguinaga Barragán, Miriam Lang, Dunia Mokrani Chávez e Alejandra Santillana, que assinalam como o feminismo pode contribuir com essa discussão, articulando processos de descolonização e despatriacalização. Mario Rodríguez situa esse debate no ambiente urbano, propondo a reconfiguração das cidades a partir de outros modelos de viver e conviver.

Klaus Meschkat, Ulrich Brand e Edgardo Lander destacam o papel do Estado nos processos de transformação, com especial atenção para os desafios e limites relacionados aos governos progressistas latino-americanos. Nesse sentido, o texto de Alexandra Martínez, Sandra Rátiva, Belén Cevallos e Dunia Mokrani Chávez aprofunda a discussão sobre as dificuldades de se transformar as instituições, refletindo em particular sobre experiências ocorridas na Bolívia, na Colômbia, no Equador e na Venezuela. Por fim, Horacio Machado Aráoz encerra a coletânea com um texto atualizando o debate sobre as alternativas ao desenvolvimento após o recente refluxo das forças políticas progressistas que hegemonizaram o continente na última década.

Esta obra pretende, assim, contribuir com o desafio de pensar além do imediato e construir horizontes emancipadores para nosso continente, a partir das necessidades expressas por nossos povos. Os tempos são de urgência:

afloram os sinais de falência das propostas políticas que, embora tenham canalizado a esperança da região por algum tempo, resignaram-se a exaurir essa potência caminhando pela linha da menor resistência e pactuando com o poder oligárquico. Pensar "fora da caixa" (nas palavras da nossa companheira equatoriana Esperanza Martínez), reagrupar a energia social do continente, aprofundar nosso horizonte democrático e romper com o modelo primário-exportador que nos é imposto desde a Colônia certamente são aspectos que constarão de qualquer proposta transformadora para a América Latina.

São Paulo, julho de 2016

Miriam Lang foi diretora da Fundação Rosa Luxemburgo, escritório região andina. Possui doutorado em Sociologia na Universidade Livre de Berlim, com especialização em Estudos de Gênero, e mestrado em Estudos Latino-Americanos. Sua experiência inclui ampla colaboração com organizações de mulheres e indígenas na América Latina.

Introdução

Alternativas ao desenvolvimento

Miriam Lang

O subdesenvolvimento começou em 20 de janeiro de 1949. Nesse dia, 2 bilhões de pessoas tornaram-se subdesenvolvidas. Na verdade, desde então deixaram de ser o que eram, em toda sua diversidade, e se converteram em um espelho invertido da realidade de outros: um espelho que os despreza e os envia ao fim da fila, um espelho que reduz a definição de sua identidade, a de uma maioria heterogênea e diversa, aos termos de uma minoria pequena e homogeneizante.

Gustavo Esteva, 1996

Em princípio, o desenvolvimento é um processo natural: as plantas, os animais e os humanos nos desenvolvemos a partir de uma semente, um ovo, um embrião, até alcançarmos a maturidade. Na Natureza, é um processo cíclico. Esse processo natural serviu de inspiração ao presidente dos Estados Unidos Harry Truman, que, em seu discurso de posse, em 1949, lançou ao mundo o binômio "desenvolvimento" e "subdesenvolvimento", entendidos a partir de então como descrição do estado de uma economia ou sociedade. De acordo com esse significado, o desenvolvimento implica um processo linear e ilimitado. Até o dia de hoje, o termo é onipresente nos meios de comunicação, nas escolas e nas universidades, e costuma despertar associações positivas. O que ajuda o "desenvolvimento" de um território, de uma cidade, de uma população, deve ser bom. Opor-se ou pretender obstaculizar o "desenvolvimento" é visto como uma espécie de absurdo, algo sem sentido, um erro crasso.

No século XX, não havia quem se opusesse ao "desenvolvimento" – este tinha hegemonia absoluta. O bloco soviético o adotou como meta no marco do "desenvolvimento das forças produtivas". Não havia contradição entre o conceito de "desenvolvimento" e a concepção cientificista, tecnicista, positivista e linear do progresso que as interpretações dominantes da obra de Karl Marx defendiam. Os países não alinhados subscreveram o "desenvolvimento" como objetivo na Conferência de Bandung.[1] Os governos das jovens repúblicas independentes, por exemplo, na África, ansiavam sentar na mesa da ONU e participar do ranking do "desenvolvimento". Para eles, isso significava ser reconhecidos, fortalecer sua soberania nacional.

No entanto, há múltiplas razões para se desfazer do "desenvolvimento" como referente positivo. Por um lado, em retrospectiva, sabemos que tem sido uma promessa enganosa para a grande maioria da população de regiões do Sul geopolítico. Até hoje, a chamada "cooperação ao desenvolvimento" transfere muito mais recursos do Sul para o Norte do que vice-versa. Ou seja, é um bom negócio para as economias que supostamente são "doadoras", não para as que deveriam receber. As "doadoras" exportam tecnologia e "especialistas" aos países pobres e, com isso, geram emprego para os seus habitantes e renda para a economia de

1 Referência ao encontro realizado na cidade indonésia de Bandung, entre 18 e 24 de abril de 1955, quando chefes de Estado de 29 países asiáticos e africanos procuravam construir alianças para fazer frente ao que denominavam "política neocolonialista" dos Estados Unidos e da União Soviética. [N. E.]

seu próprio país. Uma pesquisa de 2014 sobre os fluxos financeiros globais constata que, com o sistema existente, para cada US$ 1 milhão que entra em um país "em desenvolvimento", este perde mais de US$ 2 milhões.[2]

Passaram-se sete décadas desde que se prometeu ao Sul que, por meio do "desenvolvimento", este poderia participar do modo de vida dos países industrializados do Norte. Um acesso ao consumo praticamente ilimitado, combinado com uma carreira profissional individual autogerida. Isso tudo nos foi vendido como a essência da qualidade de vida.

Mal-estares invisibilizados no Norte global

Isso não apenas oculta as múltiplas dimensões de mal-estar que esse modo de vida gera nos países do Norte: a solidão, a angústia existencial, a depressão, o estresse permanente que causa múltiplas doenças físicas e mentais, inclusive letais; as relações humanas instrumentais, a falta de convivencialidade, de tempo para compartilhar, ou até mesmo para desfrutar das coisas que se compra. Já desde os anos 1970 está comprovado que a partir de certo nível de vida não há correlação entre o crescimento do Produto Interno Bruto (PIB) e o bem-estar ou a felicidade de sua população.[3] Segundo dados recentes, os dez países com mais dinheiro para

2 Jesse Griffiths, "The state of finance for developing countries, 2014: an assessment of the scale of all sources of finance available to developing countries" (*European network on debt and development, 2014*, <http://www.eurodad.org/finance_for_developing_countries>).

3 Richard Easterlin, Does economic growth improve the human lot? (In: P.A. David; M.W. Readers (orgs.), *Nations and Households in Economic Growth: Essays in Honour of Moses Abramovitz*. New York: Academic Press Inc, 1974).

consumir, entre eles Noruega, Dinamarca, Austrália e Estados Unidos, também figuram entre os países com as mais altas taxas de suicídio.[4] Na Alemanha, uma das economias mais fortes do mundo, que tem indicadores macroeconômicos favoráveis nos últimos anos, a desigualdade entre alguns super-ricos, de um lado, e muito pobres, de outro, ampliou-se tanto que, hoje, uma em cada cinco crianças vive na pobreza.[5]

Também se oculta que tal modo de vida apresentado como ideal só é possível por causa das relações coloniais – históricas e atuais. Para poder sustentá-lo, as populações do Norte geopolítico e as elites dos países do Sul – ou seja, uma pequena parte da população mundial – procuram ter acesso à totalidade dos recursos de nosso planeta, tanto no que diz respeito aos bens naturais, quanto à mão de obra cada vez mais barata, e à capacidade do ambiente de absorver a contaminação e os dejetos. Ou seja, o luxo e a saturação de uns são construídos sobre a espoliação dos outros. Não há forma de estender isso em escala planetária, para todos e todas, como sugere a ideia do "desenvolvimento". Porque só se foi possível acumular esse nível de consumo material depois de séculos de expansão que implicaram a destruição de outras culturas, de outros modos de vida, para tornar seus territórios funcionais às lógicas do capital. Mas, para onde poderia se expandir esse modo de vida, denominado como *modo de vida imperial* por Ulrich Brand e Markus Wissen,[6] caso fosse implementado em todo o

4 Cf. <es.aleteia.org/2016/03/04/la-gran-paradoja-la-tasa-de-suicidios-es-mayor-en-los-paises-mas-felices/>.

5 Cf. <www.spiegel.de/wirtschaft/soziales/kinderarmut-in-deutschland-hier-wohnen-deutschlands-arme-kinder-a-1071196.html>.

6 Ulrich Brand; Markus Wissen, "Crisis socioecológica y modo de vida imperial. Crisis y continuidad de las relaciones sociedad-Naturaleza en el capitalismo" (In: Miriam Lang et al. [coords.], *Alternativas al capitalismo/colonialismo del siglo XXI*. Quito: Fundação Rosa Luxemburgo; Abya Yala, 2013, p.445-470. Grupo Permanente de Trabajo sobre Alternativas al Desarrollo, <http://www.rosalux.org.

planeta? É por causa dessa injustiça histórica que alguns cientistas falam de uma linha da cobiça, como alternativa à "linha de pobreza": quanto dinheiro e quantas coisas seria ético possuir se a intenção é usurpar as oportunidades e os direitos de outras pessoas que vivem em nosso planeta?[7]

Repensar as noções dominantes de pobreza e riqueza

Isso nos coloca a necessidade de repensar profundamente as noções dominantes de pobreza e riqueza. A pobreza continua sendo medida, sobretudo, com base na renda monetária, ou no consumo do lar. (Este segundo indicador sequer mostra se o consumo foi baseado em uma dívida ou em uma renda realmente existente. Na verdade, contabiliza unicamente os integrantes desse lar que estariam no mercado de trabalho.) A redução da noção de pobreza – que poderia estar relacionada a muitas outras coisas[8] – a uma só dimensão

ec/es/alternativas-al-desarrollo/727-alternativas-al-capitalismo-colonialismo-del-siglo-xxi.html>).

7 Carlos Larrea; Natalia Greene, "De la lucha contra la pobreza a la superación de la codicia. Ecuador: inequidad social y redistribución del ingreso" (In: Miriam Lang et al. [coords.], *La osadía de lo nuevo. Alternativas de política económica*. Quito: Fundação Rosa Luxemburgo; Abya Yala, 2015, p.11-60. Grupo Permanente de Trabajo sobre Alternativas al Desarrollo, <http://www.rosalux.org.ec/es/alternativas-al-desarrollo/879-la-osad%C3%ADa-de-lo-nuevo.html>).

8 Enquanto a pobreza sempre é associada à carência ou à deficiência, não existe uma definição compartilhada universalmente sobre o que faz falta. A noção de pobreza acompanha a história da humanidade, mas as formas de entendê-la, torná-la visível, administrá-la ou atuar sobre ela variam significativamente segundo o contexto cultural e espaço-temporal. Em muitos contextos, pobreza significa, em primeiro lugar, a exclusão da comunidade, da vida social, da participação e das formas de

universal e abstrata, o dinheiro, reduz significativamente nossas aspirações ao que poderia ser uma boa vida.

Com a criação do PIB e da renda *per capita* como indicadores universais comparáveis do "nível de vida" dos países, na segunda metade do século XX, começaram a ser comparadas sob um mesmo patamar as múltiplas formas diferentes de organizar a vida, os intercâmbios, a produção e a reprodução que existiam no planeta. As economias capitalistas modernas de Estados Unidos, Grã-Bretanha e Austrália foram colocadas como norma, às quais todas as demais sociedades – as que priorizavam a economia familiar, as que giravam em torno da permuta, as que se baseavam na propriedade coletiva da terra etc. – deveriam se assemelhar obrigatoriamente para chegar ao "desenvolvimento". Nunca se perguntou às pessoas implicadas se queriam viver esse tipo de vida capitalista moderna. Suas necessidades no futuro seriam determinadas "objetiva e cientificamente" pelos "especialistas do desenvolvimento".

É assim que se estabeleceu a hierarquia entre o "desenvolvimento" e o "subdesenvolvimento". Se antes se costumava falar de colônias *versus* países centrais, que tinham um "direito" de espoliar aquelas por causa de sua suposta superioridade biológica e cultural, passou-se a falar de ajuda contra a pobreza e de "cooperação ao desenvolvimento", consolidando, no entanto, os mesmos papéis de antes na divisão internacional do trabalho e da Natureza: só que agora com base em um novo patamar legitimador e com outra linguagem.

Como nos lembra Gustavo Esteva na epígrafe que abre este artigo, trata-se de um ato de considerável violência

convivência habituais. Pode significar também o abandono ou a falta de proteção, ou a perda de *status* social. Pode designar o contrário de "poderoso", mais do que de "rico". A pobreza não deve ser medida necessariamente pela posse; pode ser expressa pelo isolamento em que uma pessoa ou grupo se encontra ou pela impossibilidade de uma pessoa atingir seus objetivos (M. Rahnema, *Global Poverty: A Pauperizing Myth*. Intercultural Institute of Montreal, 1991).

simbólica. Os modos de organizar a sociedade e a economia, os modos de conceber o mundo e de estar nele, os conhecimentos e saberes de grande parte da população mundial foram desqualificados como pobres, atrasados, insuficientes, por uma única razão: existiam por fora do sistema de produção e dos mercados capitalistas. Essa é a meta do "desenvolvimento": incluir territórios não totalmente permeados pelas lógicas e práticas capitalistas aos circuitos de acumulação de capital; transformar populações em consumidores, camponeses de subsistência em assalariados ou informais, bens naturais em *commodities*, propriedade coletiva em privada e vendável. Com um só objetivo: aumentar os fluxos de dinheiro e, assim, o "crescimento econômico", paradigma irmão do "desenvolvimento".

É por essa razão que a solução não radica em um "desenvolvimento" diferente, sustentável, equitativo, inclusivo: porque a própria noção de "desenvolvimento" – se a olharmos a partir dos fatos gerados – contradiz os conceitos de sustentabilidade, de equidade, de inclusão. É uma grande máquina de expansão do modo de produção, distribuição e consumo capitalista, associada com os imaginários de acumulação de bens materiais como horizonte de boa vida.

Portanto, não se trata de apostar em "desenvolvimentos" alternativos, e sim de construir *alternativas ao desenvolvimento*, rechaçando, como ponto de partida, o rótulo de "subdesenvolvidos"; e reconhecendo, recuperando os próprios saberes e as múltiplas cosmovisões que existem. Trata-se de reconhecer e reconstruir uma diversidade de modos de vida – no campo e nas cidades – diante da expansão do modo de vida imperial.

América Latina: um laboratório de alternativas

A América Latina vem atravessando nos últimos quinze anos uma conjuntura muito especial no contexto global. Enquanto em outras partes regia o neoliberalismo com seus dogmas de austeridade, redução do Estado, privatizações e leis do mercado, em nosso continente houve um período de hegemonia progressista: depois de um ciclo de lutas sociais poderosas, chegaram ao governo forças políticas com programas transformadores que pretendiam superar o neoliberalismo e recuperar um Estado regulador. Com a ascensão de Mauricio Macri à presidência da Argentina, o processo de *impeachment* contra Dilma Rousseff no Brasil e a grave crise atravessada pela Venezuela, essa hegemonia parece desmoronar.

Entretanto, foi essa conjuntura tão particular a nível global que constituiu a região em uma espécie de laboratório de alternativas. Processos constituintes em três países – Bolívia, Equador e Venezuela – levaram ao que tem sido chamado de "neoconstitucionalismo transformador". Com os Direitos da Natureza, o Bem Viver como princípio regente em vez do "desenvolvimento", o reconhecimento da diversidade cultural e, inclusive, a plurinacionalidade, as Constituições, elaboradas com muita participação de todos os setores sociais, buscam assentar as bases para uma sociedade diferente. É nesse contexto que ressurge na América Latina o debate sobre *alternativas ao desenvolvimento*, que já havia sido promovido anteriormente, nos anos 1980 e 1990, por um grupo de pensadores de diferentes países, entre eles Gustavo Esteva e Ivan Illich, baseados em Morelos, México, e pelo colombiano Arturo Escobar.

A nova conjuntura prometia uma transformação profunda. Os primeiros programas de governo refletiam – no Equador e na Bolívia, por exemplo – muitas das aspirações dos movimentos sociais que haviam levado as forças políticas progressistas ao exercício da Presidência. Sobre esse patamar e para apoiar a transformação que parecia possível conduzir a partir das políticas públicas, várias redes começaram a trabalhar em torno das *alternativas ao desenvolvimento*, como o Centro Latino-Americano de Ecologia Social, no Uruguai, o Coletivo Vozes de Alerta, na Argentina, a RedGE e o Programa de Transformação e Democracia Global, no Peru, e o escritório andino da Fundação Rosa Luxemburgo, no Equador. Em 2011, foi fundado o Grupo Permanente de Trabalho sobre Alternativas ao Desenvolvimento. Nestes anos, produziram-se muitos livros e materiais educativos sobre as alternativas ao desenvolvimento, que na América Latina foram concebidas também como alternativas ao extrativismo, esse modelo econômico primário-exportador que consolida a dependência dos países exportadores de matéria-prima em relação ao mercado mundial, sempre em posição subordinada. Em diálogo com múltiplos processos sociais, foram trabalhados inclusive cenários concretos de transição, que incluíam, por exemplo, o fortalecimento dos controles ambientais, a redução gradual da extração de bens naturais, uma política de impostos progressivos e de revisão de subsídios, a democratização e a transformação dos padrões energéticos e tecnológicos, a desmercantilização da Natureza etc.[9]

Paralelamente, processos similares foram construídos em outras partes do mundo. Na Europa, adquiriu importância o movimento social por um decrescimento

9 Alejandra Alayza; Eduardo Gudynas. *Transiciones y alternativas al extractivismo en la región andina: una mirada desde Bolivia, Ecuador y Perú* (Lima: Cepes, 2012); Fundação Rosa Luxemburgo; Radialistas Apasionadas Y Apasionados, *Alternativas al desarrollo: la destrucción del planeta no es un destino*. (Quito, 2013, <http://www.rosalux.org.ec/es/alternativas-al-desarrollo/779-folletoalternativas.html>).

sustentável; na África, o *ubuntu*, uma filosofia humanista e altruísta; a nível global, o movimento pelos comuns e a produção colaborativa, que teve como resultado, por exemplo, o software livre.

Todas essas correntes compartilham alguns princípios: a colaboração em vez da concorrência que o capitalismo promove; a valorização da convivencialidade; a importância da autonomia, da autogestão e dos processos construídos localmente a partir de baixo; o respeito à diversidade e o valor central da deliberação; a democratização da economia e da tecnologia; a transformação da propriedade privada em propriedade social (que não é o mesmo que propriedade estatal) ou em comuns; a soberania alimentar; a solidariedade e a reciprocidade.

As alternativas ao desenvolvimento nas políticas públicas

No entanto, desde o princípio, os governos progressistas latino-americanos apostaram, na prática, no neodesenvolvimentismo e aprofundaram o modelo extrativista – argumentando com a necessidade de financiar o investimento social com os royalties obtidos com a exportação de *commodities*. Muitas organizações sociais tiveram de organizar – ou seguir com – a resistência aos impactos sociais e ambientais do extrativismo das maneiras mais diversas, em todos os países do continente.[10] Em muitos casos, apostaram, além disso, na construção de alternativas locais para

10 Maristella Svampa, "Extractivismo neodesarrollista y movimientos sociales: ¿un giro ecoterritorial hacia nuevas alternativas?" (In: Miriam Lang et al. [coords.], *Más allá del desarrollo*. Quito: Fundação Rosa Luxemburgo; Abya Yala, 2011, p.185-218. Grupo Permanente de Trabajo sobre Alternativas al Desarrollo, <http://www.rosalux.org.ec/es/alternativas-al-desarrollo/281-mas-alla-del-desarrollo.html>).

a população, por exemplo, mediante a comercialização de produtos agrícolas orgânicos.

Em 2016, em retrospectiva, podemos dizer que, embora se tenha elaborado e até discutido uma multiplicidade de propostas, em termos de política pública não se utilizou essa conjuntura excepcional para promover as alternativas ao desenvolvimento. Na verdade, em toda a região, aproveitando o que hoje se chama de superciclo de alta dos preços das *commodities* (petróleo, minerais, soja etc.) no mercado internacional, as economias se reprimarizaram e se desindustrializaram – ou seja, o extrativismo foi aprofundado em detrimento de uma diversificação das economias. A iniciativa de deixar o petróleo debaixo da terra no Parque Nacional Yasuní, no Equador, internacionalmente reconhecida, foi revertida em agosto de 2013 pelo governo do presidente Rafael Correa em favor da exploração petrolífera. E a concorrência entre países para vender as mesmas *commodities* ao mercado internacional – por exemplo, para a China – impediu que a integração regional fosse aprofundada em termos econômicos, de comércio entre países latino-americanos ou de complementariedade na produção, o que teria sido uma condição para se tornarem independentes do mercado mundial e poderem avançar em direção às alternativas ao desenvolvimento como região ou bloco.[11]

Tudo isso reconfigurou rapidamente as relações e gerou tensões entre os partidos de esquerda e os governos progressistas, de um lado – que se

11 Eduardo Gudynas, "Transiciones hacia un nuevo regionalismo autónomo" (In: Miriam Lang et al. [coords.], *Alternativas al capitalismo/colonialismo del siglo XXI*. Quito: Fundação Rosa Luxemburgo; Abya Yala, 2013, p.129-160. Grupo Permanente de Trabajo sobre Alternativas al Desarrollo, <http://www.rosalux.org.ec/es/alternativas-al-desarrollo/727-alternativas-al-capitalismo-colonialismo-del-siglo-xxi.html>).

consideravam a "vanguarda" do processo de mudanças –, e muitas organizações sociais, sobretudo indígenas, camponesas e ecologistas, de outro. Estas últimas foram, em muitos casos, deslegitimadas sistematicamente pelo discurso oficial, tachadas de ingênuas, infantis ou aliadas da direita. Também perderam parte de sua base organizativa graças à cooptação e aos efeitos das políticas sociais e do clientelismo nos territórios.

Os progressismos renegociaram e melhoraram as condições da exploração de recursos com as empresas transnacionais – e em alguns casos as nacionalizaram, pelo menos parcialmente. Os recursos recebidos pelo Estado tornaram possível reduzir a pobreza, por meio de transferências condicionadas de dinheiro aos mais pobres, mas também pelo aumento do investimento em infraestrutura, saúde e educação. A alta dos preços internacionais significou a possibilidade de não prejudicar os grandes grupos empresariais, ao mesmo tempo que o dia a dia dos estratos mais pobres melhorava concretamente – sem ter de modificar as estruturas de propriedade, por exemplo, da terra. Por outro lado, os governos mais conservadores da região apostaram no que se chama de "responsabilidade social empresarial", ou seja, investimentos sociais no território por parte das empresas extrativistas sem ingerência do Estado, para atenuar os impactos do extrativismo.[12]

Ainda que em vários países progressistas o discurso oficial tenha falado em "mudança de matriz produtiva" – como no Equador –, industrialização ou transformações econômicas mais profundas, isso na verdade não aconteceu: a queda drástica dos preços internacionais a partir de meados de 2014 pegou toda a região em plena dependência das exportações de *commodities*. Entre julho de 2014 e

12 Id., *Extractivismos: ecología, economía y política de un modo de entender el desarrollo y la Naturaleza* (Cochabamba: Cedib; Claes, 2015).

janeiro de 2015, em somente sete meses, os preços de petróleo, gás e carvão caíram 52%. Os preços dos metais já haviam caído 39% entre 2011 e maio de 2015, e os dos produtos de agroexportação, como a soja, 29%.[13]

Sem dúvida, os condicionamentos do mercado internacional, as regulações sobre propriedade intelectual, as regras estabelecidas pela Organização Mundial do Comércio, o perigo de ser processado por multinacionais diante de um tribunal de arbitragem inapelável, que pode condenar o Estado a pagar multas bilionárias, reduzem as margens reais de ação dos governos. No entanto, com a notável exceção de Hugo Chávez, nos conflitos ocorridos na Venezuela em 2002 e 2003, por exemplo, os governos progressistas tampouco recorreram aos setores sociais que os haviam respaldado para modificar a correlação de forças. Em vez de mostrar, com grandes mobilizações, que o princípio democrático lhes obrigava a concretizar as transformações, inclusive contra poderosos interesses, em muitos casos optaram por desqualificar e criminalizar os grupos indígenas e as resistências ecologistas ou camponesas, e alinhar-se com aqueles outros interesses.

Dessa maneira, os governos – de qualquer tendência ideológica – acabaram promovendo não as alternativas, mas sim precisamente o "desenvolvimento" capitalista/moderno/ocidental, e, no caso dos progressismos, um modelo de gestão da mudança que colocava o Estado no centro da ação e desativava a sociedade. Com isso, reforçaram uma cultura política paternalista e patriarcal, instalada na América Latina desde a Colônia.

13 Cepal, *Estudio económico de América Latina y el Caribe 2015* (LC/G-2645-P. Santiago, 2015).

Qual modelo político?
Qual tipo de democracia?
Qual Estado?

Essa constatação nos coloca uma série de interrogantes – sobre o modelo político, sobre a forma de Estado, sobre a cultura política e sobre o tipo de democracia que precisaríamos construir para poder implementar *alternativas ao desenvolvimento*. Embora a Constituição da Bolívia, por exemplo, pretendesse combinar a democracia representativa com a participativa e a comunitária, estabelecendo assim a "demodiversidade" (Boaventura de Sousa Santos) como princípio, o modelo político, aplicado de maneira semelhante ao dos demais progressismos, acabou sendo o hiperpresidencialismo, que já contém os fundamentos do Estado patriarcal e colonial. Isso foi acompanhado, na maioria dos casos, de partidos de novo tipo que operavam mais como engrenagem eleitoral e de distribuição de vantagens do que como espaços de deliberação e construção coletiva. Poder-se-ia concluir que, por causa da centralidade outorgada ao Estado como motor da mudança, desperdiçou-se grande parte da criatividade popular para uma transformação social profunda. E, como não foi dada muita ênfase à transformação do próprio Estado, tornou-se protagonista a dinâmica própria inerente aos aparatos estatais, que, em muitos casos, traduziu impulsos de transformação em procedimentos burocráticos.

O que se espera do Estado na construção de *alternativas ao desenvolvimento*? É realista a visão, proposta por alguns dos progressismos, de instalar nos países latino-americanos um Estado de bem-estar como existiu nos Estados Unidos e na Europa nos "trinta anos gloriosos" entre 1945 e 1975? Um Estado provedor que solucione tudo? A disjuntiva que enfrentamos em relação ao papel do Estado é jogada realmente entre neoliberalismo e neokeynesianismo? Ou podem existir outras alternativas?

O Estado de bem-estar, diz a economista feminista espanhola Amaia Pérez-Orozco, foi uma exceção histórica. Para ela, "o conflito capital-vida é consubstancial ao Estado de bem-estar, pois, inclusive onde pareceu instalar-se temporariamente, se manteve também sobre a depredação do meio ambiente, a espoliação dos países da periferia e a divisão sexual do trabalho".[14] Deve-se levar em conta que o Estado de bem-estar somente se concretizou em uma parte muito pequena do planeta e em uma época muito peculiar: a Guerra Fria, durante a qual o capital via-se obrigado a fazer concessões às lutas operárias, porque existia a percepção de uma alternativa viável ao capitalismo. O Estado de bem-estar realmente existente foi, em certo sentido, uma forma de garantir a governabilidade e evitar que mais países passassem para o bloco soviético. Uma vez que este ruiu, o Estado de bem-estar já não tinha muitas condições de possibilidade, como vemos na atualidade, nem sequer na Europa.

Para além disso, o Estado de bem-estar somente foi possível graças ao patamar geopolítico e material imperial/colonial, em que uma elevada proporção das riquezas materiais – econômicas e naturais – do planeta foi apropriada de forma extraordinariamente desigual pelos países capitalistas centrais. Foi também possível por causa de um fornecimento inesgotável de energia muito barata. Essas não são, de modo algum, condições replicáveis para o conjunto da Humanidade, e hoje sequer para a Europa ocidental. Na verdade, o Estado de

14 Amaia Pérez-Orozco, *Subversión feminista de la economía: aportes para un debate sobre el conflicto capital-vida* (Madrid: Traficantes de Sueños, 2014).

bem-estar social tal como existiu foi o que massificou nos países do Norte o "modo de vida imperial", com o qual está necessariamente ligado.[15]

De fato, diz Jean Robert, durante os famosos trinta anos gloriosos a economia dos países ricos não deixou de crescer enquanto estes espoliavam os países pobres. Isso permitiu assalariar as mulheres em grande número, reduzir as horas de trabalho ao mesmo tempo que aumentavam salários e benefícios trabalhistas, generalizar as férias pagas e os seguros de saúde. Porém, isso implicou também mudanças pouco conhecidas, mas não menos profundas: o artesanato local europeu foi liquidado pouco a pouco pela importação de bens industriais, as pequenas indústrias foram desmanteladas e seus atores absorvidos por novos tipos de trabalhos assalariados. Foram anos em que, por compartilhar algumas vantagens de um capitalismo chamado de "benfeitor", os camponeses europeus perderam seus territórios, e os trabalhadores, o espírito das lutas operárias do século anterior. A configuração dos países atingidos pela onda de abundância mercantil foi transformada em sua totalidade: mutação irreversível do território, transformação da relação entre cidade e o que era o campo, que se parece agora a um subúrbio generalizado.[16]

Embora essa forma de Estado de bem-estar – o horizonte aspirado por alguns governantes progressistas latino-americanos – seja uma impossibilidade para o Sul global no contexto do sistema-mundo capitalista atual, isso não

15 Miriam Lang; Edgardo Lander, "¿Cómo avanzar en la transformación social? Un debate abierto" (In: Miriam Lang et al. [coords.], *¿Cómo transformar? Instituciones y cambio social en América Latina y Europa*. Quito: Fundação Rosa Luxemburgo; Abya Yala, 2015, p.439-481. Grupo Permanente de Trabajo sobre Alternativas al Desarrollo, <http://www.rosalux.org.ec/es/alternativas-al-desarrollo/880-%-C2%BFc%C3%B3mo-transformar.html>).

16 Jean Robert, "Los pobres reinventan la política" (*Tamoanchan, Revista de Ciencias y Humanidades*, n.1, 2012, p.1-37, <http://www.critica.org.mx/revistas/tamoanchan1/pobreza.pdf>).

desqualifica a importância de que o Estado regule a economia, invista socialmente ou redistribua não apenas riqueza, mas também o acesso às condições materiais de reprodução da vida.

O desafio consiste em não somente utilizar, mas em também transformar profundamente os próprios aparatos estatais e as relações entre Estado e sociedade - e para isso é necessário contar com uma sociedade fortemente organizada, autônoma, capaz de pressionar legitimamente os atores estatais.

John Restakis[17] propõe, por exemplo, um modelo de Estado que nem promova o capital privado, nem controle tudo a partir de uma planificação centralizada. Fala de um Estado facilitador, cujo "objetivo principal é maximizar as capacidades da sociedade civil para criar valor social e para atuar como um sócio igual na formação e aplicação de políticas públicas para o bem comum". Nesse modelo, é a sociedade organizada que está no centro do processo de transformação, e o Estado está a seu serviço.

17 John Restakis, "Políticas públicas para un Partner State" (Quito: Flok Society, 2014, <floksociety.org/docs/Espanol/3/3.4.pdf>).

Perspectivas para as alternativas ao desenvolvimento?

O que vem ocorrendo na América Latina com as *alternativas ao desenvolvimento* aponta nessa direção. Os múltiplos processos que hoje apostam nesse horizonte são promovidos pela sociedade organizada a partir de uma autonomia relativa em relação ao Estado. Primeiramente, cabe mencionar os numerosos processos de resistência a empreendimentos extrativos, ou a megaprojetos funcionais a eles. Em muitos casos, defender um modo de vida relativamente autossuficiente e resistir a ser espoliado das condições materiais que o tornam possível já representa em si mesmo uma *alternativa ao desenvolvimento*.

Nessas estratégias populares, a produção, o controle e a defesa do território se tornaram centrais. Em vez de participar docilmente na elaboração institucional de "planos de desenvolvimento", muitos territórios colombianos, por exemplo, decidiram elaborar *planos de vida* a partir de baixo, ou seja, pensar formas diferentes de produzir, distribuir, estabelecer relações sociais, organizativas e comerciais.[18] Nesses planos, o Estado não tem o papel central, mas o contrário: dele somente se espera que deixe fazer, que permita a autogestão do território. Há muitos mais exemplos no continente: os diferentes processos de autonomia indígena, as lutas camponesas pela soberania alimentar, os múltiplos processos organizativos em bairros populares, a aposta comunal ou as redes cooperativas como Cecosesola, ambas na Venezuela, os

18 Juan Houghton, "Colombia: el Congreso de los Pueblos, construir poder popular" (In: Miriam Lang et al. [coords.], *¿Cómo transformar? Instituciones y cambio social en América Latina y Europa*. Quito: Fundação Rosa Luxemburgo; Abya Yala, 2015, p.93-144. Grupo Permanente de Trabajo sobre Alternativas al Desarrollo, <http://www.rosalux.org.ec/es/alternativas-al-desarrollo/880-%C2%BF-c%C3%B3mo-transformar.html>).

processos de construção de redes comunitárias de comunicação em torno de um diálogo de saberes.

Trata-se de processos de experimentação social que também extrapolam as lutas de contenção tão necessárias. Superam, pelo menos parcialmente, a divisão entre os âmbitos da produção e a reprodução, assim como a clivagem entre economia e política. Constroem rapidamente novas formas de sociabilidade, novas comunidades políticas e sentidos de pertencimento. Devolvem à economia sua função social e ética e criam novos comuns em vez de mercantilizar. Procuram romper com lógicas assistencialistas para convidar à autogestão, à emancipação, a tomar a vida com as próprias mãos, não de maneira individual, e sim conjuntamente com outros. Para perdurar no tempo, instituem novas formas democráticas de tomada de decisões, de coordenação e gestão – com o desafio de que essas novas estruturas não se burocratizem, não se tornem um novo obstáculo, mas que possam se reposicionar, renovar e transformar segundo as necessidades do processo.

Diferentemente do "desenvolvimento", que pretende seguir um caminho traçado, universalmente válido e baseado no conhecimento "especialista" e na ciência moderna, as alternativas são multiformes, têm sujeitos diversos, ocorrem em muitos âmbitos e em sentidos temporais variados. Seus horizontes são os *bons viveres*, no plural, sempre contextualizados, baseados na aprendizagem coletiva, para superar não apenas o capitalismo enquanto relação capital-trabalho, como também as dimensões do patriarcado, do colonialismo e das relações depredadoras com a Natureza sobre as quais aquele se ergue. A transformação não é algo que se espera para um futuro longínquo, como sugeria a ideia de revolução, mas se dá em tempo presente: começa com a transformação da subjetividade e das relações interpessoais, das práticas cotidianas. Trata-se da prefiguração, embora sempre incompleta, da sociedade desejada.

Grupo Permanente de Trabalho sobre Alternativas ao Desenvolvimento

É com o propósito de construir conhecimento sobre as alternativas ao desenvolvimento que desde o começo de 2010 se formou na região andina o Grupo Permanente de Trabalho sobre Alternativas ao Desenvolvimento, coordenado pelo escritório regional da Fundação Rosa Luxemburgo, localizado em Quito. O grupo de trabalho reúne mulheres e homens de onze países de América Latina e Europa, embora tenha como foco as análises de Equador, Bolívia e Venezuela. Propõe-se a articular a produção de várias disciplinas acadêmicas e correntes de pensamento – ecologista, feminista, economista, anticapitalista, socialista, indígena e ocidental subalterno – que questionem o próprio conceito de desenvolvimento e busquem construir alternativas ao atual modelo de desenvolvimento hegemônico.

Esse grupo de trabalho constitui um esforço para praticar uma ecologia de saberes, a partir da confluência de experiências concretas, não apenas geradas pela militância em vários terrenos da sociedade civil, como também pelas experiências do trabalho nas instituições do Estado herdado, dos saberes ancestrais de culturas indígenas que vêm subsistindo à margem do sistema hegemônico, e do pensamento crítico de intelectuais de distintas disciplinas. Seus debates são construídos sobre um acordo-base, que consiste em que o horizonte de transformações e estratégias políticas vá além dos limites de alternativas propostas *dentro* do conceito hegemônico de desenvolvimento. Nesse sentido, o nome do grupo – "alternativas ao desenvolvimento" – marca uma posição política diante desse conceito que, historicamente, costuma ser percebido como algo positivo na América Latina.

01

Alberto Acosta é economista equatoriano, professor e pesquisador da Faculdade Latino-Americana de Ciências Sociais (Flacso) em Quito, Equador. Ex-ministro de Energia e Minas e ex-presidente da Assembleia Constituinte do Equador. Autor de *O Bem Viver: uma oportunidade para imaginar outros mundos* (São Paulo: Editora Elefante; Editora Autonomia Literária, 2016).

Extrativismo e neoextrativismo

*Duas faces da mesma maldição**

Alberto Acosta

— Poderia me dizer qual caminho tenho de tomar para sair daqui? – perguntou Alice.
— Depende muito do lugar para onde você queira ir – respondeu o Gato.
– Para mim tanto faz para onde – disse Alice.
— Então não importa qual caminho você tomará – disse o Gato.

Lewis Carroll
Alice no país das maravilhas

Embora seja pouco crível à primeira vista, a evidência recente e muitas experiências acumuladas permitem afirmar que a pobreza em muitos países do mundo está relacionada com a existência de uma significativa riqueza em recursos naturais. Os países ricos em recursos naturais, cujas economias são sustentadas prioritariamente em sua extração e exportação, encontram maiores dificuldades para se desenvolver. Parecem estar condenados ao subdesenvolvimento aqueles que são substancialmente dotados de algum ou alguns poucos produtos primários.

* Neste texto o autor sintetiza vários de seus trabalhos anteriores. Publicado originalmente em *Más allá del desarrollo* (Quito: Fundação Rosa Luxemburgo; Abya Yala, 2011).

Uma situação que acaba sendo ainda mais complexa para as economias dependentes de petróleo e minerais.

Esses países estariam presos a uma lógica perversa conhecida na literatura especializada como "paradoxo da abundância" ou "maldição dos recursos naturais". Nesse contexto, inclusive há quem tenha assumido essa maldição (quase) como um fatalismo tropical: o Banco Interamericano de Desenvolvimento (BID),[1] em vários de seus relatórios anuais e estudos técnicos, defende

> *um determinismo geográfico do desenvolvimento: os países mais ricos em recursos naturais e mais próximos ao Equador estão condenados a ser mais atrasados e pobres. (...) Vê-se um fatalismo tropical, por meio do qual as nações equatoriais parecem destinadas à pobreza. (...) Na visão do BID, quanto mais rico for um país em recursos naturais, mais lento será seu desenvolvimento e maiores suas desigualdades internas.*[2]

Diante desse determinismo geográfico e ecológico não restaria outra opção além da resignação. No entanto, o BID oferece uma saída. Essa saída, como sintetiza Eduardo Gudynas ao analisar as propostas do banco, está no mercado e na intensificação das reformas neoliberais.

De acordo com essa visão, os problemas e conflitos derivados do extrativismo seriam resolvidos com uma adequada "governança" na gestão dos recursos naturais. Para tanto, se poderia recorrer às políticas econômicas de inspiração ortodoxa e conservadora, a uma crescente participação da sociedade civil como observadora dos projetos

1 São vários os especialistas que construíram, sob vários pontos de vista, esse "fatalismo tropical". Podemos mencionar, entre outros, Michael Gavin, Michel L. Ross, Jeffrey Sachs, Ricardo Hausmann, Roberto Rigobon e Ivar Kolstad.

2 Eduardo Gudynas, *El mandato ecológico: derechos de la naturaleza y políticas ambientales en la nueva Constitución* (Quito: Abya Yala, 2009).

extrativistas e a um maior investimento social em áreas de extrativismo para diminuir a ocorrência de protestos sociais, ao mesmo tempo que devem se tornar transparentes as receitas obtidas por empresas extrativistas, governos regionais e governo central. Os destroços ambientais são assumidos, assim, como custos inevitáveis para se alcançar o desenvolvimento.

Essas são aproximações pouco analíticas, carentes de análise histórica e desvinculadas dos problemas de fundo. Não há dúvida de que a audácia, com grande dose de ignorância e de uma bem programada amnésia nas sociedades, caminha de mãos dadas com a prepotência. Mas a verdade é que essa dupla maldição dos recursos naturais e a maldição ideológica podem, sim, ser superadas. Não são inevitáveis.

O que entendemos por extrativismo?

O extrativismo é uma modalidade de acumulação que começou a ser forjada em grande escala há quinhentos anos.[3] A economia mundial – o sistema capitalista – começou a ser estruturada com a conquista e colonização de América, África e Ásia. Desde então, a acumulação extrativista esteve determinada pelas demandas das metrópoles – os centros do capitalismo nascente. Algumas regiões foram especializadas na extração e produção de matérias-primas, ou seja, bens primários, enquanto

3 Apesar de ter tanta história como modalidade de acumulação, a palavra *extractivismo* não figura no dicionário da Real Academia da Língua Espanhola. Em português, o termo está dicionarizado. Para mais detalhes, ler a Apresentação [N.E.]

outras assumiram o papel de produtoras de manufaturas. As primeiras exportam Natureza, as segundas a importam.

Para tentarmos dar uma definição compreensível utilizaremos o termo *extrativismo* quando nos referirmos às atividades que removem grandes volumes de recursos naturais não processados (ou processados apenas parcialmente) e que se destinam sobretudo à exportação. O extrativismo não se limita aos minerais ou ao petróleo. Há também extrativismo agrário, florestal e, inclusive, pesqueiro.[4]

Na atualidade, a questão dos recursos naturais "renováveis" deve ser verificada à luz das recentes evoluções e tendências. Por conta do enorme nível de extração, muitos recursos "renováveis", como a madeira ou a fertilidade do solo, perdem sua capacidade de renovar-se, já que a taxa de extração é muito mais alta do que seus limites ecológicos de renovação. Então, nos ritmos atuais de extração, os problemas causados pelo uso de recursos naturais não renováveis poderiam afetar todos os recursos, renováveis ou não.

Na prática, o extrativismo tem sido um mecanismo de saque e apropriação colonial e neocolonial. Esse extrativismo, que assumiu diversas roupagens ao longo do tempo, forjou-se na exploração das matérias-primas indispensáveis para o desenvolvimento industrial e o bem-estar do Norte global. E isso foi feito sem levar em conta a sustentabilidade dos projetos extrativistas ou o esgotamento dos recursos. Soma-se ainda o fato de que a maior parte da produção das empresas extrativistas não se destina ao consumo no mercado interno, mas sim à exportação. Apesar das dimensões dessa atividade econômica, enormes, ela gera um benefício

4 É um erro assumir que o extrativismo existe apenas quando se extraem recursos minerais ou hidrocarbonetos. Há muitas experiências de práticas igualmente extrativistas na exploração de madeira ou em monocultivos agrícolas. Sobre o caso do café na Colômbia, por exemplo, pode-se consultar em Oeindrila Dube e Juan Fernando Vargas, *Resource Course in Reverse: The Coffee Crisis and Armed Conflict in Colombia* (Bogotá: Universidad de Los Andes-cede, 2006).

nacional muito escasso. Os bens, os insumos e os serviços especializados, necessários para o funcionamento do negócio extrativista, raramente provêm de empresas nacionais. E a experiência nos mostra que os países extrativistas têm feito bom uso das receitas obtidas.

O extrativismo vem sendo uma constante na vida econômica, social e política de muitos países do Sul global. Assim, com diversos graus de intensidade, todos os países da América Latina estão atravessados por essas práticas. Essa dependência da metrópole – da extração e exportação de matérias-primas – mantém-se praticamente inalterada até a atualidade. Alguns países mudaram um pouco os elementos relevantes do extrativismo tradicional ao lançarem mão de uma maior intervenção do Estado nessas atividades. No entanto, para além de algumas diferenciações mais ou menos importantes, a modalidade de acumulação extrativista parece estar na medula da proposta produtiva tanto dos governos neoliberais quanto dos governos progressistas.[5]

Algumas patologias do extrativismo

O ponto de partida dessa questão radica,[6] em grande medida, na forma como tais recursos são extraídos

5 Raúl Zibechi vê no extrativismo desses governos progressistas uma segunda fase do neoliberalismo. (Cf. "Extractivismo, segunda fase del neoliberalismo", apresentação para o Encontro Continental dos Povos do Abya Yala pela Água e a Pacha Mama, 21-23 de junho, Cuenca, Equador, 2011.)

6 Ver a valiosa contribuição de Jürgen Schuldt, *¿Somos pobres porque somos ricos? Recursos naturales, tecnología y globalización* (Lima: Fondo Editorial del Congreso del Perú, 2005). Também é possível consultar o texto de Jürgen Schuldt e Alberto Acosta, "Petróleo, rentismo y subdesarrollo: ¿Una maldición sin solución?" (*Nueva Sociedad*, Fundación Friedrich Ebert, Buenos Aires, n.204, jul.-ago. 2006), assim como Alberto Acosta, *La maldición*

e aproveitados, e na maneira como seus frutos são distribuídos. Certamente há outros elementos que não poderão ser corrigidos. Por exemplo, há certas atividades extrativistas – como a mineração de metais em grande escala, depredadora em essência – que de nenhuma maneira poderão ser "sustentáveis". Além disso, um processo é sustentável quando pode se manter no tempo, sem ajuda externa e sem que se produza a escassez dos recursos existentes.[7] Sustentar o contrário, embasando-se em uma fé cega nos avanços tecnológicos, é assumir um discurso deturpador.[8]

A história latino-americana mostra que esse processo extrativista levou a uma generalização da pobreza e abriu caminho para crises econômicas recorrentes. Ao mesmo tempo, consolidou mentalidades "rentistas". Tudo isso aprofunda a frágil e escassa institucionalidade democrática da região, incentiva a corrupção, desestrutura as sociedades e as comunidades locais, e deteriora gravemente o meio ambiente. Tal realidade se agrava ainda mais com as práticas clientelistas e patrimonialistas, que contribuem para frear a construção da cidadania.

O certo é que a grande disponibilidade de recursos naturais que caracteriza as economias primário-exportadoras, particularmente quando se trata de minérios ou petróleo, tende a distorcer a estrutura econômica e a alocação de fatores produtivos, pois redistribui regressivamente a renda e concentra a riqueza em poucas mãos. Essa situação se

de la abundancia (Quito: Comité Ecuménico de Proyectos, Swissaid e Abya Yala, 2009).

7 Desenvolvimento sustentável é aquele processo que permite satisfazer as necessidades atuais sem comprometer as possibilidades das gerações futuras. Para a construção do Bem Viver é preciso ir muito mais além do desenvolvimento sustentável e assumir a Natureza como sujeito de direitos.

8 Uma sugestiva contribuição para desmontar os mitos da megamineração transnacional foi elaborada na Argentina pelo Colectivo Voces de Alerta (cf. *15 mitos y realidades de la minería transnacional en la Argentina. Guía para desmontar el imaginario prominero*. Buenos Aires: El Colectivo; Herramienta, 2011).

agrava por uma série de processos endógenos de caráter "patológico" que acompanham a abundância desses recursos naturais.

Comecemos com a "doença holandesa",[9] um processo que infecta o país exportador de matérias-primas quando seu elevado preço ou o descobrimento de uma nova jazida desatam um *boom* de exportação. A distorção na economia se materializa na estrutura relativa dos preços. Os investimentos fluem para os setores beneficiados pela bonança, entre os que se encontram os bens não comercializáveis no mercado internacional, como o setor da construção, por exemplo. Paralelamente se produz uma deterioração acelerada da produção dos bens comercializáveis que não se beneficiam do *boom* exportador, uma vez que podem ser importados, inclusive por causa da revalorização da moeda nacional. Depois do auge, como consequência da rigidez na revisão de preços e salários, os processos se tornam muito complexos e dolorosos: outro sintoma da doença.

A especialização na exportação de bens primários – no longo prazo – também acaba sendo negativa, como consequência da tendência à deterioração dos termos em que se baseia o intercâmbio. Esse processo atua a favor dos bens industriais, que são importados, e contra os bens primários, que são exportados. Isso porque as matérias-primas se caracterizam comercialmente por sua baixa elasticidade de renda, pois podem ser substituídas por elementos sintéticos; porque não possuem poder monopólico (são *commodities*, ou seja, seus preços são definidos pela lógica do mercado mundial),

9 O termo "mal holandês" ou "doença holandesa" surge na década de 1970, na Holanda, onde o descobrimento de jazidas de gás aumentou fortemente as divisas do país. Isso gerou apreciação da moeda holandesa, o florim, prejudicando a competitividade das exportações de produtos manufaturados.

eliminando qualquer possibilidade de monopólio; porque sua contribuição tecnológica e de inovação é baixa; e porque a quantidade de matérias-primas utilizada para a fabricação de produtos manufaturados é cada vez menor – apesar do aumento bastante considerável de extração e exportação de recursos primários em termos absolutos, provocado, por exemplo, pelo vertiginoso crescimento de demanda de países como China e Índia.

Adicionalmente, a elevada taxa de lucro, por conta de suas substanciais rendas ricardianas,[10] leva à superprodução quando os preços no mercado mundial estão em alta. Inclusive em momentos de crise mantém-se a tentação de incrementar as taxas de extração. O excesso de oferta, para tentar compensar a queda dos preços, faz descender a cotação do produto no mercado mundial, o que acaba por beneficiar os países industrializados.[11] Esse processo desemboca no que é conhecido como "crescimento empobrecedor".[12]

Isso explica por que esses países com economias extrativistas não podem participar plenamente dos lucros gerados pelo crescimento econômico e pelo progresso técnico em escala mundial – o que se agrava ainda mais porque normalmente os países que extraem recursos primários não os processam internamente. Há situações inclusive aberrantes de países que exportam petróleo e importam derivados de petróleo, já que não desenvolveram uma adequada capacidade de refino. Para piorar, grande parte desses custosos produtos refinados importados é destinada à geração de eletricidade,

10 Recordemos que as rendas ricardianas são aquelas derivadas da exploração da Natureza mais do que do esforço empresarial, diferentemente dos lucros derivados do esforço e da criatividade ("produtividade") na mão de obra.

11 No início da primeira grande crise global do século XXI, quando caíram os preços do petróleo e dos minérios, em muitos países se reforçaram as tendências para aumentar o volume produzido e para oferecer compensações às empresas pelas menores receitas obtidas.

12 Cf. Jagdish Bhagwati, "Inmiserizing growth: a geometrical note" (*The Review of Economic Studies*, Oxford University Press, v.25, n.3, 1958).

mesmo havendo disponibilidade de outras fontes de energia renováveis, como hídrica, solar ou geotérmica.

Outra característica dessas economias extrativistas é a heterogeneidade estrutural de seus aparatos produtivos, ou seja, a coexistência de sistemas de alta produtividade com outros atrasados e de subsistência. A esta realidade se soma a desarticulação entre suas estruturas econômicas, marcada pela concentração da exportação em alguns poucos produtos primários, pela ausência de uma adequada e densa diversificação horizontal industrial, pela quase inexistente complementariedade setorial e pela praticamente nula integração vertical.

Esse tipo de economia extrativista, com uma elevada demanda de capital e de tecnologia, muitas vezes funciona de acordo com uma lógica de *enclave*, sem que as atividades primário-exportadoras se integrem ao resto da economia e da sociedade. Seu aparato produtivo, em consequência, fica sujeito às vicissitudes do mercado mundial.

Cristaliza-se, então, um beco sem saída. É impossível aceitar que todos os países produtores de bens primários, que são muitos, possam crescer esperando que a demanda internacional seja suficiente e consolidada para garantir esse crescimento para todos e por muito tempo – ainda mais quando pautam suas exportações em produtos similares.

O preocupante é que os países primário-exportadores, que deveriam ter acumulado experiências semelhantes ao longo do tempo, têm sido normalmente incapazes de executar uma gestão coordenada de quantidades e preços. Uma exceção – com todas as limitações e contradições que podem ser identificadas em seu modo de agir – é a Organização dos Países Exportadores de Petróleo.

A volatilidade que caracteriza os preços das matérias-primas no mercado internacional faz uma economia primário-exportadora sofrer problemas recorrentes de balança de pagamentos e contas fiscais, o que promove dependência financeira externa e submete as atividades econômica e sociopolítica nacionais a erráticas flutuações. Tudo isso se agrava quando os preços internacionais desabam, dando espaço a uma consequente crise de balança de pagamentos, aprofundada pela fuga em massa dos capitais de curto prazo que haviam aterrissado nessas economias durante a bonança. Nesse contexto, tais capitais de curto prazo são acompanhados rapidamente pelos também fugidios capitais locais, piorando a restrição externa.

O auge da exportação primária também atrai a sempre alerta banca internacional, que desembolsa empréstimos com mãos cheias, como se fosse um processo sustentável: financiamento que foi e é recebido de braços abertos por governos e grandes empresários, crentes em esplendores permanentes. Nessas circunstâncias, estimulam-se ainda mais a superprodução dos recursos primários e, eventualmente, as distorções econômicas setoriais.

Mas, sobretudo, como demonstra a experiência histórica, hipoteca-se o futuro da economia quando chega o inevitável momento de pagar a pesada dívida externa contraída em montantes superdimensionados durante a geralmente breve euforia exportadora.[13]

13 A lista de textos sobre esses processos de endividamento e crise é longa. Sínteses podem ser encontradas em Oscar Ugarteche, *El Estado deudor: economía política de la deuda – Perú y Bolivia 1968-1984* (Lima: Instituto de Estudios Peruanos, 1986); Luis Vilate, *Historia de la deuda externa latinoamericana y entretelones del endeudamiento externo argentino* (Buenos Aires: Sudamericana-Planeta, 1986); Eric A. Calcagno, *La perversa deuda: radiografía de dos deudas perversas con víctimas muy diferentes* (Buenos Aires: Editorial Legasa, 1988); Carlos Marichal, *Historia de la deuda externa de América Latina* (Madri: Alianza Editorial, 1988); ou Alberto Acosta, *La deuda eterna: una historia de la deuda externa ecuatoriana* (4.ed. Quito: Libresa, 1994, Colección Ensayo).

A abundância de recursos externos, alimentada pelo fluxo das exportações, provoca uma expansão consumista que pode durar enquanto dura a bonança – e que se torna uma questão psicológica considerável em termos políticos. O aumento do consumo se confunde com aumento da qualidade de vida. Nessas circunstâncias, o governo pode ganhar legitimidade com a lógica do consumismo, que não é ambiental e socialmente sustentável, para continuar ampliando a fronteira extrativista.

Isso costuma levar a um desperdício de recursos. Normalmente, dá-se início a uma substituição de produtos nacionais por produtos importados, atiçada muitas vezes pela sobrevalorização cambial. Inclusive um maior investimento e um crescente gasto do setor público, se não forem tomadas as devidas providências, levam a um incentivo às importações e não necessariamente à produção nacional. Em síntese, é difícil fazer um uso adequado dos volumosos recursos disponíveis.

A história das economias latino-americanas baseadas no petróleo e na mineração ilustra – e o presente confirma – que essas atividades extrativistas, como já dissemos, não promovem os encadeamentos dinâmicos tão necessários para se alcançar um desenvolvimento coerente da economia.

Não se asseguram os tão essenciais vínculos integradores e sinérgicos para frente, para trás e da demanda final (consumo e impostos). Muito menos é facilitada ou garantida a transferência tecnológica e a geração de externalidades a favor de outros segmentos econômicos do país.

Dessa situação, como também já dissemos, deriva-se uma clássica característica adicional dessas economias primário-exportadoras, observada desde a colônia, que é *enclave*: o setor petrolífero ou o setor minerador, assim como muitas atividades agrárias, florestais ou pesqueiras de exportação, normalmente estão isolados do resto da economia. Nessa linha de reflexão também devem ser incluídas a energia nuclear[14] e a produção de biocombustíveis.[15]

As enormes rendas diferenciais ou ricardianas produzidas por essas atividades conduzem a superlucros que distorcem a alocação de recursos no país. Como consequência da atividade de exportação de bens primários, consolida-se e se aprofunda a concentração e a centralização de renda e de riqueza – e de poder político. A superconcentração beneficia poucos grupos econômicos, muitos dos quais não encontram nem tampouco criam estímulos para seus investimentos na economia doméstica. Preferem fomentar o consumo de bens importados, com frequência enviam seus lucros para fora do país e administram seus negócios em paraísos fiscais.

Como consequência, as empresas que controlam a exploração dos recursos naturais não renováveis em forma de *enclaves*, por sua localização e forma de exploração, convertem-se em poderosos entes empresariais dentro de relativamente frágeis Estados nacionais.

14 A energia nuclear não supõe um abandono do modelo extrativista. Por um lado, é indispensável conseguir a matéria-prima, o urânio, e, por outro lado, essa energia é usada para sustentar e incrementar as próprias atividades extrativistas, como acontece normalmente com o desenvolvimento de grandes represas hidrelétricas e, certamente, das fábricas que utilizam combustíveis fósseis.

15 Cf. François Houtart, *El escándalo de los agrocombustibles para el sur* (Panamá: Ruth Casa Editorial; Ediciones La Tierra, 2011).

Grandes beneficiárias dessas atividades são as empresas transnacionais, que assim colhem os frutos pelo "mérito" de terem se arriscado a procurar e explorar os recursos naturais – algumas vezes em áreas inóspitas. Nada se diz sobre como essas atividades levam a uma maior "desnacionalização" da economia, em parte por conta do volume de financiamento necessário para se chegar à fase de exploração dos recursos, em parte pela falta de um empresariado nacional consolidado e, em menor medida, pela pouca vontade governamental em formar alianças estratégicas com suas próprias empresas estatais ou, inclusive, com empresários privados nacionais. Além disso, infelizmente algumas dessas corporações transnacionais aproveitam sua contribuição ao equilíbrio da balança comercial para influir nos balanços de poder no país, ameaçando permanentemente os governos que se atrevem a nadar contra a corrente.

As companhias estrangeiras gozaram – e ainda gozam – de um marco referencial favorável. Em muitos casos, seus executivos ou advogados ocupam postos-chave nos governos. Dessa maneira, contam também com o respaldo de poderosos escritórios de advocacia e com o apoio da grande imprensa, garantindo, assim, que as políticas públicas ou as reformas legais lhes sejam vantajosas. Essa situação – incentivada por organismos como o BID e seus irmãos mais velhos, o Banco Mundial[16] e o Fundo Monetário Internacional – tem sido registrada uma e outra vez nos setores petrolífero e minerador da América Latina.

16 O Banco Mundial possibilitou o advento da mineração em grande escala durante a época neoliberal e ainda sustenta que a extração em massa de recursos naturais é positiva. Ver Emily Sinnott, John Nash e Augusto de la Torre, *Los recursos naturales en América Latina y el Caribe* (Bogotá: Banco Mundial; Mayo Ediciones, 2010).

Esses esquemas transnacionalizados abriram caminho a um processo bastante complexo: a "desterritorialização" do Estado. O Estado permanece (relativamente) alheio aos *enclaves* petrolíferos ou mineradores, deixando, por exemplo, o atendimento das demandas sociais nas mãos das empresas. Isso leva a uma gestão desorganizada e não planejada dessas regiões, que, inclusive, muitas vezes ficam à margem das leis nacionais. Tudo isso consolida um ambiente de violência generalizada, pobreza crescente e marginalidade que desemboca em respostas míopes e torpes de um Estado policial, que não cumpre suas obrigações sociais e econômicas.

A pouca capacidade de absorção da força de trabalho e a desigualdade na distribuição da renda e dos ativos levam a um beco aparentemente sem saída pelos dois lados: os setores marginais, que têm maior produtividade do capital do que os modernos, não podem acumular porque não possuem os recursos para investir; e os setores modernos, cuja produtividade da mão de obra é mais alta, não investem porque não têm mercados internos que lhes assegurem rentabilidades atrativas. Isso, por sua vez, agrava a disponibilidade de recursos técnicos, força de trabalho qualificada, infraestrutura e divisas, o que desestimula a ação do investidor, e assim sucessivamente.

Ao anteriormente exposto se soma o fato, bastante óbvio (e desgraçadamente necessário, não apenas por razões tecnológicas), de que, diferentemente dos demais segmentos econômicos, a atividade mineradora e petrolífera gera pouco – embora bem remunerado – trabalho direto e indireto. São atividades intensivas em capital e importações. Contratam força diretiva e altamente qualificada (muitas vezes, estrangeira). Utilizam quase exclusivamente insumos e tecnologias do exterior. A consequência dessas práticas torna irrisório o "valor interno de retorno" (equivalente ao valor agregado mantido no país) da atividade primário-exportadora.

Nessas economias petrolíferas e mineradoras de *enclave*, a estrutura e a dinâmica políticas se caracterizam por práticas "rentistas". Devido à voracidade e ao autoritarismo com que tomam as decisões, ampliam o gasto público para além de toda proporção e acarretam uma distribuição fiscal arbitrária, como será analisado adiante.

Por conta das condições e características tecnológicas das atividades petrolífera e mineradora, não há uma geração direta e massiva de empregos. Isso explicaria também a contradição de países ricos em matérias-primas onde, na prática, a grande parcela da população está empobrecida.

Adicionalmente, as comunidades em cujos territórios ou arredores são realizadas essas atividades extrativistas sofreram e sofrem os efeitos de uma série de dificuldades socioambientais derivada desse tipo de explorações. A miséria parece ser, portanto, consubstancial à presença de enormes quantidades de recursos naturais (com alta renda diferencial). Essa modalidade de acumulação não requer mercado interno e, inclusive, não necessita dele, posto que funciona com salários decrescentes. Não há suficiente pressão social para obrigar a reinvestir no aperfeiçoamento da produtividade.
O rentismo determina a atividade produtiva e certamente o resto de relações sociais. Como consequência, essas atividades extrativas promovem relações sociais clientelistas, que beneficiam os interesses das próprias empresas transnacionais e impedem a execução de adequados planos de desenvolvimento nacionais e locais.

A economia extrativista deteriora grave e irreversivelmente o meio ambiente. O estudo da atividade mineradora ou petrolífera ao redor do planeta evidencia inúmeros danos e destruições múltiplas e irreversíveis à Natureza. Além disso, são incontáveis as tragédias humanas e a destruição de potencialidades culturais dos povos. No âmbito econômico, a situação não é melhor. Os países cujas exportações dependem fundamentalmente de recursos minerais ou petrolíferos são economicamente atrasados, e seus problemas ambientais crescem no ritmo em que se expande o extrativismo.

Fixemos por um momento nossa atenção na mineração. A exploração mineradora industrial moderna implica a extração em grande escala – e em um tempo muito curto – da maior quantidade possível de recursos minerais, recursos que se formaram em processos tectônicos de longuíssima duração. Atualmente, os locais de alta concentração mineral estão se esgotando. No entanto, os elevados preços do mercado mundial permitem que a exploração mineradora seja rentável mesmo em jazidas onde o mineral é escasso. Para valer a pena, é necessário lançar mão de uma mineração industrial de grande escala, com uso maciço de químicos às vezes extremamente tóxicos (como cianureto, ácido sulfúrico, entre outros), um consumo enorme de água e a acumulação de grandes quantidades de dejetos.

Esse gigantismo provoca impactos ambientais enormes. Os efeitos nocivos não só afloram na fase de estudos e exploração, quando gigantescos buracos na Mãe Terra são abertos ou quando químicos são usados no processamento dos minerais, como também na movimentação do material extraído, que afeta grandes extensões de território.

Os dejetos da mineração, ao se acumularem por muitos anos, podem derramar-se e contaminar o meio ambiente, particularmente com metais pesados ou drenagem ácida de rochas. Este último fenômeno, que pode acontecer por décadas e décadas, ocorre quando a água da chuva – ou também o ar – entra em contato com as rochas deslocadas do subsolo para a superfície e acumuladas nos escombros, na cratera ou nos diques de dejetos da mina. Geralmente, existe um alto risco de oxidação dos minerais sulfurados, o que acaba provocando uma acidificação incomum das águas que correm sobre essas rochas.

Esse tipo de contaminação é particularmente devastador para a água. Em numerosas ocasiões, a água acaba se tornando inutilizável para o consumo humano e para a agricultura. A contaminação provoca, além disso, um conjunto de impactos sobre a saúde pública, como doenças degenerativas ou da pele. E tudo isso sem considerar os graves impactos sociais acarretados por essa mega-atividade extrativista.

Embora a história de depredação do extrativismo seja longa e conhecida, atualmente se registra – na medida em que é notório o esgotamento dos recursos naturais, especialmente nos países industrializados – uma crescente pressão sobre os países subdesenvolvidos para que explorem suas jazidas minerais ou petrolíferas. Inclusive a crescente defesa do meio ambiente nas sociedades consideradas desenvolvidas gera uma pressão sobre os países empobrecidos com o fim de que estes abram seu território para satisfazer a demanda de minerais da economia mundial.

É preciso recordar que normalmente as empresas transnacionais – e os governos cúmplices – destacam exclusivamente os "enormes" montantes de reservas minerais e petrolíferas existentes, prontos para serem transformados em valores monetários. Com essas cifras, em geral altamente exageradas, deseja-se sensibilizar a opinião pública a favor da mineração.

No entanto, esse ponto de vista é incompleto. Seria preciso somar os chamados *custos ocultos*, ambientais e sociais, incorporando, por exemplo, o valor econômico da contaminação. São perdas econômicas que normalmente não aparecem nos projetos e que acabam sendo transferidas à sociedade: basta lembrar a devastação social e ambiental ocorrida no nordeste da Amazônia equatoriana, que depois deu origem a um processo judicial contra a companhia Chevron-Texaco.

Também deveriam entrar na lista de custos os denominados "subsídios perversos", que se expressam no fornecimento de energia a preços mais baixos, água sem custo ou custo muito reduzido e, inclusive, infraestrutura de transporte.[17] Essas avaliações têm sido apresentadas? Não, provavelmente porque assumir esses custos reduziria a rentabilidade das empresas e evidenciaria os magros benefícios do extrativismo para o Estado e a sociedade.

As atividades extrativistas desencadeiam graves tensões sociais nas regiões onde são realizadas, já que apenas uma parcela da população pode integrar-se à equipe de trabalho das empresas mineradoras e petrolíferas. Os impactos econômicos e sociais provocam a divisão de comunidades, violência intrafamiliar, violação de direitos comunitários e humanos, crescimento da criminalidade, tráfico de terras etc.

Nas economias primário-exportadoras da América Latina, após décadas de acumulação extrativista, geraram-se níveis elevados de subemprego e desemprego, pobreza e uma distribuição de renda e de ativos ainda mais desigual. Com isso vão se fechando as portas à ampliação do mercado interno, porque não se geram empregos, nem renda suficientes – não há nem haverá "gotejamento".[18] No entanto, são mantidas as pressões para orientar a economia cada vez mais para o exterior, pois "não há a quem vender no mercado interno", como afirmam preguiçosamente os defensores do modelo.

17 Eduardo Gudynas, "¿Hicieron las cuentas? Los costos de la minería a cielo abierto" (*La República*, Montevidéu, 23 jul. 2011).

18 Em espanhol, *chorreo*. Referência a *trickle down economy*, tese segundo a qual o enriquecimento dos mais ricos promove naturalmente um efeito de "gotejamento" na economia, beneficiando também os mais pobres. [N. E.]

Essa "monomentalidade exportadora" inibe a criatividade e os incentivos dos empresários nacionais. Também no seio do governo, e inclusive entre amplos segmentos da sociedade, reproduz-se quase patologicamente a "mentalidade pró-exportadora", baseada no famoso *slogan* "exportar ou morrer", o que conduz ao desprezo das enormes capacidades e potencialidades disponíveis no país.

Neoextrativismo, uma versão contemporânea do extrativismo

Desde suas origens, as repúblicas primário-exportadoras da América Latina não conseguiram estabelecer um esquema de desenvolvimento que permita superar as armadilhas da pobreza e do autoritarismo. Este é o grande paradoxo: há países que são muito ricos em recursos naturais, que inclusive podem obter importantes ingressos financeiros, mas que não conseguiram estabelecer as bases para seu desenvolvimento e continuam sendo pobres. E *são pobres porque são ricos* em recursos naturais, porque apostaram prioritariamente na extração dessa riqueza natural para o mercado mundial, marginalizando outras formas de criação de valor, sustentadas mais no esforço humano do que na exploração inclemente da Natureza.

Nos últimos anos, conscientes de algumas das patologias econômicas a que nos referimos anteriormente, vários governos progressistas da região impulsionaram mudanças importantes a certos elementos da modalidade extrativista. No entanto, para além dos discursos e planos oficiais, não há sinais claros de que pretendam realmente superar tal modalidade de acumulação. Entre a retórica e a prática, esperam atender muitas das longamente postergadas demandas sociais e, ao mesmo tempo, consolidar-se no poder recorrendo a práticas clientelistas e inclusive autoritárias.

Na gestão dos governos progressistas na América do Sul, "persiste a importância dos setores extrativistas como um pilar relevante dos estilos de desenvolvimento", destaca Eduardo Gudynas.[19] De acordo com suas reflexões, embora o progressismo sul-americano promova "um extrativismo de novo tipo, tanto por alguns de seus componentes como pela combinação de velhos e novos atributos", não há mudanças substantivas na atual estrutura de acumulação. Desse modo, o neoextrativismo é "uma inserção internacional subordinada e funcional à globalização" do capitalismo transnacional. Não apenas mantém, mas avança com "a fragmentação territorial, com áreas relegadas e *enclaves* extrativos associados aos mercados globais". Consolida e, "em alguns casos, agrava os impactos sociais e ambientais dos setores extrativos".

Segundo Gudynas, "para além da propriedade dos recursos, reproduzem-se as regras e o funcionamento dos processos produtivos voltados para a competitividade, a eficiência, a maximização da renda e a externalização de impactos". Entre os pontos destacáveis estão "uma maior presença e um papel mais ativo do Estado, com ações tanto diretas quanto indiretas". A partir dessa postura nacionalista, busca-se, principalmente, maior acesso e controle por parte do Estado sobre os recursos naturais e os benefícios produzidos por sua extração.

19 Cf. Eduardo Gudynas, "Diez tesis urgentes sobre el nuevo extractivismo. Contextos y demandas bajo el progresismo sudamericano actual" (In: Jürgen Schuldt et al., *Extractivismo, política y sociedad*. Quito: Centro Andino de Acción Popular e Centro Latino Americano de Ecología Social, 2009); id., "La ecología política de la crisis global y los límites del capitalismo benévolo" (*Íconos*, Revista de Ciencias Sociales, Quito, Flacso, n.36, p.53-67, 2010).

Nessa perspectiva, critica-se o controle dos recursos naturais por parte das transnacionais – e não a extração em si. Aceitam-se até mesmo alguns graves danos ambientais e até sociais do extrativismo em troca de supostos benefícios para toda a coletividade nacional. Para chegar a isso, "o Estado capta (ou tenta captar) uma maior proporção do excedente gerado pelos setores extrativos". Além disso, "parte desses recursos financia importantes e massivos programas sociais, com os quais se asseguram novas fontes de legitimação social". Dessa maneira, o extrativismo surge como indispensável para combater a pobreza e promover o desenvolvimento.

Sem dúvida, "o neoextrativismo é parte de uma versão contemporânea do desenvolvimento própria da América do Sul, onde se mantém o mito do progresso e do desenvolvimento sob uma nova hibridação cultural e política", conclui Gudynas.[20]

Mesmo que um maior controle estatal dessas atividades extrativistas seja importante, não é suficiente. O real controle das exportações nacionais fica nas mãos dos países centrais, mesmo que nem sempre sejam registrados importantes investimentos estrangeiros nas atividades extrativistas. Perversamente, muitas empresas estatais das economias primário-exportadoras – com a anuência dos respectivos governos – parecem programadas para reagir apenas diante de impulsos externos e atuam dentro de casa sob lógicas parecidas às das transnacionais: depredação ambiental e desrespeito social não estão ausentes de suas práticas. Em síntese, a lógica subordinada de sua produção, motivada pela demanda externa, caracteriza a evolução dessas economias primário-exportadoras. O neoextrativismo eventualmente mantém e reproduz elementos-chave do extrativismo de raiz colonial.

20 Ibid.

Graças ao petróleo ou à mineração, ou seja, às numerosas divisas produzidas pelas exportações primárias, muitas vezes os governantes progressistas assumem-se como portadores da vontade coletiva e tentam acelerar o salto à ansiada modernidade. Como afirma Fernando Coronil,[21] nesse tipo de economias aflora um "Estado mágico", com capacidade de levar a cabo a "cultura do milagre".[22] Isso é justamente o que tem sido registrado na Venezuela, Equador e Bolívia nos últimos anos.

Nesses países, o Estado tem ganhado força novamente. Diante do Estado mínimo pregado pelo neoliberalismo, tenta-se – com justificada razão – reconstruir e ampliar a presença e a ação do Estado. Mas, por enquanto, não há nesses países manifestações sérias de desejo de promover mudanças estruturais profundas. As características fundamentais da produção e das exportações mantêm-se inalteradas, e os segmentos empresariais mais poderosos, que sofrem o embate dos "discursos revolucionários", não deixam de obter volumosos lucros aproveitando-se desse renovado extrativismo.

Pelo menos até o momento, nos países com governos progressistas que instrumentalizaram esquemas neoextrativistas, os segmentos tradicionalmente marginalizados da população experimentam uma relativa melhora de vida graças à melhor distribuição das crescentes receitas petrolíferas e mineradoras. No entanto, não se tem aberto caminho a uma radical redistribuição das receitas e dos ativos. Essa situação se explica pelo fato de ser relativamente fácil obter vantagem

21 Cf. Fernando Coronil, *El Estado mágico: Naturaleza, dinero y modernidad en Venezuela* (Caracas: Consejo de Desarrollo Científico y Humanístico, Universidad Central de Venezuela e Nueva Sociedad, 2002).

22 Esse autor aborda a realidade venezuelana a partir do governo do general Juan Vicente Gómez (1908-1935) até antes do governo Hugo Chávez Frías (1999-2013).

da generosa Natureza sem precisar entrar em complexos processos sociais e políticos de redistribuição.

Como em épocas pretéritas, o maior benefício dessa orientação econômica se destina às economias ricas, importadoras de Natureza, que tiram um proveito maior dos recursos naturais ao processá-los e comercializá-los na forma de produtos acabados. Enquanto isso, os países exportadores de bens primários, que recebem uma mínima participação da receita mineradora ou petrolífera, são os que carregam o peso dos passivos ambientais e sociais.

Na medida em que inexiste uma adequada institucionalidade para enfrentar os custos ambiental, social e político das atividades extrativistas, abre-se espaço para enfrentamentos civis – e aqui até o custo econômico relacionado ao controle de distúrbios utilizando a força pública não é desprezível. Além disso, é preciso considerar o efeito dessa instabilidade social quase programada sobre outras atividades produtivas nas zonas de influência do extrativismo – em vez de, por exemplo, quando as atividades mineradoras expulsam os camponeses da zona afetada.

Os efeitos desses conflitos e dessa violência também chegam aos governos regionais. Estes podem ser atraídos pelos cantos de sereia das empresas dedicadas ao extrativismo em grande escala e dos governos cúmplices, que lhes oferecerão algumas retribuições financeiras. Entretanto, eventualmente as sociedades terão de assumir os custos dessa complexa e conflitiva relação entre comunidades, empresas e Estado. Os planos de desenvolvimento locais estariam em risco, pois o extrativismo minerador ou petrolífero teria supremacia sobre qualquer outra atividade. Tudo isso despedaça os planos elaborados de maneira participativa, incorporando a experiência e a sabedoria das populações locais. E os passivos ambientais serão a herança mais dolorosa e, inclusive, custosa das atividades extrativistas, posto que normalmente não são assumidos pelas empresas exportadoras.

Em síntese, grande parte das maiores e mais graves patologias do extrativismo tradicional é mantida no neoextrativismo. E fica claro que, se fossem contabilizados seus custos econômicos dos impactos sociais, ambientais e produtivos, boa parte de seus benefícios econômicos desapareceria.[23] Infelizmente, essa conta não é feita pelos diversos governos progressistas latino-americanos, que parecem confiar cegamente nos benefícios das atividades primário-exportadoras.

Autoritarismo e disputa pela renda da Natureza

Essa maldição da abundância de recursos naturais traz consigo, com muita frequência, a maldição do autoritarismo. A exploração em grande escala dos recursos naturais não renováveis nesses países permitiu o surgimento de Estados paternalistas, cuja capacidade de incidência está vinculada à capacidade política de gerir uma maior ou menor participação da receita mineradora ou petrolífera. São Estados que, ao monopólio da riqueza natural, acrescentaram o monopólio da violência política.[24]

Embora pareça paradoxal, esse tipo de Estado, que muitas vezes delega parte substantiva das tarefas sociais às empresas petrolíferas ou mineradoras (isso começa a mudar nos países com governos progressistas), abandona – do ponto de vista

23 Sobre os passivos da indústria petrolífera, ver, por exemplo, a contribuição de Fander Falconí, "Los pasivos de la industria petroleira: a propósito del juicio a la Texaco" (In: Guillaume Fontaine [org.], *Petróleo y desarrollo sostenible en Ecuador*. Quito: Flacso-Sede Ecuador, 2004).

24 Cf. Fernando Coronil, *El Estado mágico: naturaleza, dinero y modernidad en Venezuela*, op. cit.

do desenvolvimento – amplas regiões. E, nessas condições de *desterritorialização*, quando as empresas assumem as tarefas que competem ao Estado, este se consolida como um Estado policial que reprime as vítimas do sistema ao mesmo tempo em que declina do cumprimento de suas obrigações sociais e econômicas. A própria institucionalidade jurídica acaba envolvida nos interesses e pressões das empresas extrativistas privadas ou estatais.

Nessas economias de *enclave* configuraram-se uma estrutura e uma dinâmica políticas não apenas autoritárias como também vorazes. Essa voracidade, particularmente em anos de bonança, traduz-se em um aumento muitas vezes desproporcional do gasto público e, sobretudo, em uma arbitrária distribuição dos recursos fiscais. Esse tipo de exercício político é explicado também pelo afã dos governos em se manter no poder e por sua intenção de acelerar uma série de reformas estruturais que, sob sua particular perspectiva, são vistos como indispensáveis para transformar as sociedades.

Até mesmo o aumento do gasto e dos investimentos públicos é produto do crescente conflito distributivo que se desata entre os mais distintos grupos de poder. Essa realidade, percebida com mais clareza nas etapas de bonança, é descrita pelo economista Jürgen Schuldt,[25] que a define como "um jogo dinâmico de horizonte infinito derivado endogenamente do auge. E o gasto público – que é arbitrário – aumenta mais do que a arrecadação atribuída ao auge econômico (política fiscal pró-cíclica)".

Esse "efeito voracidade" provoca a desesperada busca e a apropriação inclusive abusiva de parte importante dos excedentes produzidos pelo setor

25 Cf. Jürgen Schuldt, *¿Somos pobres porque somos ricos? Recursos naturales, tecnología y globalización*, op. cit.

primário-exportador. Diante da ausência de um grande acordo nacional para gerir esses recursos naturais, sem instituições democráticas sólidas (que só podem ser construídas com uma ampla e consolidada participação cidadã),[26] surgem em cena os diversos grupos de poder não cooperativos, desesperados para obter uma fatia da receita mineradora ou petrolífera.

Assim, nessa disputa pela renda dos recursos naturais intervêm sobretudo as empresas transnacionais envolvidas direta ou indiretamente em tais atividades e seus aliados *criollos*,[27] o sistema bancário internacional, amplos setores empresariais e financeiros, inclusive as forças armadas, alguns governos regionais cooptados pelas lucrativas receitas e alguns segmentos sociais politicamente influentes. Grupos sindicais conhecidos como "aristocracia operária",[28] vinculados a esse tipo de atividades extrativistas, também obtêm importantes benefícios. E, como é fácil compreender, essa disputa distributiva, que pode ser mais ou menos conflitiva, provoca novas tensões políticas.

Tudo isso contribui para debilitar a governabilidade democrática, enquanto acaba por estabelecer ou perpetuar

26 Não se trata exclusivamente da cidadania individual-liberal, pois, sob a lógica de direitos coletivos, abrem-se as portas para cidadanias coletivas e comunitárias. Igualmente, os Direitos da Natureza necessitam e, ao mesmo tempo, originam outro tipo de cidadania, que se constrói no individual, no social coletivo, mas também no ambiental. Esse tipo de cidadania é plural, pois depende das histórias e dos ambientes, e abriga critérios de justiça ecológica que superam a visão tradicional de justiça. Eduardo Gudynas denomina essas cidadanias como "metacidadanias ecológicas". Ver "La ecología política del giro biocéntrico en la nueva Constitución del Ecuador" (*Revista de Estudios Sociales*, Bogotá, n.32, p.34-47, 2009) e *El mandato ecológico: derechos de la naturaleza y políticas ambientales en la nueva Constitución* (Quito: Abya Yala, 2009).

27 Termo usado originalmente para se referir aos descendentes de espanhóis nascidos nas colônias hispânicas do continente americano que, por extensão, faz referência à elite branca desses países. [N. T.]

28 Nos termos propostos por Eric J. Hobsbawm, "La aristocracia obrera, a revisión" (In: Jerzy Topolski et al., *Historia económica: nuevos enfoques y nuevos problemas*. Barcelona: Crítica, 1981).

a existência de governos autoritários e empresas vorazes e clientelistas, inclinadas também a práticas autoritárias. De fato, nesses países não surgem os melhores exemplos de democracia, e sim o contrário. Além disso, a gestão muitas vezes dispendiosa das receitas obtidas e a ausência de políticas de planejamento terminam debilitando a institucionalidade existente ou impedindo sua construção.

A América Latina possui uma ampla experiência nesse campo. São vários os países da região cujos governos têm claros traços de autoritarismo derivados da modalidade de acumulação primário-exportadora, particularmente quando está sustentada em poucos recursos naturais de origem mineral.

Essa complexa realidade existe também em outras partes do mundo, particularmente nos países exportadores de petróleo ou minérios.[29] A Noruega seria a exceção que confirma a regra. A diferença entre o caso do país escandinavo e os anteriormente descritos fundamenta-se no fato de que a extração de petróleo em terras norueguesas começou e se expandiu quando já existiam sólidas instituições econômicas e políticas democráticas, com uma sociedade sem iniquidades comparáveis às de outros países petrolíferos ou mineradores do mundo empobrecido. Ou seja, esse país integrou o petróleo à sua sociedade e à sua economia quando *já era um país desenvolvido*.

29 Como exemplo, basta analisar a realidade dos países situados no golfo Pérsico ou Arábico, que podem ser considerados ricos em termos de acumulação de enormes reservas financeiras e com elevados níveis de renda *per capita*. No entanto, de nenhuma maneira podem ser incorporados à lista de países desenvolvidos: os níveis de desigualdade registrados são aberrantes, a ausência de liberdade é notória, a intolerância política e religiosa está na ordem do dia. Muitos de seus governos não apenas não são democráticos, como também são caracterizados por profundas práticas autoritárias. A Arábia Saudita, uma monarquia com traços medievais, seria um exemplo paradigmático de uma lista bastante longa.

Não se pode concluir essa reflexão sem falar sobre uma característica que aparece nos países atingidos pela maldição da abundância: a violência, que parece configurar o elemento consubstancial com um modelo depredador da democracia. A violência aflora também do Estado, inclusive dos governos progressistas, que criminalizam protestos populares contra as atividades extrativistas com o único objetivo de garantir sua continuidade.

A violência desatada pelas próprias empresas extrativistas, e respaldada muitas vezes pelos governos, provoca diversos graus de repressão. A lista dessas ações repressivas e até genocidas é muito longa e conhecida na América Latina.[30] Tampouco têm faltado guerras civis[31] e até guerras abertas entre países ou agressões imperiais por parte de algumas potências empenhadas em se assegurar pela força dos recursos naturais, sobretudo combustíveis fósseis.[32]

30 Nas zonas mineradoras do Peru, país que pretende se colocar como exemplo de abertura mineradora, as violações aos Direitos Humanos têm se multiplicado de forma exponencial. Nesse país, os conflitos mineradores e petrolíferos, sobretudo os primeiros, superam em mais de 80% todos os conflitos sociais registrados. Ver José De Echave, *Diez años de minería en el Perú* (CooperAcción, Lima, 2008); José De Echave et al., *Minería y conflicto social* (Lima: Instituto de Estudios Peruanos, Centro Bartolomé de las Casas, Centro de Investigación y Promoción del Campesinado, Consorcio de Investigación Económica y Social, 2009). O que aconteceu em Bagua, em junho de 2009, é apenas um dos episódios mais difundidos de uma longa cadeia de repressão e violação sistemática dos Direitos Humanos. Na Colômbia, um país açoitado por uma cruenta e longa guerra civil, cerca de 70% dos deslocamentos forçados ocorridos entre 1995 e 2002 aconteceram em áreas mineradoras. No Equador, os mais graves casos de violações dos Direitos Humanos ocorridos nos últimos anos estão relacionados com empresas mineradoras transnacionais e, claro, com as atividades petrolíferas.

31 A Nigéria confirma essa asseveração: passou por uma longa e dolorosa guerra civil pelo controle do petróleo e, posteriormente, uma aguda repressão contra os Ogoni. Depois do colapso da União Soviética, a violência não acaba nos países do Cáucaso, ricos em hidrocarbonetos: Turcomenistão, Cazaquistão, Azerbaijão, Geórgia, Ossétia, Daguestão e Chechênia.

32 Para ilustrar este último caso bastaria mencionar a agressão militar norte-americana a Iraque e Afeganistão pelo controle das reservas petrolíferas e de gás. A intervenção da Organização do Tratado

Esses enfrentamentos, que acontecem em um ambiente de constantes instabilidades, acarretam altos custos econômicos, como, por exemplo, a deturpação financeira provocada pela ausência de instituições sólidas; a subavaliação das exportações e a superavaliação das importações por parte das empresas mineradoras ou petrolíferas para reduzir o pagamento de impostos ou tarifas; as eventuais reduções, sem aviso, da produção por parte das empresas transnacionais para forçar maiores vantagens; e a crescente presença e ação de intermediários de todo tipo que dificultam as atividades produtivas e encarecem as transações. Tais problemas, que não esgotam uma lista de deformações e distorções, que poderia ser interminável, eventualmente poderia até provocar a redução dos investimentos setoriais, pelo menos das empresas mais sérias.

Por outro lado, depender tanto da generosidade da Natureza marginaliza os esforços de inovação produtiva e, inclusive, de marketing, e consolida práticas oligopolistas, patrimonialistas e rentistas. E essas práticas, juntamente com a crescente ingerência das empresas extrativistas nos governos, como se sabe amplamente, fortalecem pequenos mas poderosos grupos oligárquicos.

Além disso, o maior gasto público em atividades clientelistas reduz as pressões latentes por uma maior democratização. Acontece uma espécie de "pacificação fiscal",[33] dirigida a tentar reduzir os protestos sociais. As altas receitas do governo lhe permitem prevenir a configuração de grupos e frações de poder contestatórios ou independentes, que estariam em condições

Atlântico Norte na Líbia em 2011 poderia ser situada também nesse campo de agressões imperiais efetuadas para controlar o petróleo e uma das maiores reservas de água no mundo.

33 Cf. Jürgen Schuldt, *¿Somos pobres porque somos ricos? Recursos naturales, tecnología y globalización*, op. cit.

de demandar direitos políticos e outros (Direitos Humanos, justiça, governança compartilhada etc.), deslocando-os do poder. O governo pode alocar volumosas somas de dinheiro para reforçar seus controles internos – incluindo a repressão aos opositores.

Uma situação de abundância relativa de recursos financeiros pode permitir uma gestão econômica expansiva, complementada com endividamento externo. Os recursos crescentes e permanentemente necessários para financiar a economia vêm dos créditos externos.[34] Nesse ponto, aparece novamente o efeito voracidade, manifestado pelo desejo de participar no festim dos volumosos recursos vindos dos bancos, sobretudo, internacionais, sejam privados ou multilaterais, corresponsáveis pelos processos de endividamento externo.[35] Ultimamente, a China concede cada vez mais créditos a vários países subdesenvolvidos, em especial na África e na América Latina, com o objetivo de assegurar jazidas de minérios e de petróleo, ou amplas extensões de terra para a produção agrícola, além da construção de importantes obras de infraestrutura.

Como consequência das elevadas receitas derivadas da exploração dos recursos naturais e das possibilidades abertas pelo financiamento externo, os governos tendem a flexibilizar suas estruturas e práticas tributárias. Em muitas ocasiões, levam a cabo uma mínima pressão tributária e até deixam de cobrar impostos, particularmente o imposto relativo à renda.

34 Assim, por exemplo, o Equador, como novo rico petroleiro, pôde conseguir créditos mais facilmente do que quando era apenas um pobretão bananeiro. Em pleno auge econômico dos anos 1970, sua dívida pública, particularmente externa, cresceu proporcionalmente mais do que em relação ao *boom* petroleiro propriamente dito (é verdade que também cresceu por condições externas derivadas das demandas de acumulação do capital).

35 Ver Osmel Manzano e Roberto Rigobon, "Resource curse or debt overhang?" (*National Bureau of Economic Research*, Cambridge, Massachusetts, Cuaderno de Trabajo, n.8390, jul. 2001), além da lista de autores citada anteriormente, que abordam o tema da dívida externa.

Além disso, a maldição ideológica neoliberal também desestimula o incremento da pressão tributária.[36]

Nesse ponto, cabe destacar o esforço de alguns governos progressistas, como o equatoriano ou o boliviano, para melhorar a arrecadação tributária, inclusive introduzindo esquemas mais progressivos e equitativos. De toda maneira, como reconhece Jürgen Schuldt,[37] a gestão pouco exigente das finanças públicas deixa a cidadania "mal acostumada". E, o que é pior, "com isso consegue-se que a população não demande do governo transparência, justiça, representatividade e eficiência no gasto" público. A permanência de volumosos e desiguais subsídios, por exemplo, aos derivados do petróleo, poderia ser explicada por esse costume, que é inclusive assumido equivocadamente como uma "conquista popular".

A demanda por representação democrática no Estado, como recorda Schuldt, surgiu geralmente como consequência dos aumentos de impostos, por exemplo, na Grã Bretanha, há mais de quatro séculos, e na França, no início do século XIX. A lógica do rentismo e do clientelismo difere da lógica cidadã na medida em que freia e impede a construção de cidadania.

Os governos das economias primário-exportadoras não apenas contam com importantes recursos – sobretudo nas fases de bonança – para assumir a necessária obra pública, como também obtêm capacidade de executar medidas e ações dirigidas a cooptar a população, com o objetivo de assegurar uma base de governabilidade que lhes possibilite introduzir as reformas e mudanças que consideram pertinentes.

36 No Equador, um dos governantes militares da época do *boom* petroleiro na década de 1970, o general Guillermo Rodríguez Lara, celebra como uma das conquistas de sua gestão a isenção de impostos.

37 Cf. Jürgen Schuldt, *¿Somos pobres porque somos ricos? Recursos naturales, tecnología y globalización*, op. cit.

O clientelismo afoga a consolidação da cidadania. Quando essas práticas clientelistas estimulam o individualismo, com políticas sociais dirigidas para o indivíduo – como as desenvolvidas em esquemas neoliberais e que continuaram nos governos progressistas –, podem chegar a desativar propostas e ações coletivas, o que acaba por afetar as organizações sociais e, o que é mais grave, o sentido de comunidade.[38]

Essas ações desembocam, com frequência, em exercícios governamentais autoritários e messiânicos que, no melhor dos casos, podem esconder-se por trás do que o cientista político argentino Guillermo O'Donnel qualificava como "democracias delegativas" – ou o que hoje se conhece como democracias plebiscitárias.

Por outro lado, esse tipo de governos hiperpresidencialistas (neoliberais ou progressistas), que atendem de forma clientelista as demandas sociais, constituem o caldo de cultura para novas formas de conflitos sociopolíticos. Isso se deve ao fato de que não se aborda estruturalmente as causas

38 Diversos projetos do governo da "Revolução Cidadã" no Equador estariam provocando, consciente ou inconscientemente, esses efeitos. Adicionalmente, caberia mencionar que esse governo tenta abertamente debilitar e dividir os grandes movimentos sociais, sobretudo o indígena, que são ferrenhos opositores à expansão das atividades extrativistas.

da pobreza e da marginalidade. Partes dos excedentes petrolíferos ou mineradores são redistribuídos, mas não ocorrem processos profundos de redistribuição da receita e dos ativos. Igualmente, os significativos impactos ambientais e sociais, próprios dessas atividades extrativistas em grande escala, que são distribuídos desigualmente, aumentam a ingovernabilidade, o que por sua vez exige novas respostas autoritárias.

Sem pretender que com isso seja resolvida a insustentabilidade intrínseca à exploração dos recursos naturais não renováveis, deveríamos seguir a recomendação de Anthony Bebbington e apostar na construção democrática de uma ideia de sustentabilidade – pelo menos para a transição. Os limites ao desenvolvimento devem estar vinculados à própria sociedade civil, e não estar circunscritos a modelos em que os atores mais poderosos – as transnacionais e os Estados, muitas vezes nessa ordem – são os que decidem. Desse modo, colocaríamos em pauta o uso dos recursos naturais, o que poderia ser uma saída para a atmosfera antidemocrática que acompanha o próprio extrativismo.

Em resumo, a dependência de recursos naturais não renováveis em muitas ocasiões consolida governos *caudillistas*, inclusive autoritários, por conta dos seguintes fatores:

- Instituições de Estado frágeis para fazerem as normas serem respeitadas e incapazes de fiscalizar as ações governamentais;
- Ausência de regras e de transparência que estimula a arbitrariedade na gestão dos recursos públicos e dos bens comuns;
- Conflito distributivo entre grupos de poder, o que, em longo prazo, com a consolidação do rentismo e do

patrimonialismo, provoca a diminuição do investimento e das taxas de crescimento econômico;

- Políticas governamentais de curto prazo e sem planejamento;
- Ilusão da riqueza fácil e abundante derivada da exploração e exportação em grande escala de recursos naturais, incorporada como um DNA em amplos segmentos da sociedade e nos governos.

Do desenvolvimentismo senil ao pós-extrativismo

Poderia ocorrer a alguém – por má-fé ou ignorância – uma ideia absurda: se a economia primário-exportadora gera e torna permanente o subdesenvolvimento, a solução consistiria em deixar de explorar os recursos naturais. Obviamente, essa é uma falácia. *A maldição dos recursos naturais não é uma fatalidade de destino, e sim uma escolha.* O desafio radica em encontrar uma estratégia que permita construir o Bem Viver aproveitando os recursos naturais não renováveis, transformando-os em "uma bênção".[39]

Então, a tarefa passa por escolher outro caminho, que nos afaste da maldição dos recursos naturais e da maldição das visões ortodoxas que nos mantêm subordinados ao poder transnacional. Por isso, uma das missões mais complexas é a construção e execução de uma estratégia que conduza a uma economia pós-extrativista.

Essa nova economia não surgirá da noite para o dia. Inclusive, é complexo imaginar a possibilidade de fechar abruptamente os campos petrolíferos ou mineradores ora em exploração. Mas essa transição não será nunca uma

39 Cf. Joseph E. Stiglitz, *Cómo hacer que funcione la globalización* (Madri: Taurus Pensamiento, 2006).

realidade se as atividades extrativistas continuarem sendo ampliadas e se não houver alternativas específicas para reduzi-las gradualmente por meio de uma evolução adequadamente planejada.

Certamente, essa transição não é fácil em um mundo capitalista, impensável sem as atividades extrativistas, como a petrolífera, a mineradora ou a florestal. Construir essas transições é a grande tarefa do momento, que convoca todas as capacidades de pensamento crítico, inventividade e criatividade das sociedades e organizações sociais. Os esforços para abrir caminho ao pós-extrativismo no Sul global deveriam ser acompanhados pelo decrescimento econômico,[40] ou, pelo menos, pelo crescimento estacionário no Norte global, assunto que já é discutido em muitos países industrializados.

Portanto, o caminho de saída de uma economia extrativista, que terá de arrastar por um tempo algumas atividades desse tipo, deve considerar um ponto-chave: o decrescimento planejado do extrativismo. Tal opção potencializaria atividades sustentáveis, que poderiam acontecer no âmbito das manufaturas, da agricultura, do turismo e sobretudo do conhecimento. Definitivamente, não se deve deteriorar ainda mais a Natureza. Nesse sentido, o êxito de uma estratégia de transição social, econômica, cultural e ecológica dependerá de sua coerência e, sobretudo, do grau de respaldo social que consiga conquistar.

Trata-se de deixar para trás os modelos econômicos extrativistas dependentes e não sustentáveis, que são primário-exportadores, excessivamente orientados ao mercado externo, desindustrializados, promotores

40 Inclusive no Sul global há pensadores que abordam essas questões para desconstruir a economia. Ver Enrique Leff, "Decrecimiento o deconstrucción de la economía: Hacia un mundo sustentable" (*Peripecias*, Claes, Montevidéu, n.117, 8 out. 2008).

de exclusão em massa e pobreza, concentradores de renda e riqueza, depredadores e contaminadores. A intenção é construir economias sustentáveis, ou seja, diversificadas em produtos e mercados, industrializadas e terciarizadas, com capacidade de geração de emprego de qualidade, equitativas, que respeitem as culturas e a Natureza. Nesse ponto, convém propiciar um reencontro com as cosmovisões indígenas, segundo as quais os seres humanos não apenas convivem com a Natureza de forma harmoniosa, como também fazem parte dela.

Para conseguir pôr em marcha essa transição, que necessariamente será plural, é preciso uma nova e vigorosa institucionalidade estatal e uma nova forma de organizar a economia, assim como uma concepção estratégica de participação no mercado internacional. Requerem-se, portanto, esquemas e organizações reguladoras, assim como mecanismos devidamente estabelecidos que permitam levar a cabo essas transições.[41]

Na mira está, então, a conquista de um novo perfil de especialização produtiva. Assim, poderá haver sustentação interna, baseada em um consenso amplo dos diversos

41 Nos últimos anos começou-se a discutir cada vez mais sobre como impulsionar essas transições. São vários os autores que têm contribuído com diversas ideias e sugestões nesse campo, entre outros: Eduardo Gudynas, Joan Martínez Alier, Enrique Leff e Roberto Guimarães. Como exemplo concreto, ver a contribuição múltipla editada por Alejandra Alayza e Eduardo Gudynas no Peru (*Transiciones. Post extractivismo y alternativas al extractivismo en el Perú*. Lima: Red Peruana por una Globalización con Equidad; Centro Latino Americano de Ecología Social, 2011). Algumas contribuições sugestivas para construir essas transições podem ser obtidas no informe sobre o tema elaborado pela Oxfam (*Contra la 'maldición de los recursos' naturales: cómo pueden y deben beneficiarse las personas pobres de la renta de las extractivas*, 24 nov. 2009). O autor destas linhas também tem proposto algumas reflexões para a construção de uma economia pós-petroleira – cf. Alberto Acosta, "Algunos elementos para repensar el desarrollo: una lectura para pequeños países" (In: Alberto Acosta et al., *El Ecuador post petrolero*. Quito: Acción Ecológica; Ildis; Oilwatch, 2000) e Alberto Acosta, *La maldición de la abundancia* (Quito: Comité Ecuménico de Proyectos, Swissaid; Abya Yala, 2009). Cabe anotar que no ano 2000 foram publicadas, por parte de vários autores, várias propostas para construir um "Equador pós-petroleiro".

interesses do país. Para se chegar a isso é preciso robustecer o mercado interno e o aparato produtivo doméstico, assim como gerar estratégias de transição produtiva que permitam que a atividade extrativa perca importância econômica.

O reencontro com a Natureza está também entre os pontos prioritários da agenda, o que significa superar esquemas e práticas destinados à sua exploração e apropriação. Tenhamos presente que a Humanidade inteira está obrigada a preservar a integridade dos processos naturais que garantem os fluxos de energia e de materiais na biosfera. Isso implica sustentar a biodiversidade do planeta. Para alcançar essa transformação civilizatória, é indispensável desmercantilizar a Natureza.
Os objetivos econômicos devem estar subordinados às leis de funcionamento dos sistemas naturais, sem perder de vista o respeito à dignidade humana e a melhora da qualidade de vida das pessoas e comunidades.

Isso obriga preservar, sem destruir, os territórios que possuem grande valor ambiental e social, onde se concentra a maior quantidade de biodiversidade. Nesse sentido, a Iniciativa Yasuní-ITT, no Equador, é um exemplo global.[42] A transição também leva a estabelecer o conceito de sustentabilidade forte (o capital econômico não pode substituir integralmente o "capital natural") como um novo paradigma de organização social. E ainda implica mudar a contabilidade macroeconômica convencional por novos indicadores e índices de sustentabilidade.

De igual maneira, é preciso uma ampla e verdadeira participação social para enfrentar o desafio do

42 Ver em Alberto Acosta e Esperanza Martínez (org.), *El Buen Vivir: una vía para el desarrollo* (Quito: Abya Yala, 1994). Essa iniciativa enquadra-se em uma proposta de moratória no centro-sul da Amazônia equatoriana que foi formulada no ano de 2000, no livro *El Ecuador Post Petrolero*, de vários autores.

extrativismo em grande escala. Isso obriga levar a cabo uma profunda e radical redistribuição das receitas mineradoras e petrolíferas, tanto como de outras receitas e ativos existentes na economia. As iniquidades[43] devem ser abatidas, visto que são a base dos autoritarismos de todo tipo em todos os âmbitos da vida humana.

A questão de fundo radica em começar por não continuar ampliando e aprofundando um modelo econômico extrativista. Tentar desenvolver-se priorizando a modalidade de acumulação primário-exportadora, que sobrevaloriza a renda da Natureza e não o esforço do ser humano, que destroça sistematicamente o meio ambiente e afeta gravemente as estruturas sociais e comunitárias, que prefere o mercado externo e descuida do mercado interno, que fomenta a concentração da riqueza e marginaliza as equidades, não foi caminho para o desenvolvimento de país algum. Então, tampouco o será para a construção de uma opção pós-desenvolvimentista, como é o Bem Viver.[44]

O Bem Viver, pelo menos conceitualmente, caracteriza-se como uma versão que supera os desenvolvimentos "alternativos" e tenta ser uma "alternativa ao desenvolvimento". É uma opção radicalmente distinta a todas as ideias de desenvolvimento – e que inclusive dissolve o conceito de progresso em sua versão produtivista. Portanto, o Bem Viver sintetiza uma oportunidade para construir outra sociedade, sustentada na convivência do ser humano, em diversidade e harmonia com a Natureza, a partir do reconhecimento dos

43 Inequidades econômica, social, intergeracional, de gênero, étnica, cultural, regional, especialmente.

44 De uma bibliografia cada vez mais ampla sobre o tema podemos sugerir: Alberto Acosta e Esperanza Martínez (orgs.), *El Buen Vivir: una vía para el desarrollo*, op. cit., e Alberto Acosta, "El Buen Vivir, una utopía por (re)construir" (*Revista Casa de las Américas*, Havana, n.257, fev. 2010). Outro texto que permite englobar esse debate em um contexto mais amplo é o de José María Tortosa, *Maldesarrollo y mal vivir: pobreza y violencia a escala mundial* (Quito: Abya Yala, 2011).

diversos valores culturais existentes em cada país e no mundo. A parte intrínseca a essa proposta, com projeção até mesmo global, está em dar um grande passo revolucionário que nos inspira a transitar de visões antropocêntricas a visões sociobiocêntricas, com as conseguintes consequências políticas, econômicas e sociais.

Definitivamente, pela via do "desenvolvimentismo senil",[45] ou seja, mantendo e, pior ainda, aprofundando o extrativismo, não se encontrará a saída desse complexo dilema de sociedades ricas em recursos naturais mas, ao mesmo tempo, empobrecidas.

45 Joan Martínez Alier, "No sé si hay un ecologismo infantil pero sí creo que hay un desarrollismo senil" (Entrevista a Marc Saint-Upéry, *Mouvements*, Paris, n.54, 2008).

02

Margarita Aguinaga Barragán é socióloga, feminista equatoriana, ativista da Assembleia de Mulheres Populares e Diversas do Equador (AMPDE). Pesquisadora do Instituto de Estudos Equatorianos (IEE) e integrante do Grupo Permanente de Trabalho sobre Alternativas ao Desenvolvimento.

Miriam Lang foi diretora da Fundação Rosa Luxemburgo, escritório região andina. Possui doutorado em Sociologia na Universidade Livre de Berlim, com especialização em Estudos de Gênero, e mestrado em Estudos Latino-Americanos. Sua experiência inclui ampla colaboração com organizações de mulheres e indígenas na América Latina.

Dunia Mokrani Chávez é cientista política e mestranda da Universidade Maior de San Andrés (Cides-Umsa) em Filosofia e Ciência Política. Ativista do Coletivo de Mulheres Samka Sawuri – Tecedoras de Sonhos. Coordenadora de Projetos para a Bolívia da Fundação Rosa Luxemburgo, escritório região andina.

Alejandra Santillana é mestre em Sociologia na Faculdade Latino-Americana de Ciências Sociais (Flacso) e militante da Assembleia de Mulheres Populares e Diversas do Equador (AMPDE). Ex- coordenadora de Projetos para o Equador da Fundação Rosa Luxemburgo, escritório região andina.

Pensar a partir do feminismo

*Críticas e alternativas ao desenvolvimento**

Margarita Aguinaga Barragán
Miriam Lang
Dunia Mokrani Chávez
Alejandra Santillana

O momento exige a construção de um pensamento emancipatório que tenha como ponto de partida a diversidade e a potencialidade da vida, mas com um olhar holístico, sobre sua totalidade. A análise entrelaçada das diferentes dimensões de poder é a emergência revolucionária em direção à qual devemos avançar; nesse sentido, uma crítica feminista sobre o discurso do desenvolvimento assenta-se sobre um pensamento integral. O presente texto situa-se nos debates feministas sobre desenvolvimento e se articula em várias dimensões, a partir da ecologia, da economia, do modelo produtivo, da colonialidade e do patriarcado.

Nosso propósito é abordar, sob uma perspectiva histórica, as diferentes contribuições feministas sobre o desenvolvimento. Consideramos fundamental apresentar outro esquema de análise, distinto ao esquema clássico, sobre o discurso do desenvolvimento centrado nos debates acadêmicos e economicistas, pois o pensamento

* Publicado originalmente em *Más allá del desarrollo* (Quito: Fundação Rosa Luxemburgo; Abya Yala, 2011).

feminista origina-se precisamente como questionamento político aos efeitos de um discurso androcêntrico que historicamente foi construído como científico e universal. Um discurso que tem desvalorizado sistematicamente outros saberes e provocado importantes efeitos de dominação – entre outros, sobre o corpo e a fala das mulheres, a partir dos discursos históricos da Medicina e da Psicanálise, mas também da Filosofia e da Antropologia.[1]

Pensar o feminismo como um saber - como uma genealogia, como uma proposta para transformar a vida a partir de um olhar integral - permite-nos dialogar tanto com a academia e com os discursos políticos, quanto com as lutas individuais e coletivas das mulheres, para transformar um sistema político, social e econômico desigual e injusto.

Mas, sobretudo, permite-nos dialogar com um saber produzido em debates latino-americanos mais amplos. No atual contexto, em que nossos povos, por meio dos recentes processos constituintes, têm proposto o Viver Bem ou Bem Viver como um horizonte diferente do paradigma do desenvolvimento, o feminismo

1 Elsa Dorlin, *Sexo, género y sexualidades: introducción a la teoría feminista* (Buenos Aires: Nueva Visión, 2009).

contribui com sua construção articulando processos de descolonização e despatriarcalização.

Os anos 1970: mulheres no desenvolvimento

As críticas feministas ao conceito de desenvolvimento começam a se articular nos anos 1970, aproximadamente vinte anos depois que esse novo dispositivo de hierarquização entre Norte e Sul global havia sido lançado pelo presidente dos Estados Unidos, Harry Truman.[2] A década de 1970 produziu, como uma consequência das revoltas de 1968, a "segunda onda" do movimento feminista, não apenas nos países industrializados, mas também em grande parte da América Latina, incluindo tanto um feminismo contracultural de esquerda como um feminismo liberal.

Quanto ao desenvolvimento, a primeira hipótese foi lançada pela economista dinamarquesa Ester Boserup em 1970. Em *O papel das mulheres no desenvolvimento econômico*,[3] obra que propõe uma ruptura com dogmas estabelecidos nos discursos e nas políticas, ela critica o desenvolvimento por promover a exclusão das mulheres. Tendo como base um estudo empírico realizado na África, Boserup questiona os resultados dos programas de desenvolvimento implementados nas décadas do pós-guerra, mostrando que tinham sérias implicações sobre o bem-estar e a participação das mulheres.

2 O plano de desenvolvimento introduzido por Truman incluía um projeto de recuperação econômica para a Europa e a redução de barreiras comerciais nos países em desenvolvimento. Mediante grandes investimentos privados, buscava-se incrementar a atividade industrial no Sul como medida fundamental para "melhorar os padrões de vida" nos países pobres.

3 Ester Boserup, *Woman's Role in Economic Development* (Londres: George Allen; Unwin, 1970).

Até então, as mulheres haviam sido incluídas nas políticas de desenvolvimento unicamente como receptoras passivas ou como mães responsáveis pelo lar, enquanto os recursos tecnológicos, financeiros e de capacitação eram destinados aos homens. Os programas de desenvolvimento – que foram universalizados segundo o esquema ocidental – definiam o lar como unidade receptora homogênea e o homem assalariado como "provedor familiar", enquanto as mulheres, dependentes de seus maridos, se encarregavam do lar. Tal noção, portanto, desconhecia que, em muitas culturas, as mulheres trabalhavam na agricultura e na produção de alimentos, por exemplo, e que existiam diferentes divisões sexuais do trabalho, ou muito mais flexíveis. Também se desconhecia que o lar ou a família constituíam espaços permeados por relações de poder, fazendo com que a ajuda ao provedor masculino não necessariamente se traduzisse em rentabilidade para os e as "dependentes". A intervenção de Boserup e suas contemporâneas foi bem-sucedida na medida em que as levou para a primeira Conferência Mundial sobre a Mulher, em 2 de julho de 1975, no México, onde as Nações Unidas declararam os anos 1980 como a "Década da Mulher", institucionalizando o enfoque das mulheres como parte do desenvolvimento.[4] Tal ênfase propunha nem tanto uma crítica à própria noção de desenvolvimento, mas reverter a exclusão das mulheres dos múltiplos recursos relacionados com o desenvolvimento. Reivindicava também acabar com a invisibilidade do trabalho produtivo e reprodutivo por meio do qual as mulheres contribuíam significativamente com as economias nacionais.[5]

A introdução do conceito "Mulheres no Desenvolvimento" (*Women in Development*, WID) permitiu a

4 A conferência resultou no estabelecimento do Instituto Internacional de Investigação e Capacitação para a Promoção da Mulher (Instraw) e do Fundo de Desenvolvimento das Nações Unidas para a Mulher (Unifem).

5 Helen Icken Safa, *The Myth of the Male Breadwinner: Women and Industrialization in the Caribbean* (Boulder: Westview Press, 1995).

criação de numerosas ONGS que se propunham a facilitar o acesso das mulheres aos fundos destinados ao desenvolvimento e sua inclusão como beneficiárias dos respectivos programas, que futuramente contemplariam um "componente de mulheres". Também se argumentava que as mulheres, por conta de sua socialização como cuidadoras, que implicava maior responsabilidade em relação ao outro, seriam melhores administradoras de recursos, com maior disposição de economizar – chegaram a ser consideradas um "recurso até agora não explorado para uma maior eficiência no desenvolvimento".[6] Isso levou, por exemplo, a uma série de programas dirigidos especialmente a elas, como os microcréditos, e a certo reconhecimento do seu trabalho na economia produtiva.
O enfoque de "Mulheres no Desenvolvimento", no entanto, não colocava em dúvida o consenso entre as ideologias políticas liberais e a economia neoclássica inscrita no paradigma da modernização, que havia caracterizado as políticas de desenvolvimento naquelas décadas.

Outra corrente, "Mulheres e Desenvolvimento" (*Women and Development*, WAD), emerge na segunda metade dos anos 1970 como uma resposta aos limites do modernismo. Tem suas bases no feminismo marxista e na Teoria da Dependência, que veem o desenvolvimento do Norte como fruto da exploração do Sul.[7]

Nosso enfoque critica ambos conceitos, esclarecendo que as mulheres sempre integraram os processos de desenvolvimento a partir de suas respectivas sociedades – e não somente a partir dos anos 1970 – e que seu

6 Stephen Jackson, "Mainstreaming WID: a survey of approaches to women in development" (*Trócaire Development Review*, Dublin, 1992), p. 89.

7 Para uma explicação sobre o desenvolvimento como ideologia do modernismo, ver Eduardo Gudynas, "Debates sobre el desarrollo y sus alternativas en América Latina: una breve guía heterodoxa" (In: *Más allá del desarrollo*, op. cit., p.21-53).

trabalho, tanto dentro como fora do lar, sempre contribuiu para a manutenção dessas sociedades. Mas essa integração das mulheres serviu meramente para sustentar estruturas internacionais de iniquidade. O enfoque WAD é mais analítico que o primeiro, mas não constrói propostas concretas para as políticas de desenvolvimento, diferentemente do enfoque WID. Ao mesmo tempo, WAD analisa pouco as relações de gênero dentro das classes sociais, dedicando escassa atenção à subordinação de gênero (algo que ocorre no interior do marxismo em geral) e colocando mais ênfase nas estruturas desiguais de classe e nas estruturas opressivas a nível internacional. Ou seja, enfatiza o trabalho produtivo à custa do trabalho reprodutivo das mulheres. Assim como a WID, a WAD focalizou a geração de renda para as mulheres sem contemplar as consequências que isso tinha sobre o tempo de suas vidas em termos de dupla jornada de trabalho. Consequentemente, essa teoria feminista sobre o desenvolvimento, assim como as teorias androcêntricas da dependência, da modernidade e a própria economia política, situaram os trabalhos de cuidado em um âmbito "privado" que não gera valor e, portanto, que fica fora dos propósitos do desenvolvimento.[8]

Os anos 1980: gênero no desenvolvimento e feminismo socialista

Os anos 1980 são conhecidos como a terceira onda do feminismo. Como constata a filósofa espanhola Amelia Valcárcel,[9] é quando teoricamente a categoria "gênero" aparece como categoria central da globalização.

8 Eva M. Rathgeber, "WID, WAD, GAD: trends in research and practice" (*The Journal of Developing Areas*, Tennessee State University College of Business, n.24, jul. 1990).

9 Amelia Valcárcel, *Feminismo en un mundo global* (Madri: Cátedra, 2008).

Ainda até o final dos anos 1980, as mulheres dos países latino-americanos que tinham acesso aos benefícios sociais consolidados pela industrialização parcial do continente o faziam por meio de subsídios entregues ao homem "provedor". As mulheres não eram consideradas sujeitos de seguridade social direta, sujeitos econômicos ou cidadãs plenas. As formas "família" e "casal" adquiriam visibilidade unicamente pela figura do homem/marido provedor, enquanto as mulheres estavam encarregadas majoritariamente da reprodução da vida da família. O homem ocupava o âmbito produtivo e salarial, e a mulher, o reprodutivo. Essa brecha foi se fechando a partir da década de 1980, com o enfoque conhecido como "Gênero e Desenvolvimento" (*Gender and Development*, GAD).

Essa nova corrente tem raízes tanto no feminismo socialista quanto na crítica pós-estruturalista. As feministas socialistas, ao abordarem simultaneamente anticapitalismo e antipatriarcado, conseguiram encerrar o falido debate sobre a "contradição secundária" dentro das esquerdas. Identificaram a divisão socialmente construída entre trabalho produtivo e trabalho reprodutivo como base da opressão das mulheres, e assentaram as bases para uma economia feminista de esquerda.[10]

O GAD é um enfoque construtivista que parte de uma perspectiva integral, olhando a totalidade da organização social, econômica e política da sociedade. O GAD não coloca "as mulheres" no centro de sua análise, e sim questiona a presunção da categoria social homogênea "mulheres". Enfatiza que ambos os gêneros são construções sociais, para além do sexo biológico,

10 Ver Sheila Rowbotham, *Women's Consciousness, Man's World* (Londres: Penguin, 1973), assim como obras posteriores da mesma autora.

e que as mulheres são marcadas não apenas pelo gênero, mas também por outras categorias de dominação, como sua origem étnico-cultural, orientação sexual, idade etc. Propõe a necessidade de investigar essas relações de poder em todos os âmbitos sociais e de transversalizar políticas de *empoderamento* das mulheres. O enfoque GAD critica a lógica hegemônica de que a mudança econômica por si só resultará em empoderamento para as mulheres; e por isso critica as políticas de microcrédito proporcionadas, sobretudo, às mulheres pobres, sem questionar a dominação que em muitos casos sofrem de seus cônjuges, sem uma infraestrutura adequada nem possibilidade alguma de redistribuição social que lhes permita ter sucesso em suas microempresas, promovendo, por outro lado, o endividamento feminino e uma responsabilidade coletiva muitas vezes forçada. O GAD coloca ênfase nos papéis e nas relações de gênero, que chega a chamar de "sistema de gênero", e defende mudanças estruturais na construção social do mesmo. Insiste em que, para reduzir a pobreza, é preciso elaborar políticas diferenciadas de gênero. Propõe a equidade como objetivo, visibiliza a dupla carga de trabalho que as mulheres enfrentam, e transcende o lar como unidade de análise das ciências relacionadas ao desenvolvimento. Ao mesmo tempo, abre as portas para contribuições de homens comprometidos com a equidade, diferentemente de abordagens feministas anteriores.

Tanto o enfoque feminista socialista dos anos 1980 como o GAD rechaçam a dicotomia entre público e privado e concentram sua atenção na opressão às mulheres dentro da família ou do lar, que forma a base das relações conjugais. Olham as mulheres como agentes de mudança mais do que como receptoras de desenvolvimento, e enfatizam a necessidade de que se organizem para construir representações políticas mais efetivas. Nessa época as feministas começam a entrelaçar em sua análise as opressões de gênero, raça e classe, e as vinculam a uma crítica ao desenvolvimento.[11]

Necessidades práticas e necessidades estratégicas

Na mesma época, no marco da produção acadêmica feminista, Caroline Moser[12] desenvolve um esquema de planificação de gênero diferenciado para os programas e projetos de desenvolvimento, que faz uma distinção entre as necessidades práticas e as necessidades estratégicas das mulheres, e que foi amplamente difundido. Enquanto as necessidades práticas correspondem ao acesso a serviços básicos, como alimentação, as necessidades estratégicas são aquelas que questionam a subordinação das mulheres no sistema de gênero. Podem, segundo o contexto social específico, incluir reivindicações por equiparação salarial ou contra a violência de gênero, ou propor que as mulheres possam determinar livremente sua sexualidade e o número de filhos. O esquema de Moser tem a vantagem de permitir uma maior complexidade no levantamento de dados que compreende o contexto específico em que se pretende operar.

11 Patricia Maguire, *Women in Development: An Alternative Analysis* (Amherst: Center for International Education, University of Massachusetts, 1984); Gita Sen; Caren Grown, *Development, Crises, and Alternative Visions: Third World Women's Perspectives* (Londres: Earthscan Publications Limited, 1988).

12 Caroline Moser; Caren Levy, *Gender Planning and Development: Theory, Practice and Training* (Londres e Nova York: Routledge, 1993); id., "A theory and methodology of gender planning: meeting women's practical and strategic needs" (*DPU Gender and Planning*, University College London, Londres, Cuaderno de Trabajo n.11, 1986).

Embora esse enfoque tenha sido oficialmente acolhido pelos grandes organismos internacionais, como as Nações Unidas e o Banco Mundial, e atualmente faça parte do cânone hegemônico na planificação para o desenvolvimento, sua aplicação na prática não tem conseguido cumprir os objetivos propostos. O próprio esquema de Moser situa-se no interior de uma visão tecnocrática, inerente às políticas de desenvolvimento, que pretendem abordar problemáticas complexas e diversas a partir de uma "caixa de ferramentas" supostamente universal, mas que implica a transferência colonial de uma enorme quantidade de configurações epistemológicas ocidentais aos contextos concretos do Sul.

Políticas neoliberais e feminização da pobreza

No contexto neoliberal, a visibilização das mulheres como sujeitos no desenvolvimento não implicou que obtivessem o reconhecimento das políticas sociais, mas que se encarregassem das políticas sociais abandonadas pelo Estado. Os efeitos mais fortes da desregulação imposta pelos programas de ajuste estrutural, condicionantes para a América Latina nos anos da crise da dívida externa, recaíram sobre as mulheres. Elas tiveram de se encarregar da geração de autoemprego e de submeter-se a condições de desigualdade no mercado de trabalho, onde sofriam discriminação salarial. Ao mesmo tempo, com as economias voltando-se para a exportação, a alimentação familiar – tradicionalmente a cargo das mulheres – converteu-se em uma tarefa cada vez mais complexa. Dessa maneira, as mulheres assumiram uma carga tripla. Apesar da suposição de que as mulheres agora eram "incluídas no desenvolvimento", a modificação patriarcal dentro da família e no espaço público adotou outra forma, iniciando um novo ciclo de empobrecimento feminino e feminização da pobreza, ancorado nas economias de subsistência.

Alternativas a partir do Sul

Foi durante a segunda Conferência Mundial sobre a Mulher em Nairóbi, Quênia, em 1985, que o grupo Alternativas de Desenvolvimento para Mulheres em uma Nova Era (*Development Alternatives for Women in a New Era*, DAWN) questionou que o problema consistisse unicamente no fato de as mulheres não participarem suficientemente de um processo de desenvolvimento e crescimento econômico muito "benévolo". O movimento rechaçou a definição reduzida do progresso como crescimento econômico, e afirmou que o consumismo e o endividamento são fatores-chave nas crises que deterioram as condições de vida das mulheres no Sul. Criticou, além disso, a superexploração das mulheres mediante sua "integração ao desenvolvimento", instrumentalizando-as para compensar os cortes de gasto público social impostos pelo Norte no marco do ajuste estrutural.

Essas mulheres redefiniram o desenvolvimento como "a gestão e o uso de recursos de maneira socialmente responsável, a eliminação da subordinação de gênero e da iniquidade social, e a reestruturação organizativa necessária para chegar a isso".[13] Insistiram em que o desenvolvimento econômico deveria ser considerado uma ferramenta para chegar ao desenvolvimento humano, e não vice-versa. As feministas do Sul também criticaram as políticas de desenvolvimento como uma forma de continuação do

13 Gita Sen; Caren Grown. *Development, Crises, and Alternative Visions: Third World Women's Perspectives* (Londres: Earthscan Publications Limited, 1988).

colonialismo, destacando sua sistemática desvalorização de atitudes e instituições tradicionais nos países "subdesenvolvidos".

A corrente feminista socialista dos anos 1980, por sua parte, questionou o trabalho assalariado das mulheres – cujo incremento era o objetivo da estratégia WID – que historicamente sempre havia sido desvalorizado em relação ao dos homens. Essas autoras reivindicam salário igual por trabalho igual e analisam as condições de trabalho das mulheres em setores feminizados, como a indústria *maquiladora*. Evidenciam como a feminização de certos empregos, que ocorreu historicamente com a irrupção crescente das mulheres no mercado de trabalho, levou a uma desvalorização daquelas profissões como "trabalho de mulheres", o que causou a deterioração tanto de seu status social quanto dos respectivos salários. Um bom exemplo disso em grande parte da América Latina é o caso do magistério na educação primária e secundária, do qual as mulheres começaram a se ocupar na segunda metade do século XX.

Feminismos pós-coloniais

A partir dos anos 1990, no que é conhecido como feminismo pós-colonial, algumas feministas do Sul criticaram com força tanto um essencialismo feminista que afirma alguma superioridade inata natural ou espiritual das mulheres, quanto os afãs do *feminismo hegemônico* e de um etnocentrismo ancorado no Norte global, que tendiam a homogeneizar o conceito de "mulher do terceiro mundo" como grupo beneficiário do desenvolvimento. As feministas pós-coloniais colhem muitos impulsos da escola desconstrutivista, assim como das feministas negras, *chicanas* e lésbicas dos Estados Unidos dos anos 1980, que foram as primeiras a insistir na *diferença*.

Nesse marco, por exemplo, Chandra Talpade Mohanty indica que o uso de uma categoria homogênea de "mulher", que apela à sororidade, reduz as mulheres à sua condição de gênero de maneira a-histórica, ignorando outros fatores determinantes de sua identidade, como classe e etnicidade. Mohanty afirma que, se consideramos as mulheres do "terceiro mundo" como oprimidas, fazemos com que as mulheres do "primeiro mundo" sejam sujeitos de uma história em que as mulheres terceiro-mundistas teriam o status de objeto. Essa não é mais do que uma forma de colonizar e se apropriar da pluralidade de diferentes grupos de mulheres situadas em diferentes classes sociais e étnicas. Além disso, o universalismo etnocêntrico feminista tende a julgar as estruturas econômicas, legais, familiares e religiosas de diversas culturas do Sul global tomando como referência os padrões ocidentais, definindo essas estruturas como "subdesenvolvidas" ou "em desenvolvimento". Dessa forma, o único desenvolvimento possível parece ser o do "primeiro mundo", invisibilizando assim todas as experiências de resistência, que passam a ser consideradas marginais.[14] Mohanty[15] propõe um feminismo transcultural a partir de uma solidariedade feminista não colonizadora, não imperialista e não racista. As reivindicações culturais tornam-se fontes de transformação a partir do reconhecimento da diferença.

14 Asunción Oliva Portolés, "Feminismo poscolonial. La crítica al eurocentrismo del feminismo occidental" (*Cuaderno de Trabajo n.6*, Instituto de Investigaciones Feministas, Universidad Complutense, Madri, 2004, <www.ucm.es/info/instifem/cuadernos/cuaderno%206.doc>).

15 Chandra Talpade Mohanty, "Under western eyes: feminist scholarship and colonial discourses" (In: Nalini Visvanathan [coord.], *The Women, Gender and Development Reader*. Londres e Nova Jersey: Zed Books, 1997).

A teórica feminista pós-colonial de origem bengali Gayatri Spivak considera o desenvolvimento como sucessor neocolonial da missão civilizadora do imperialismo. Ela critica certo sistema econômico neoliberal mundial que, em nome do desenvolvimento e, inclusive, do desenvolvimento sustentável, elimina qualquer barreira para penetrar nas economias nacionais frágeis, afetando perigosamente qualquer possibilidade de distribuição social. Spivak faz notar que os Estados em vias de desenvolvimento não apenas estão unidos pelo vínculo comum de uma destruição ecológica profunda, como também pela cumplicidade entre os que detêm o poder local e tentam levar a cabo o "desenvolvimento", por um lado, e as forças do capital global, por outro. Spivak defende um *essencialismo estratégico* em relação às diferenças existentes entre mulheres, para forjar alianças em torno de lutas concretas, como, por exemplo, a luta contra o controle da reprodução. Segundo ela, "a responsabilidade do esgotamento dos recursos mundiais concentra-se na explosão demográfica do Sul e, portanto, nas mulheres mais pobres do Sul".[16] O controle da reprodução nos países pobres proporciona uma justificação para a "ajuda" ao desenvolvimento e afasta a atenção dos excessos consumistas no Norte. Para Spivak, a globalização se manifesta no controle da população, exigido pela "racionalização" da sexualidade, assim como no trabalho pós-fordista no lar, que, embora date de etapas muito anteriores ao capitalismo, é um resíduo que acompanha o capitalismo industrial.[17]

Por outro lado, a partir do olhar holístico que propomos, a crítica da heterossexualidade reprodutiva como forma de organização social dominante, produtora e

16 Gayatri Spivak, *A Critique of Postcolonial Reason: Toward a History of the Vanishing Present* (Cambridge e Londres: Harvard University Press, 1999).

17 Asunción Oliva Portolés, "Feminismo poscolonial. La crítica al eurocentrismo del feminismo occidental", op. cit.

reprodutora dos sistemas de dominação patriarcal e colonial deve fazer parte de uma crítica geral ao desenvolvimento.

Ecofeminismos

Outro debate importante dentro das distintas correntes feministas com as quais se deve dialogar a partir de uma perspectiva crítica ao desenvolvimento – e, sobretudo, se pensamos na tarefa de vislumbrar um horizonte de transições rumo a *alternativas* ao desenvolvimento – é o debate ecofeminista, que assinala a existência de importantes paralelos históricos, culturais e simbólicos entre a opressão e a exploração das mulheres e da Natureza. De fato, nos discursos patriarcais, a dicotomia mulher/homem corresponde frequentemente à Natureza/civilização, emoção/razão ou, inclusive, tradição/modernidade, desvalorizando sempre a primeira categoria do binômio.

O ecofeminismo surge como uma proposta contracultural que, a partir dos anos 1970, denuncia a associação desvalorizadora que o patriarcado estabelece entre as mulheres e a Natureza. Critica também as esquerdas por não incorporarem essa reflexão, e questiona o paradigma de progresso do "socialismo real" e das correntes surgidas no interior dos partidos comunistas.

Uma das correntes ecofeministas, chamada essencialista, parte da suposição de que existe uma essência feminina que coloca as mulheres mais perto da Natureza do que os homens. A mulher aparece como uma espécie de esperança da Humanidade e de conservação da Natureza a partir da suposição de que é, por essência, mais inclinada à defesa dos seres vivos e à ética do cuidado, cuja origem radicaria no instinto maternal.

No entanto, outra corrente ecofeminista rechaça esse tipo de essencialismo para produzir leituras mais ricas em sua complexidade. Essas autoras, como Vandana Shiva, Maria Mies ou Bina Agarwal, situam a origem de uma maior compatibilidade das mulheres com a Natureza na construção social e histórica do gênero, específica em cada cultura. A consciência ecológica de gênero, para elas, nasce das divisões de trabalho e papéis sociais concretos estabelecidos nos sistemas históricos de gênero e de classe, e nas relações de poder político e econômico associadas a eles – por exemplo, quando as mulheres assumem na divisão de tarefas familiares e comunitárias a busca de lenha ou de água, ou o cuidado das hortas.[18] Denunciam que aquilo que recebe o nome de desenvolvimento, na verdade, encobre uma estratégia de colonização vinda do Ocidente, que tem sua base em relações de domínio sobre a mulher e sobre a Natureza. Diz Vandana Shiva:

> *Embora as cinco últimas décadas tenham se caracterizado por um desenvolvimento mal orientado e pela exportação de um paradigma industrial ocidental e não sustentável, em nome do desenvolvimento, as tendências recentes orientam-se rumo a um* apartheid *ambiental por meio do qual, através da política global estabelecida pela "santíssima trindade", as empresas multinacionais do Ocidente, apoiadas pelos governos dos países economicamente poderosos, tentam conservar o poder econômico do Norte e a vida de opulência dos ricos. Para isso exportam os custos ambientais ao terceiro mundo.*[19]

Para Maria Mies, o corpo das mulheres é a terceira colônia, além dos Estados colonizados e da Natureza submetida.

18 Susan Paulson, *Desigualdad social y degradación ambiental en América Latina* (Quito: Abya Yala, 1998).

19 Vandana Shiva, "El mundo en el límite" (In: Anthony Giddens e Will Hutton [eds.], *En el límite: la vida en el capitalismo global*. Barcelona: Tusquets, 2001), p.1.

Essa perspectiva articula a denúncia dos processos coloniais como formas patriarcais de domínio e, portanto, induz a uma postura crítica ao desenvolvimento, para que seja pensado em uma articulação complexa de formas de descolonização e despatriarcalização.

Sob essa perspectiva, falamos de um olhar transformador em direção a alternativas ao desenvolvimento que apele à consciência ecológica das mulheres, sem abster-se de uma crítica paralela à divisão sexual do trabalho, que produz poder e riqueza em função das posições de gênero, raça e classe. Esse ponto é fundamental se consideramos que muitas vezes, nos discursos sobre o Bem Viver, em um essencialismo cultural, acaba-se atribuindo às mulheres indígenas o papel de guardiãs da cultura, vestindo traje tradicional, enquanto os homens ocidentalizam seu visual ao migrar para a cidade. Isso sem que paralelamente se assuma o compromisso político de criticar tudo aquilo que no interior das culturas produz desigualdades de gênero.

Maria Mies assinala que as ciências econômicas, incluindo o marxismo, invisibilizam em grande parte as pré-condições que tornam possível o trabalho assalariado: o trabalho de cuidado, a reprodução das mulheres, o trabalho de pequenos produtores agrícolas, que garantem a subsistência ou a satisfação de necessidades básicas a nível local (muitas vezes a cargo das mulheres, com a migração dos homens para as cidades) e que não estão inseridos no modelo de acumulação capitalista. De igual maneira, invisibiliza a própria Natureza como abastecedora de recursos naturais. Apesar de esses âmbitos constituírem o sustento sem o qual a acumulação capitalista não poderia existir, são invisibilizados no discurso e nas políticas econômicas hegemônicas, e considerados "gratuitos". Essa invisibilização, segundo Mies, leva a ignorar os custos ambientais e sociais do desenvolvimento, que mediante indicadores como o Produto Interno Bruto (PIB) unicamente consideram o trabalho que contribui diretamente à geração de mais-valia, sem estabelecer, de forma alguma, vínculo com o bem-estar humano. Mies chega à conclusão de que a sustentabilidade é incompatível com um sistema econômico baseado no crescimento, o que a leva a questionar a primazia da economia nas estratégias para alcançar o bem-estar. Ela propõe um modelo alternativo, que coloca a preservação da vida como objetivo central, ou seja, as atividades reprodutivas que seriam compartilhadas por homens e mulheres, e os atores marginalizados pelo discurso capitalista, incluindo a Natureza. Mies enfatiza a importância dos bens comuns e da solidariedade entre comunidades, assim como das tomadas de decisão comunitárias que protejam o interesse coletivo. Sugere superar o antagonismo entre trabalho e Natureza, e priorizar as economias locais e regionais em vez dos mercados globais, para recuperar a correlação direta entre produção e consumo.[20]

Para outras ecofeministas, como a brasileira Ivone Gebara, que constrói sua reflexão a partir da teologia feminista, o questionamento fundamental ao desenvolvimento reside no fato de que este constitua um discurso hegemônico da modernidade. Gebara defende que a modernidade introduz dois fatos fundamentais: a tortura das "bruxas" e o estabelecimento do método científico, em um contexto em que as mulheres são definidas no espaço doméstico como subordinadas às relações matrimoniais e à família; e em que, paralelamente, a Natureza passa a ser dominada pelo espírito científico masculino. Para ela, os oprimidos, as mulheres e a Natureza estiveram presentes nos discursos

20 Maria Mies, "Decolonizing the iceberg economy: new feminist concepts for a sustainable society" (In: Linda Christiansen-Ruffman [ed.), *The Global Feminist Enlightenment: Women and Social Knowledge*. Montreal: International Sociological Association, 1998].

das estratégias dominadoras da política, da filosofia e da teologia do pensamento moderno ocidental desde a emergência do capitalismo. O ecofeminismo implica então estabelecer que o destino dos oprimidos está intimamente ligado ao destino da Terra: "Todo apelo à justiça social implica uma ecojustiça".[21]

A ecologia feminista também tem outro rosto concreto, que propõe um questionamento à situação das mulheres diante do meio ambiente, e que foi promovido por organismos de cooperação internacional desde meados dos anos 1990. Novamente critica-se o desenvolvimento para dizer que as mulheres vivem em condições de opressão, pois estão expostas a um excesso de trabalho "meio ambiental", pouco reconhecido, e costumam ser vistas como "as encarregadas" do cuidado da Natureza. Isso sem levar em conta os obstáculos que enfrentam (de superexploração e subordinação) para participar ativamente nos processos de decisões sobre o manejo e a gestão dos recursos ambientais.[22]

Economia feminista e economia do cuidado

É na economia feminista que o feminismo estabelece críticas e teorizações sobre a concepção da Natureza, o modo de produção capitalista, a esfera da reprodução e sua relação com a produção. As economias feministas, em primeiro lugar, desconstroem alguns mitos das ciências econômicas hegemônicas: em vez de apoiar

21 Citado por Ricardo Pobierzym, "Los desafíos del ecofeminismo" (Conferência exposta em "Espacio y", Buenos Aires, 4 jul. 2002).

22 María Nieves Rico, "Género, medio ambiente y sustentabilidad del desarrollo" (*Serie Mujer y Desarrollo,* Unidad Mujer y Desarrollo, Naciones Unidas, Santiago, n.25, 1998, <http://www.eclac.org/publicaciones/xml/3/4343/lcl114 4e.pdf>).

a hipótese de que o mercado funciona de maneira neutra e gera bem-estar para todos e todas indiscriminadamente, perguntam quais valores estão sendo criados na economia e para quem. Em segundo lugar, criticam o mercadocentrismo das ciências econômicas, argumentando que o mercado não é o único âmbito em que se realizam atividades econômicas, e sim que existe uma ampla mescla entre mercado privado, serviços estatais, atividades sem fins lucrativos, setores informais e os lares.[23] Assim como Maria Mies, elas partem da hipótese de que o trabalho não remunerado realizado no âmbito do lar gera valor econômico na medida em que mantém a força de trabalho das pessoas desse lar. A economia feminista não apenas pretende visibilizar esse valor econômico com metodologias de contabilização nacional, mas também criar consciência sobre a superexploração das mulheres, que, embora em tempos recentes participem de forma crescente no trabalho assalariado, continuam sendo responsabilizadas pelo trabalho doméstico. Como demonstram as pesquisas de uso do tempo, inclusive nas sociedades industrializadas do Norte, a totalidade do trabalho não remunerado realizado em uma economia nacional é maior do que o volume total do trabalho remunerado.[24] Na América Latina, o serviço público de cuidados é mínimo, o que piora essa superexploração e lhe dá um forte traço de classe, dado que conseguir cuidado depende do poder de contratação de serviços privados.[25] O objetivo, então,

23 Ulrike Knobloch, "Geschlechterbewusste Wirtschaftsethik" (*Care Ökonomie*, Gunda Werner Institut, Feminismus e Geschlechterdemokratie, Berlim, 2010).

24 Gabriele Winkler, "Care Revolution. Ein Weg aus der Reproduktionskrise" (*Luxemburg Gesellschaftsanalyse und linke Praxis*, Berlim, n.3, 2010).

25 Corina Rodríguez Enríquez, "Economía del cuidado y política económica: una aproximación a sus interrelaciones" (Apresentado na Mesa Diretiva da Conferência Regional sobre a Mulher da América Latina e do Caribe, Cepal, Mar del Plata, Argentina, 7 e 8 set. 2005), p.29.

é construir igualdade no âmbito privado e na distribuição de carga de trabalho tanto dentro como fora do lar.

Até agora, nem o PIB nem os orçamentos públicos visibilizam o valor e a produtividade do cuidado. Esse debate relaciona-se indiretamente com o conceito de desenvolvimento, na medida em que denuncia a cegueira das políticas macro e microeconômicas hegemônicas desde a economia clássica até tempos presentes. Do mesmo modo, questiona que as estratégias de desenvolvimento centradas no crescimento, a integração das mulheres ao mercado e o combate à pobreza, sob esses preceitos, possam gerar bem-estar. Tampouco se conforma com o fato de que a cooperação internacional ao desenvolvimento tenha colocado as mulheres no centro de suas estratégias de "fomento econômico". Como constata Annemarie Sancar, a estereotipagem biologicista das mulheres e a ênfase em suas "capacidades especiais" marcam até hoje a orientação de programas de desenvolvimento:

> *Hoje está claramente evidente que nisso não foram tão decisivos os direitos das mulheres, mas sim os desejos de crescimento de economias neoliberais. As mulheres foram descobertas como* boas empresárias *e como motor de crescimento, seguindo o conceito de* smart economics *[economia inteligente] do Banco Mundial.*[26]

A economia do cuidado identifica a necessidade do cuidado de meninos e meninas, pessoas doentes, com capacidades diferentes ou idosas, como uma das necessidades humanas mais importantes para viver uma vida em

26 Annemarie Sancar, "Verortungen von Gender Equalityein Plädoyer für einen Paradigmenwechsel in der Entwicklungszusammenarbeit" (*Care Ökonomie*, Gunda Werner Institut, Feminismus e Geschlechterdemokratie, Berlim, 2010).

plenitude, relacionada com a dignidade, que, no entanto, foi completamente ignorada pelo discurso político e pelo reducionismo economicista do desenvolvimento. Nesse sentido, o debate sobre a economia do cuidado ergue pontes em direção ao Bem Viver como horizonte de transformação.

A economista Ulrike Knobloch[27] propõe uma ética da economia para além do critério de eficiência, que pergunte pelo sentido de cada atividade econômica de acordo com o objetivo de alcançar o Bem Viver: quais são os objetivos fundamentais da economia? Segundo Knobloch, somente pode ser um meio para alcançar um fim superior, o que nos remete à filosofia, ou seja, muito além das ciências econômicas. Enquanto estas partem da premissa simplista de que o mercado satisfaz as preferências dos sujeitos econômicos, segundo Knobloch não podemos assumir automaticamente que o mercado concede a meninos, meninas, homens e mulheres com tudo o que necessitam para uma vida plena. Outra pergunta que Knobloch apresenta em relação à economia está orientada à meta de uma convivência justa. Para quem nossas práticas econômicas geram valores? Que princípios devem ser observados para se garantir a convivência justa? Uma ética econômica sensível ao gênero deve, além disso, superar a perspectiva androcêntrica focada no trabalho assalariado para evidenciar como a economia moderna se baseia na iniquidade de gênero. Em vez de um *homo economicus* assexuado, deve contemplar homens e mulheres em seus respectivos contextos e condições de vida.

A economia do cuidado critica a privatização e a individualização dos serviços sociais do neoliberalismo, e reivindica uma política pública de cuidado. Esta não implicaria

> *necessariamente que o Estado seja o provedor da totalidade dos serviços de cuidado requeridos para a reprodução social,*

27 Ulrike Knobloch, "Geschlechterbewusste Wirtschaftsethik", op. cit.

mas que desenhe uma integração entre diferentes setores de maneira que garanta uma solução coletiva à demanda de cuidado da sociedade.[28]

Propõe que o trabalho de cuidado seja colocado no centro das estratégias políticas, que por sua vez devem fomentar as ações comunitárias. Reivindica a democratização do uso de tempo, para permitir que também as mulheres tenham tempo de ócio. Nesse sentido, a feminista socialista alemã Frigga Haug propõe o que ela descreve como uma "economia do tempo". Em sua "utopia das mulheres para conquistar uma boa vida para todos e todas", que certamente se situa no Norte global, Haug defende distribuir o tempo de vida entre trabalho assalariado, reprodução, cultura e participação política. Propõe a redução drástica do tempo de trabalho assalariado a quatro horas diárias, para garantir a produtividade necessária, democratizando o acesso ao trabalho em um contexto de crise de emprego. Com o tempo ganho, propõe equilibrar seu uso entre trabalho de cuidado, dedicação a interesses pessoais e desenvolvimento de novos conceitos sobre o que é o Bem Viver – que está resumido como "cultura" – e, finalmente, a participação na política, entendida como criação social a partir da base.[29]

As reflexões produzidas a partir da economia de mercado, concebida como uma teoria e prática da sustentabilidade da vida, permitem, então, questionar a competência individual como motor da economia para avançar em formas criativas de vínculos solidários. Por outra parte, visibilizam como problema central a crescente mercantilização das tarefas de cuidado e suas

28 Corina Rodríguez Enríquez, "Economía del cuidado y política económica: una aproximación a sus interrelaciones", op. cit., p.29.
29 Frigga Haug, "Ein gutes Leben" (*der Freitag*, 15 out. 2009).

consequências na produção e reprodução de novas e velhas desigualdades nas economias nacionais e globais. É a partir dessa via que se incorporam no debate do Bem Viver, propondo desafios à produção de modelos de organização social solidários, mais justos e igualitários.[30]

Esse debate também sugere que a redução da pobreza passa por encarar a necessidade social de cuidado como uma tarefa para as políticas públicas, para evitar que a crise do cuidado, que caminha de mãos dadas com a crise do capitalismo, deteriore a qualidade de vida de muitas mulheres, empurrando-as para a pobreza. As necessidades vitais dos humanos, em vez do crescimento econômico e do lucro, deveriam constituir o centro da transformação social, o que torna necessária uma revolução do cuidado, e uma reconfiguração profunda da ação política das esquerdas.

O feminismo e os governos neodesenvolvimentistas da América Latina

O surgimento de governos progressistas na América Latina, que se distanciaram das políticas neoliberais, sobretudo a partir de uma redistribuição do excedente, tornou visível uma tensão no seio do feminismo, que no fundo existe desde os anos 1970. Essa tensão se dá entre uma corrente que reivindica a inclusão irrestrita das mulheres na promessa de desenvolvimento a partir de uma economia feminista, e que costuma questionar institucionalmente o patriarcado. Nos governos progressistas e em suas instituições estatais, essa corrente encontrou espaços importantes para impulsionar políticas dirigidas a incrementar a renda

30 Cecilia Salazar et al., *Migración, cuidado y sostenibilidad de la vida* (La Paz: Cides-Umsa, Instraw, 2010).

e, portanto, o consumo das mulheres como atoras do modelo desenvolvimentista.

A outra corrente, mais à esquerda, questiona essa política de transferências condicionadas às mulheres pobres classificando-a como paternalista e assistencialista, e a identificando como uma repatriarcalização. Questiona também o modelo desenvolvimentista baseado no extrativismo e no agronegócio, e concebe o feminismo como força motriz para a transformação integral da sociedade. Coloca a economia solidária, a soberania alimentar e a defesa da terra no centro de seu projeto, e pensa os feminismos a partir da base, do popular e do comunitário. No entanto, ambas as correntes coexistem no interior de muitas organizações de mulheres e geram uma disputa sobre o sentido profundo da luta antipatriarcal.

Feminismos andinos, populares e comunitários

Como vimos anteriormente, durante as últimas décadas os países latino-americanos passaram por um conjunto de reformas neoliberais que implicou o fortalecimento do extrativismo e da divisão internacional do trabalho em detrimento das maiorias empobrecidas. As mulheres de setores populares, as mulheres indígenas, mestiças, negras e camponesas foram o setor da população que não apenas levou sobre seu corpo a maior carga de trabalho doméstico e produtivo (de não reconhecimento e instabilidade, produto do empobrecimento brutal e dos conflitos pela ausência do Estado em áreas estratégicas, de investimento e garantia de direitos sociais e econômicos), como também, além disso, a partir da dinâmica imperante de mercantilização neoliberal, viu suas demandas se fragmentarem, e com elas suas identidades. Voltaram-se sobre elas novos papéis impostos pela lógica do desenvolvimento e da cooperação, suas identidades foram "maternalizadas" e elas passaram a ser clientes precárias de serviços privatizados.

Mas essas décadas foram também, para nossos países, cenários de resistência organizada nos quais os povos e organizações indígenas se constituíram como atores centrais em um processo duplo: por um lado, um processo de resistência antineoliberal e, por outro, um processo de busca de recuperação do Estado em seu papel redistributivo, de garantia de direitos sociais, econômicos, culturais; em seu papel anti-imperialista. Também se lutou por uma transformação do Estado em direção à plurinacionalidade, que implicava o questionamento estrutural do Estado como incompleto, colonial e oligárquico, produto dos limites do pacto colonial originado no surgimento das repúblicas independentes. Nesse novo contexto, aparece, sobretudo no Equador e na Bolívia, um feminismo que com o passar dos anos vai se denominando como "comunitário e popular".[31]

Não é nossa intenção mostrar as diferenças de contexto e as distinções próprias das organizações feministas em ambos os países, mas propor alguns pontos comuns que surgem com esses feminismos. Em primeiro lugar, essas organizações feministas apresentam suas ações e sua existência como parte das resistências, das mobilizações, dos levantes e das construções populares, indígenas, camponesas e operárias que percorreram a América Latina desde as lutas pela independência e, inclusive, desde a conquista e a ocupação colonial espanhola, há mais de 500 anos. Nesse

31 Abordaremos esses novos feminismos a partir da experiência e militância política de organizações feministas de ambos os países. No caso do Equador, a referência é o movimento de mulheres de setores populares como Lua Crescente, Assembleia de Mulheres Populares e Diversas do Equador, e, no caso da Bolívia, Mulheres Criando.

sentido, esses feminismos rompem com a ideia de que o feminismo é uma corrente trazida pelo Norte e exclusiva de mulheres brancas oriundas de países desenvolvidos.

Em segundo lugar, são feminismos que superam a aparente contradição entre a corrente do feminismo da diferença e a do feminismo da igualdade. Questionam tanto a fragmentação pós-moderna das lutas identitárias e o isolamento da particularidade quanto o horizonte patriarcal da equidade e da inclusão. São feminismos que situam um novo tipo de universalidade, em que as diversidades sexuais e raciais são assumidas com toda sua carga colonial, de classe e de relação com a Natureza, mas também entram em uma aposta política por construir caminhos de reconhecimento, diálogo e construção coletiva de transformação. Mas, ao mesmo tempo, propõem o horizonte da igualdade como produto de um processo de despatriarcalização, ancorado na construção de Estados plurinacionais, e cujo referente central não é mais o paradigma dos direitos individuais, e sim a transformação da sociedade em seu conjunto.

Em terceiro lugar, esses feminismos articulam de maneira complexa a luta pela descolonização, pela despatriarcalização, pela superação do capitalismo e pela construção de uma nova relação com a Natureza. Esse entendimento complexo propõe uma ressignificação de ideias como comunidade, espaço público e repertórios de ação. Esses feminismos consideram a comunidade uma construção não naturalizada, mas histórica, de confluência e pertencimento político e afetivo. Nesse sentido, o projeto de Estado plurinacional possibilita um diálogo entre as mulheres porque abre a possibilidade de se pensar a comunidade política para além do Estado nacional.

Por fim, as atoras dos feminismos andinos já não são fundamentalmente mulheres de classe média, profissionais e mestiças: produz-se um encontro – em alguns momentos, conflitivo, em outros, não – entre mulheres de setores populares que se reconhecem feministas e que ressignificam o feminismo a partir de seus contextos, experiências, produções culturais da vida cotidiana e situação trabalhista, e onde a Natureza, a *Pacha Mama*, aparece como categoria central de encontro e também de mobilização.

São as mulheres camponesas, indígenas e negras que conseguem assumir o discurso sobre a importância da Natureza e a relação cultural, econômica e política a partir de outras diretrizes e significados que não os inicialmente propostos pelo ecofeminismo. Na Conferência Mundial dos Povos sobre a Mudança Climática, realizada na cidade boliviana de Cochabamba, em 2010, as feministas comunitárias manifestaram:

> *Entendemos a* Pacha Mama, *a* Mapu, *como um todo que vai além da Natureza visível, que vai além dos planetas, que contém a vida, as relações estabelecidas entre os seres e a vida, suas energias, suas necessidades e seus desejos. Denunciamos que a compreensão de* Pacha Mama *como sinônimo de Mãe Terra é reducionista e machista, pois faz referência somente à fertilidade para ter as mulheres e a* Pacha Mama *sob seu arbítrio patriarcal.*
> *"Mãe Terra" é um conceito utilizado há vários anos e que se tenta consolidar nesta Conferência dos Povos sobre a Mudança Climática com a intenção de reduzir a* Pacha Mama *– assim como se reduz as mulheres – à sua função de útero produtor e reprodutor a serviço do patriarcado. Entendem a* Pacha Mama *como algo que pode ser dominado e manipulado a serviço do "desenvolvimento" e do consumo, e não a concebem como o cosmos do qual a Humanidade é apenas uma pequena parte.*
> *O cosmos* NÃO É *o "Pai Cosmos". O cosmos é parte da* Pacha

Mama. *Não aceitamos que "casem", que obriguem a* Pacha Mama *a contrair matrimônio. Nesta Conferência escutamos coisas insólitas, como que o "Pai Cosmos" existe independentemente da* Pacha Mama, *e entendemos que não toleram o protagonismo das mulheres e da* Pacha Mama, *e que tampouco aceitam que ela e nós nos autodeterminemos. Quando falam do "Pai Cosmos" tentam minimizar e subordinar a* Pacha Mama *a um Chefe de Família masculino e heterossexual. Mas ela, a* Pacha Mama, *é um todo e não nos pertence. Nós somos dela.*[32]

A modo de conclusão

Pode-se então constatar que as mulheres e os feminismos têm dialogado com o desenvolvimento a partir das mais variadas perspectivas. Os dispositivos do desenvolvimento souberam incorporar parcialmente as demandas das mulheres, sobretudo do feminismo liberal: criou-se um grande número de instituições encarregadas do desenvolvimento das mulheres, que, no entanto, continuam sendo subalternas no tecido institucional, seja internacional ou nacional. As políticas de desenvolvimento hoje contam com uma série de indicadores que tornam visível, por meio de ferramentas, a situação das mulheres, como os orçamentos sensíveis ao gênero. Em comparação, a questão das relações patriarcais de poder no interior da família, que condiciona todo o acesso das mulheres a outros âmbitos econômicos ou políticos, tem sido relativamente pouco abordada, sobretudo em termos de políticas públicas. Por outro lado, as ciências

32 Pronunciamento do Feminismo Comunitário na Conferência Mundial dos Povos sobre a Mudança Climática (Tiquipaya, Cochabamba, abril de 2010).

econômicas duras continuam ignorando a dimensão de gênero e a produtividade do trabalho de cuidado, mantendo o PIB como seu indicador principal.

Várias das correntes feministas aqui descritas dialogam sobre o Bem Viver como alternativa ao desenvolvimento, a partir de diversas perspectivas, e também com os debates sobre o caráter plurinacional do Estado, a partir das lutas que buscam transformar o Estado colonial, e dos horizontes emancipatórios da descolonização e da despatriarcalização. As ecofeministas criticam a desvalorização do considerado "natural" e "feminino"; as economistas do cuidado colocam o uso do tempo de vida como parâmetro central do Bem Viver e propõem assim outra lógica de redistribuição e de felicidade – uma proposta aplicável tanto em âmbitos urbanos quanto rurais, tanto no Norte Global quanto no Sul. Todas elas o fazem sob uma perspectiva de crise civilizatória, que somente pode ser solucionada encarando as diferentes dimensões da dominação que a teoria feminista identificou: classe, raça, gênero e a relação com a Natureza. Suas propostas para submeter a economia a outro tipo de ética e tirá-la do trono de disciplina-mor do mundo capitalista, a partir das necessidades humanas, erguem pontes em direção a outros discursos críticos ao desenvolvimento.

Mostrou-se como as diferentes correntes feministas transitaram do questionamento ao paradigma de desenvolvimento em si até propostas alternativas de desenvolvimento, o que ultimamente ganha força por conta das condições discursivas e práticas criadas pelos processos de mudança levados a cabo na América Latina. Desde a chegada ao poder dos governos progressistas na região andina, o feminismo passa por um processo caracterizado, por um lado, pelo fortalecimento do Estado e pela adoção de políticas sociais e de redistribuição, e, por outro, por rearticulação e atualização em torno da crítica ao desenvolvimento: a tensão entre justiça social e superação das desigualdades, o pós-extrativismo e a Natureza como sujeito de direitos. Ao mesmo tempo, as mulheres da região constroem outras práticas de organização e de luta, no que é chamado de feminismo popular e comunitário, que parte de preceitos diferentes dos adotados pelo feminismo latino-americano de décadas anteriores, com predominância das mulheres liberais de classe média. Nas últimas três décadas, a produção teórica e política do feminismo do Sul tem sido fundamental para a constituição de novas tendências e propostas para o conjunto da humanidade.

Consideramos crucial deixar estabelecido que, depois de várias décadas de pensamento feminista oriundo do Norte, é a partir dos feminismos do Sul que se recuperam e atualizam debates que articulam patriarcado, crise civilizatória, modelo de produção e de desenvolvimento, e as alternativas a esse paradigma.

Hoje, as mulheres em condição de trabalhadoras produtivas e reprodutivas são sujeitos que a partir do Sul sustentam a humanidade e estabelecem vínculos distintos com o planeta. As camponesas, indígenas, negras, mulheres urbano-marginais que conformam os feminismos populares do Sul são as mesmas que o paradigma de desenvolvimento oficial percebe unicamente como receptoras de programas, a partir da posição de subalternidade. Hoje, no contexto de suas experiências na economia social e solidária, ou comunitária, em torno da destruição de seu habitat por megaprojetos de "desenvolvimento", elas reivindicam com voz coletiva outro rumo para suas sociedades. Rechaçam qualquer essencialismo de gênero ou cultural, reivindicando, por exemplo, seus direitos como mulheres dentro da justiça indígena originária.

Essas novas correntes feministas na região andina não são produto dos governos progressistas, mas crescem a partir das contradições que atravessam os processos de mudança concretos, como resposta à crise múltipla atual, que para essas mulheres é uma crise vivida na própria carne. Vivem a contradição entre a tarefa política de produção de excedente econômico para uma distribuição igualitária dos recursos, e o horizonte político imediato de abandonar o extrativismo como fonte central desse excedente, mas também da destruição ambiental. A partir dessa posição disputam os sentidos do Bem Viver, que ao mesmo tempo são expropriados por programas de governo ou lógicas empresariais, como no caso do "cartão de crédito do Bem Viver" venezuelano.

Essas mulheres falam a partir da relação de saberes, da relação simbólica de respeito, sabedoria e sentido de propriedade comunitária, a partir da *Pacha Mama*. Denunciam que o dispositivo extrativista de desenvolvimento não apenas é economicista e funcionalizador da Natureza, como também é profundamente racista, patriarcal, classista. Sem abarcar essas dimensões de poder não será possível desarticulá-lo.

03

Ulrich Brand é professor titular e pesquisador em Política Internacional da Universidade de Viena, Áustria. Os focos do seu trabalho são teoria crítica, teoria do Estado e teoria de regulação, economia política global, políticas ambientais e de recursos, além de crítica à globalização neoliberal. Fez parte do comitê de especialistas do Parlamento alemão sobre "Crescimento, bem-estar e qualidade de vida" entre janeiro de 2011 e junho de 2013, é membro da sede central da Fundação Rosa Luxemburgo e do Conselho Assessor Científico da Attac na Alemanha.

Estado e políticas públicas

*Sobre os processos de transformação**

Ulrich Brand

Os debates e ações que têm lugar não apenas na América Latina sobre possíveis alternativas às políticas neoliberais e neocoloniais em muitos casos supõem que um Estado liderado por um governo progressista teria a capacidade de alterar práticas socioeconômicas e culturais por meio de políticas públicas adequadas. Obviamente, entende-se que tais práticas tenham origem em lutas e propostas surgidas a partir da sociedade, mas muitas vezes o Estado é visto como a única instância capaz de dar certa continuidade às novas relações de força. Como Antonio Gramsci disse, criar "hegemonia, armada com força".

Com este texto, eu gostaria de contribuir ao debate latino-americano desenvolvendo um marco teórico e algumas hipóteses – ambos gerados, certamente, a partir da Europa e, portanto, até certo ponto eurocêntricos

* Publicado originalmente em *Más allá del desarrollo* (Quito: Fundação Rosa Luxemburgo; Abya Yala, 2011).

– para entender os problemas e as limitações inerentes tanto à transformação do Estado em si quanto ao desenvolvimento de políticas públicas adequadas para se alcançar mudanças sociais profundas. Começo com uma distinção conceitual que pode ser útil para entender as conjunturas latino-americana e mundial, e depois desenvolvo um marco teórico materialista, situado na tradição da teoria crítica, que entende o Estado como relação social. Finalmente, introduzo brevemente o conceito de "internacionalização do Estado" para poder entender certas dinâmicas relacionadas aos processos de mudança e situadas para além do Estado nacional.

Transição ou transformação

Gostaria de introduzir uma distinção conceitual importante para entender o que queremos dizer quando falamos de políticas públicas. Quando nos referimos à mudança política e social, muitas vezes usamos indistintamente os termos "transição" ou "transformação". Na ciência política, a *transição* é entendida como um conjunto de estratégias e, eventualmente, de processos de mudança políticos e sociais orquestrados exclusivamente a partir de políticas públicas. Costuma-se criar um novo marco jurídico, que é dotado do financiamento necessário e identifica os problemas, para eventualmente estabelecer novas instituições políticas (ou reorientar instituições existentes) com o objetivo de promover as mudanças desejadas. Os problemas abordados costumam, em geral, emergir da ineficácia das próprias políticas públicas que se tenta mudar.

O conceito da *transformação*, por outro lado, não se restringe apenas às políticas públicas e a suas estruturas, mas aponta para uma mudança social mais integral e profunda em várias esferas da vida social e com estratégias diversas.

As perguntas fundamentais aqui são: Quais são os atores e as instituições, as práticas e as estruturas, os problemas e as relações sociais que devem mudar? Em que sentido podem ser alterados por políticas públicas? E com que tipo de políticas públicas? Quais outras estratégias seriam necessárias para realizar tal mudança?

No debate atual sobre alternativas, que acontece tanto na América Latina como na Europa, e em escala internacional, o conceito de *transições* é o que domina. Um bom exemplo disso são os debates recentes sobre o "Green New Deal" ou a "economia verde", apresentada como solução para os problemas do capitalismo depredador. Esses debates são refletidos nos documentos desenvolvidos para a Conferência Rio+20 das Nações Unidas sobre Desenvolvimento Sustentável.[1] A maioria dos atores que intervêm nesse debate assume que tão somente com um marco político adequado, com um giro em direção ao crescimento e à economia verdes, com novos mercados e inovações tecnológicas e a criação de postos de trabalho "verdes", é que serão solucionados todos os graves problemas ecológicos do planeta, criando ainda uma situação em que todos ganham: as empresas, os assalariados e a Natureza.

No entanto, atualmente não existe nenhuma certeza de que as estratégias políticas propostas pela economia verde promoverão efetivamente um capitalismo

1 Ver United Nations Environment Programme, *Towards a Green Economy. Pathways to Sustainable Development and Poverty Eradication*, 2011 (<http://www.unep.org/greeneconomy/Portals/88/documents/ger/GER _synthesis_en.pdf>); id., *Global Green New Deal. Policy Brief*, 2009 (<http://www.unep.org/pdf/A_Global_Green_New_Deal_Policy_Brief.pdf>); Comissão Europeia, *Roadmap to a Resource Efficient Europe*; ver também, para uma visão crítica, o número 468-9 da publicação *America Latina en Movimiento* (Quito, set.-out. 2011), cujo título é "O conto da economia verde" (<http://www.alainet.org/es/revistas/468>).

verde. Além disso, cabe perguntar: Que características teria esse renovado capitalismo? Uma mudança parcial da matriz energética para uma base energética descentralizada, ou controlada por empresas transnacionais poderosas? Uma mudança por meio do uso de biocombustíveis, que no fim das contas promoveriam uma intensificação do extrativismo depredador em muitos países? Ou, ao contrário de um capitalismo verde, uma intensificação do uso de energias fósseis com todas as suas implicações geopolíticas e geoeconômicas?

Como as estratégias para uma economia verde limitam-se às políticas públicas no sentido de uma transição, estas não questionam o "modo de vida imperial"[2] nos centros capitalistas, que depende de e esgota os recursos e o trabalho de outras partes do mundo. Tampouco questionam a opressão de gênero ou etnia, que atravessa toda a estrutura de classe. Apesar da crise, o modo de vida imperial continua sendo hegemônico nos centros capitalistas – e possivelmente dentro das classes média e alta em outras sociedades.

O ponto importante aqui é que os debates atuais sobre uma economia verde não levam em conta que o grande projeto de transição anterior, denominado "desenvolvimento sustentável" e lançado precisamente durante a Conferência Rio 92, fracassou. E fracassou porque se subestimou o fato de que existia uma multiplicidade de fatores socioeconômicos, culturais e políticos que não podiam ser abordados pelas políticas de sustentabilidade. Uma transformação profunda não pode ser reduzida a políticas públicas sem que antes se pergunte se e de que maneira as estruturas sociais podem ser

2 O termo "modo de vida imperial" não se refere simplesmente a um estilo de vida praticado por diferentes setores sociais, mas a padrões imperiais de produção, distribuição e consumo fortemente arraigados nas práticas cotidianas das classes altas e médias do Norte global, e crescentemente das mesmas classes nos países emergentes do Sul global.

mudadas. Até porque as políticas públicas, em geral, são uma expressão dessas estruturas.

O Estado como relação social

Para maior compreensão das estruturas que podem servir de obstáculo para uma transformação profunda, seria preciso fazer uma aproximação ao Estado entendendo-o como uma *relação social*, na tradição de Nicos Poulantzas, mas também nos referindo a Michel Foucault.[3] No fundo, trata-se de olhar a sociedade como um conjunto de relações sociais hegemônicas, ou seja, de práticas cotidianas que são aceitas ativa ou passivamente, e se baseiam em relações de poder e dominação. Uma teoria crítica do Estado deveria começar com a análise da sociedade, não do Estado.

A função principal do Estado capitalista – patriarcal, racista, imperial e pós-colonial – é a de consolidar as relações sociais dominantes e dar-lhes certa continuidade, mas também de contribuir, de maneira controlada, para que transitem em direção a novos arranjos convenientes. Dessa maneira, a reprodução socioeconômica, cultural e política funciona aproveitando os conflitos e a crise, transformando-os em oportunidades. Além disso, o Estado tem como

3 Nicos Poulantzas, *State, Power, Socialism* (Londres; Nova York: Verso Classics, 1980); Michel Foucault, *Sicherheit, Territorium, Bevölkerung: Geschichte der Gouvernementalität I* (Frankfurt am Main: Suhrkamp, 2006); Bob Jessop, *Nicos Poulantzas: Marxist Theory and Political Strategy* (Londres: Macmillan, 1985); Stanley Aronowitz; Peter Bratsis, *Paradigm Lost: State Theory Reconsidered* (Minneapolis: University of Minnesota Press, 2002); Ulrich Brand e Christoph Görg, "Post-Fordist governance of nature: the internationalization of the state and the case of genetic resources, a Neo-Poulantzian perspective" (*Review of International Political Economy*, Taylor & Francis Group, v.15, n.4, 2008).

função intervir na crise, geralmente a favor das forças dominantes. Dessa maneira, os aparelhos do Estado desenvolvem suas próprias formas de atuar, não independentemente da sociedade, mas tampouco como mero instrumento das forças dominantes. A burocracia tem seus próprios modos, motivações e lógicas, e possui um forte interesse em dar continuidade à própria existência.

O Estado é um terreno de luta estruturado de uma maneira determinada, em que competem as diferentes forças sociais e políticas que tentam promover seus próprios interesses, identidades e valores. O objetivo de cada grupo é conseguir que seus interesses particulares se convertam em "interesse geral", que sejam promovidos pelo próprio Estado. Por isso, também as forças e os atores subalternos estão presentes dentro do Estado, mas em relação de assimetria. E também as lutas que se desenvolvem longe do Estado, por exemplo, as lutas de movimentos sociais que se pretendem "antipolíticos", influem de certa maneira nas relações de força e orientações dominantes dentro da sociedade e, com isso, no Estado entendido como relação social.

Nesse sentido, o Estado é um fator fundamental da dominação social, na medida em que formula regras e de alguma maneira sujeita também os poderosos a certas condições. Mas, ao mesmo tempo, concentra recursos legais, policiais e financeiros, conhecimento e reconhecimento, capacidades de ação, que se apropriam das pessoas comuns e das organizações sociais mais frágeis. Para muitos problemas sociais, o Estado reivindica competência exclusiva, ou seja, bloqueia outras formas de abordá-los e processá-los. A concepção do Estado como relação social não pode referir-se exclusivamente às relações de força: deve-se considerar também os discursos generalizados, naturalizados na consciência das maiorias. Esse aspecto é chave para entender as relações de gênero ou o racismo.

O que são as políticas públicas?

Se consideramos os eixos analíticos apresentados na seção anterior, as políticas públicas não são (apenas) um instrumento de ação do Estado, que atuaria de maneira neutra. É preciso entendê-las em relação às

- estruturas heterogêneas dentro do próprio Estado;
- estruturas da sociedade;
- suas funções na reprodução do próprio Estado e da sociedade.

As políticas públicas não são um "instrumento" do Estado, e sim um equilíbrio instável, resultado de disputas entre diferentes atores políticos e sociais, que respondem sempre a um determinado momento conjuntural.

Muitos fatores influem para que as políticas públicas sejam efetivamente capazes de solucionar os problemas que se propõem a enfrentar. Isso não apenas depende das medidas adotadas, como também das estruturas políticas e sociais em que são formuladas. Nesse sentido, gostaria de desenvolver aqui alguns aspectos para conceitualizar melhor as políticas públicas.

As políticas públicas e as estruturas sociais existentes

Uma pergunta formulada por Claus Offe e Gero Lenhardt em 1977 ainda me parece importante como ponto de partida – reconhecendo, no que diz respeito à seguinte citação, que as sociedades não são atravessadas exclusivamente por contradições de classe, e que não é apenas a apropriação privada da mais-valia que está em jogo:

> *De que maneira* surgem *[determinadas] políticas públicas (...) a partir dos problemas específicos de estruturas econômicas e de classe que se baseiam em uma valorização privada do capital e em um trabalho assalariado "livre", e que funções têm [essas políticas públicas] em relação a essa estrutura?*[4]

Ou seja, uma primeira aproximação às políticas públicas considera as estruturas sociais existentes e como estas se refletem de forma complexa nessas políticas. Para Offe e Lenhardt, os problemas estruturais do capitalismo se articulam como: a) demandas dos atores, tanto das empresas quanto dos sindicatos; e b) imperativo superposto de manter o processo de acumulação. Para nós, o interessante nesse argumento é que as demandas e exigências se traduzem em tensões inter e intraorganizacionais dentro do Estado, ou seja, em ações de partidos políticos, burocracias e outros atores, que buscam tratar dos problemas cada um à sua maneira.

Para a realidade latino-americana atual, caberia perguntar, por exemplo, de maneira análoga: Como o processo de acumulação se mantém por meio do extrativismo? Quais são as demandas sociais que os extrativismos e as políticas distributivas promovem com base no excedente derivado das atividades extrativistas? E, por fim, em contraposição a isso, quais demandas estão sendo formuladas contra o extrativismo? Além disso, seria preciso analisar de que maneira os respectivos aparelhos estatais processam essas demandas e imperativos.

4 Gero Lenhardt; Claus Offe, "Staatstheorie und Sozialpolitik. Politisch-soziologische Erklärungsansätze für Funktionen und Innovationsprozesse der Sozialpolitik" (*Kölner Zeitschrift für Soziologie und Sozialpsychologie*, n.19, 1977), p.100.

Para além de Offe e Lenhardt, poderíamos perguntar também como o Estado organiza seu conhecimento sobre os problemas, como pré-condição para desenvolver políticas públicas. Obviamente, são os próprios atores que formulam as demandas. Mas talvez existam outros mecanismos – como secretarias ou comissões, que promovem um determinado tipo de conhecimento sobre problemas e soluções. Para uma perspectiva emancipadora, é importante entender contradições, demandas e exigências.

O Estado como relação social

O Estado não é um ator neutro que atua independentemente da sociedade, formulando a vontade geral e solucionando problemas. Tampouco é o instrumento do capital ou dos poderes coloniais, como se costuma pensar. Parece-me mais produtivo concebê-lo como uma relação social que assegura há séculos as relações sociais dominantes. Além disso, em muitos casos o Estado organiza ativamente as forças dominantes (que estão também em uma relação de competição, como a burguesia) e desorganiza as forças mais frágeis e dominadas. O Estado "condensa materialmente"[5] em suas estruturas, e por meio de políticas públicas, as contradições presentes na sociedade, ou seja, lhes dá forma para que se tornem viáveis e não rompam a coesão social. Para levar adiante qualquer projeto emancipador, é preciso considerar o fato de que a estrutura do Estado é uma relação de poder, mas também um conjunto de aparelhos cuja transformação é necessária. Não quero aqui afirmar o Estado, mas tampouco negá-lo. Parece-me mais necessário entendê-lo para

5 Nicos Poulantzas, *State, Power, Socialism*, op. cit.

poder mudá-lo profundamente, e para reorganizar as relações de poder em um processo democrático e de aprendizagem.

O Estado como reprodutor da estrutura colonial capitalista

O que salta à vista nos processos de mudança na Bolívia e no Equador é que seus governos progressistas enfrentam muitos problemas para alterar a estrutura do Estado. No entanto, enquanto os atores sociais devem articular seus interesses, valores e projetos em relação ao mesmo Estado capitalista e pós-colonial de sempre, precisam atuar contra uma estrutura que os obriga a submeter-se às suas regras – o que obstaculiza a mudança.

Karl Marx nos falava das formas sociais capitalistas para entender algumas formas cruciais da reprodução social. Os seres humanos, por meio de suas ações, reproduzem de maneira inconsciente a forma de valor. Esse fato está baseado na separação de produtores e meios de produção, e a necessidade de se reproduzir por meio do trabalho assalariado, assim como na necessidade dos capitalistas de produzirem uma mais-valia sob condições de concorrência e enfrentando as demandas dos assalariados. A forma de valor não é apenas uma condição estrutural, mas também uma maneira de ver a sociedade e de atuar nela – como assalariado e como capitalista. As relações de dominação e exploração não são explícitas em todos os momentos: por exemplo, não o são quando os próprios trabalhadores se preocupam também pelo êxito econômico de "sua" empresa, como ocorre frequentemente na Europa.

O mesmo acontece com a forma política, ou seja, o Estado. O Estado reproduz estruturalmente certas condições da reprodução social, e essa é uma maneira de lidar com os conflitos que surgem. No entanto, essa estrutura reproduz a si própria por meio de inúmeras ações que as pessoas dentro dos aparelhos estatais executam diariamente, com sua própria orientação, conhecimento e micropráticas, com suas regras e seus recursos. Reproduz-se inclusive fora, na sociedade civil, onde o Estado é aceito, tem legitimidade; os meios de comunicação e as pessoas ajudam a estabelecer seu papel específico dentro da sociedade. Da mesma maneira, o Estado reproduz as desigualdades, ao assegurar a propriedade privada, ao reconhecer certos interesses sobre outros, o que nem sempre é muito visível em tempos "normais".

Poulantzas introduziu o conceito da "seletividade" do Estado: a estruturação de um determinado aparelho estatal, de seus servidores, de seu orçamento e suas regras mostram como sua atenção está voltada mais para certos problemas (por exemplo, a propriedade privada ou a competitividade) e certos atores e interesses (das classes dominantes, dos homens, dos brancos) do que para outros. Isso significa que as políticas públicas são parte de uma estrutura estatal classista e patriarcal, imperial e pós-colonial, que tem sua própria densidade e resiste às mudanças políticas.

Trata-se então de conceber as políticas públicas a partir das formas sociais do Estado – que estão intimamente vinculadas com a sociedade – no sentido de Marx, e de focar também na mudança das formas sociais (incluindo a forma de valor, a concorrência, o próprio dinheiro).

O Estado e a hegemonia

O Estado e seus aparelhos são, então, um conjunto heterogêneo e uma condensação material de relações de força específicas. Por exemplo, no Brasil coexistem um projeto político de reforma agrária e outro de agronegócio, que não apenas se contradizem em muitos aspectos, como também se encontram em uma relação assimétrica. Isso significa que diferentes aparelhos estatais concentram diferentes relações de força, em que entram em cena a burguesia agrária, a população urbana, os camponeses, os sem-terra e outros.

As políticas públicas são parte de um processo próprio, que têm o objetivo de formular e implementar "projetos de Estado" (como o neoliberalismo, que, apesar de "diminuir" o Estado, foi e é um projeto de Estado) que permeiam os diferentes aparelhos com suas próprias lógicas e tarefas. Um projeto de Estado não se desenvolve independentemente de projetos hegemônicos dentro de uma sociedade ou daqueles impostos a partir de fora – como foi o neoliberalismo na América Latina. São projetos que se baseiam na violência e no uso da força, mas também em compromissos negociados e no consentimento. Então, para que surja um projeto emancipador, seria importante formular ou identificar os projetos hegemônicos – muitos deles podem ser simultâneos, em um mundo onde cabem muitos mundos – possíveis, já existentes ou em construção (pode ser hegemônico tanto um projeto de dominação, quanto um de emancipação). Os projetos do Estado – de suas estruturas, de suas políticas públicas – não podem ser independentes dos projetos formulados a partir da sociedade.

Para nossa discussão, é importante observar que a falta de certa coerência que frequentemente ocorre nas políticas públicas não é um problema político no sentido de que os atores fundamentais não sejam capazes de chegar a um acordo. A falta de coerência é um indicador de falta de hegemonia, ou seja, a incapacidade de um bloco no poder em liderar as pautas dominantes da organização da sociedade. Somente quando existe um projeto hegemônico na sociedade é que este pode ser traduzido em um projeto ou em vários projetos de Estado.

A hegemonia, no entanto, não implica ausência de conflitos e debates, nem de dominação e poder. A meu modo de ver, a hegemonia é um determinado arranjo em que os atores relevantes se veem adequadamente representados nas estruturas políticas e podem se reproduzir tanto materialmente quanto em suas identidades. Uma perspectiva emancipadora de hegemonia deveria ser muito mais inclusiva do que a hegemonia capitalista.

As políticas públicas e o conhecimento real da sociedade

Os funcionários do Estado – e isso está evidente nos processos de mudança na América Latina – costumam atuar como se conhecessem com suficiente precisão os problemas e os atores para os quais as políticas públicas estão voltadas. Trata-se, no entanto, de uma perspectiva reduzida. O desenvolvimento das políticas públicas não é um processo meramente técnico, como se costuma pensar. O Estado tem de se organizar de alguma maneira para alcançar um conhecimento profundo sobre os problemas e as estruturas sociais que devem ser alteradas. O projeto neoliberal, referindo-se ao conhecimento neoclássico, optou por chegar a esse conhecimento por meio do próprio Estado, de assessores privados, de empresas etc.[6]

Políticas públicas emancipadoras também têm a tarefa de organizar, de maneira muito cuidadosa e não hierárquica, essa forma de alcançar conhecimento sobre a sociedade, seus problemas, demandas, interesses e valores. O perigo reside no fato de que os aparelhos do Estado continuem pensando que já possuem um conhecimento suficiente dos problemas, desejos, interesses e conflitos sociais. Essa perspectiva dominante é uma das razões – à exceção de determinados interesses que se impõem – pela qual muitas políticas públicas são ineficazes. De fato, acabam reproduzindo uma atitude política autoritária e uma visão que separa o Estado da sociedade.

A internacionalização do Estado

Um aspecto que me parece extremamente subestimado nos debates da região andina e nas políticas práticas é o fato de que não apenas a economia, como também o Estado estão internacionalizados. Ou seja, as exigências do mercado internacional, como o extrativismo, estão inscritas *dentro* das estruturas do Estado e das políticas públicas. Além disso, as estruturas políticas internacionais têm também um caráter estatal.[7]

6 Edgardo Lander, "La ciencia neoliberal" (In: Ana Esther Ceceña [org.], *Los desafíos de las emancipaciones en un contexto militarizado*. Buenos Aires: Clacso, 2006).

7 Ulrich Brand e Christoph Görg, "Post-Fordist governance of nature", op. cit., p.567-589.

As políticas antineoliberais dos governos progressistas latino-americanos reconstituíram certa "autonomia relativa" do Estado, por exemplo, com respeito a fortalecer sua base econômica por meio da arrecadação de impostos. Formalmente, isso acontece em nível internacional. Em relação às forças sociais e aos imaginários políticos e econômicos neoliberais, essas autonomias relativas do Estado alteram certas relações sociais e econômicas e certos imaginários. No entanto, as políticas progressistas distributivas se baseiam em uma certa integração ao mercado internacional. Isso implica que a intensificação do extrativismo esteja profundamente inscrita nas próprias estruturas do Estado e, mais ainda, à primeira vista, dê mais capacidade de manobra política e mais legitimidade aos governos em questão.

O que eu gostaria de ressaltar aqui com relação às políticas públicas é que o Estado internacionalizado está reproduzindo esse mesmo modelo, ou seja, está fomentando as condições para a comoditização e a industrialização da Natureza, em várias escalas – em escala internacional, os atores são a Organização Mundial do Comércio, o Banco Mundial, o Convênio Marco da ONU sobre a Mudança Climática etc. A consequência política é que, para fazer prosperar um projeto emancipador, precisamos simultaneamente de políticas públicas alternativas tanto em escala nacional quanto em escala internacional. E se o Estado é uma relação social, precisamos ao mesmo tempo trabalhar nas mudanças profundas das relações socioeconômicas e culturais, dos modos de produção e de vida, das relações de força, das orientações sobre o que é uma vida boa, do que é "racional" e "plausível". Isso abre enormemente o leque dos campos de luta que é preciso encarar para a transformação das sociedades, muito além da promessa de uma transição induzida por meio de políticas públicas.

04

Maristella Svampa é pesquisadora do Conselho Nacional de Investigações Científicas e Técnicas (Conicet) e docente da Universidade Nacional de La Plata, Argentina, onde dirige o Programa de Estudos Críticos do Desenvolvimento.

Extrativismo neodesenvolvimentista e movimentos sociais

Um giro ecoterritorial rumo a novas alternativas? *

Maristella Svampa

A América Latina apresenta um cenário extremamente contrastante e perturbador. Certamente, a geografia latino-americana esteve marcada pela emergência e consolidação de governos progressistas, vários dos quais se encontram entregues à tarefa da transformação do Estado, da ampliação da democracia participativa, enfim, da implementação de políticas públicas que tendem a favorecer as condições de vida dos setores mais vulneráveis. Tais políticas têm como sustentação um discurso crítico em relação ao neoliberalismo dos anos 1990 e costumam adotar – cedo ou tarde – uma retórica nacional-popular que enfatiza a constituição de um polo popular na confrontação com os grandes grupos de poder econômicos. No entanto, esse relato nacional-popular, com características particulares segundo cada país, coexiste com uma política que estimula, promove e convalida a instalação de um modelo neocolonial, baseado na apropriação e na destruição dos recursos naturais. Assim, para além das retóricas industrialistas e emancipatórias em voga,

* Publicado originalmente em *Más allá del desarrollo* (Quito: Fundação Rosa Luxemburgo; Abya Yala, 2011).

nossos governos tendem a aceitar como "destino" o "novo consenso internacional", em nome das "vantagens comparativas", ou da pura subordinação à ordem geopolítica mundial, que historicamente reserva para a América Latina o papel de exportador de Natureza, sem considerar seus impactos desestruturantes sobre a população e suas enormes consequências socioambientais.

Em termos geopolíticos, a opção extrativista que se busca implementar na região latino-americana, do México à Argentina, responde a uma nova divisão territorial e global do trabalho, baseada na apropriação irresponsável dos recursos naturais não renováveis, o que deu lugar a novas assimetrias econômicas, políticas e ambientais entre o Norte e o Sul geopolíticos. Nesse sentido, o extrativismo resultante não é um destino, é uma opção política e também civilizatória assumida pelos diferentes governos, que vai reconfigurando negativamente nossos territórios e economias e gera uma nova dependência: cada vez exportamos mais matérias-primas, o que aparece refletido na concentração econômica, na especialização produtiva, assim como na consolidação de *enclaves* de exportação, traços que historicamente foram criticados tanto pelo desenvolvimentismo como pelo marxismo.

Essa demanda de matérias-primas ou de bens de consumo dos países dependentes tem levado a um vertiginoso processo de reprimarização da economia latino-americana que afeta não apenas países

de forte tradição extrativista (como Bolívia, Equador ou Peru), mas também aqueles com padrões econômicos mais diversificados (como Brasil e Argentina).

Uma das consequências da atual inflexão extrativista é a explosão de conflitos socioambientais, visíveis na potencialização das lutas ancestrais pela terra por parte dos movimentos indígenas e camponeses, assim como no surgimento de novas formas de mobilização e participação cidadã, centradas na defesa dos recursos naturais (definidos como "bens comuns"), da biodiversidade e do meio ambiente. Entendemos por conflitos socioambientais aqueles ligados ao acesso, à conservação e ao controle dos recursos naturais, que supõem, por parte dos atores confrontados, interesses e valores divergentes em torno dos mesmos, em um contexto de assimetria de poder. As linguagens de valoração divergentes em relação aos recursos naturais se referem ao território (compartilhado ou a intervir) e, de maneira mais geral, ao meio ambiente, em relação à necessidade de sua preservação ou proteção. Enfim, tais conflitos expressam diferentes concepções sobre a Natureza e, em última instância, manifestam uma disputa sobre o que se entende por "desenvolvimento". Em razão disso, a análise dos conflitos socioambientais é uma janela privilegiada para abarcar duas questões tão imbricadas, tão complexas e tão intimamente associadas, como são na atualidade o desenvolvimento e o meio ambiente.

Nesse sentido, não é possível desestimar o papel do Estado nacional na configuração sempre assimétrica que os conflitos socioambientais adquirem. O certo é que, em um contexto de desnaturalização e questionamento do neoliberalismo, alimentado pela emergência de governos progressistas – sobretudo em países como Bolívia e Equador –, o Estado nacional recuperou capacidades institucionais, erigindo-se em um ator econômico relevante e, em certos casos, em um agente de redistribuição. No entanto, no marco das teorias da governança mundial, a tendência não é precisamente que o Estado se torne novamente um "mega-ator". Na verdade, o retorno do Estado regulador se instala em um espaço de geometria variável, isto é, em um esquema de múltiplos atores (de complexificação da sociedade civil, ilustrada por movimentos sociais, ONGs e outros atores), mas em estreita associação com os capitais privados multinacionais, cujo peso nas economias nacionais é cada vez maior. Desse modo, o retorno do Estado a suas funções redistributivas se afiança sobre um tecido social diferente de outrora, produto das transformações dos anos neoliberais e, em muitos casos, em continuidade – aberta ou solapada – com aquelas políticas sociais compensatórias, difundidas nos anos 1990 pelo Banco Mundial. Em razão disso, uma análise dos atuais conflitos socioambientais exige um exame das diferentes políticas públicas nacionais e, portanto, das estratégias de desenvolvimento em curso, à luz de tais transformações.

Dito desse modo, o atual cenário ilustra um continuado acoplamento não apenas entre extrativismo neodesenvolvimentista e neoliberalismo, expresso de maneira paradigmática pelos casos de Peru, Colômbia ou México, como também entre extrativismo neodesenvolvimentista e governos "progressistas", em um contexto de fortalecimento das capacidades estatais, o que torna ainda mais complexa a problemática ligada ao multiescalonamento dos conflitos e das alternativas existentes, em que se entrecruzam políticas públicas, diferentes lógicas de ação e territorialidades diversas.

A pluralidade de sujeitos e a geração de um saber contraespecialista

Nesse cenário caracterizado por fortes conflitos socioambientais, destacam-se certos elementos comuns: em primeiro lugar, a explosão de conflitos socioambientais tem como correlato aquilo que o mexicano Enrique Leff chamou de "ambientalização das lutas indígenas e camponesas e a emergência de um pensamento ambiental latino-americano".[1] A isso, é preciso acrescentar que o cenário aparece marcado também pelo surgimento de novos movimentos socioambientais, rurais e urbanos (pequenas e médias localidades), de caráter policlassista e caracterizados por um formato assembleísta. Por sua vez, nessa nova estrutura desempenham um papel relevante diferentes coletivos culturais, certas ONGs ambientalistas – uma estrutura muitas vezes preexistente –, intelectuais e especialistas, que acompanham a ação de organizações e movimentos sociais. Como costuma acontecer em outros campos de luta, essa dinâmica organizacional tem como atores centrais os jovens, muitos deles mulheres, cujo papel é também crucial tanto nas grandes estruturas organizacionais quanto nos pequenos coletivos de apoio às ações. O horizonte coletivo das lutas e a geração de um diagnóstico comum apontaram para a *criação de uma rede densa de organizações e a multiplicação de lugares de confluência*, que se situam em continuidade com um novo internacionalismo – uma tendência que a América Latina conhece desde o ano

1 Cf. Enrique Leff, "Decrecimiento o deconstrucción de la economía: Hacia un mundo sustentable" (*Peripecias*, Centro Latino Americano de Ecología Social (CLAES), Montevidéu, n.117, 8 out. 2008. http://www.peripecias.com/desarrollo/630LeffMundoSustentable.html).

2000, com o início de um novo ciclo de lutas e a criação dos fóruns sociais.

Na região, existem numerosos espaços de coordenação, como a Via Campesina ou, em outra escala, espaços mistos promovidos pelos governos progressistas, como a Aliança Bolivariana para os Povos de Nossa América, fóruns temáticos (em defesa da água e dos recursos naturais) ou plataformas de ações conjuntas – contra a Área de Livre-Comércio das Américas e, atualmente, contra os mega-projetos da Iniciativa para a Integração da Infraestrutura Regional Sul-Americana.

De maneira mais precisa, em relação ao processo de *ambientalização* das lutas, os espaços de confluência também refletem uma dinâmica multiescalonada que abarca o local, o nacional e o subcontinental. Nesse sentido, a maior novidade é a articulação entre atores diferentes, que vem dando lugar a um diálogo de saberes e disciplinas caracterizado pela valorização dos saberes locais e pela elaboração de um saber especialista independente dos discursos dominantes. Isso não é pouco, pois é a partir dessa articulação que diferentes organizações e movimentos têm elaborado diagnósticos comuns que ultrapassam a problemática local e nacional, assim como têm diversificado as estratégias de luta, combinando a mobilização de base e a articulação de redes sociais com a geração e a aplicação de diferentes instrumentos técnicos e legais (amparos coletivos, novas ordenanças e leis de proteção do meio ambiente e dos direitos dos povos originários).

O giro ecoterritorial das lutas

Para além das marcas específicas, que dependem majoritariamente dos cenários locais e nacionais, a dinâmica das lutas socioambientais na América Latina assentou as bases de uma linguagem comum de valoração sobre a territorialidade, que dá conta cada vez mais da confluência inovadora entre matriz indígena-comunitária e o discurso ambientalista.[2] Em outros termos, tal convergência se expressa no que podemos denominar de *giro ecoterritorial*, que vai dando conta do modo como são pensadas e representadas, sob a perspectiva das resistências coletivas, as atuais lutas socioambientais centradas na defesa da terra e do território.

A consolidação de uma linguagem de valoração alternativa sobre a territorialidade parece ser mais imediata para o caso das organizações indígenas e camponesas, tanto por causa da estreita relação que enxergam entre terra e território, em termos de comunidade da vida, quanto por causa da notória reativação da matriz comunitária indígena ocorrida nas últimas décadas. No entanto, longe de ser exclusiva das nações em que existe uma forte presença de povos originários, historicamente excluídos, essa linguagem abarca também outros países, como a Argentina, onde nos últimos anos têm se multiplicado as resistências camponesas-indígenas e sobretudo os movimentos socioambientais (especialmente contra a megamineração transnacional).

Uma primeira questão a ser levada em conta é que as organizações e movimentos sociais, quando falam de giro ecoterritorial, fazem referência à construção de

2 Como sustenta o antropólogo chileno José Bengoa, em *La emergencia indígena en América Latina* (2.ed. Cidade do México: Fondo de Cultura Económica, 2007), uma primeira articulação entre discurso indigenista e ecologista se produz no marco da Cúpula da Terra, no Rio de Janeiro, em 1992, em que as organizações indígenas abandonam o discurso camponês e assumem o ecológico, enquanto as organizações ambientalistas encontram um sujeito sobre o qual projetar sua utopia. No entanto, o "momento" real das articulações se fará pouco depois, no final do ano 2000, no marco dos avanços do novo modelo de acumulação.

marcos da ação coletiva,[3] que funcionam como estruturas de significação e esquemas de interpretação contestatórios ou alternativos. Tais marcos contestatórios tendem a desenvolver uma importante capacidade mobilizadora e a instalar novos temas, linguagens e diretrizes, em termos de debates de sociedade, enquanto orientam a dinâmica interativa para a produção de uma subjetividade coletiva comum no espaço latino-americano das lutas. Com isso, não pretendo enclausurar a noção em um conceito acadêmico (ou em um instrumento meramente analítico), mas voltar a atenção para o modo como os movimentos e organizações sociais vão dotando de sentido suas lutas, já que, além disso, é o contexto a partir do qual pensamos e fazemos teoria na América Latina.

Entre alguns dos temas e marcos comuns que atravessam tal linguagem ecoterritorial, citamos quatro: bens comuns, justiça ambiental, Bem Viver e Direitos da Natureza.[4]

3 Erving Goffman definiu os marcos como "esquemas de interpretação que capacitam os indivíduos e grupos para localizar, perceber, identificar e nomear os fatos de seu próprio mundo e do mundo em geral" (Cf. *Les cadres de l'experience*. Paris: Minuit, 1991). Sob uma perspectiva construtivista e interacionista existem, no entanto, diferentes enfoques sobre os "processos de etiquetamento". Sobre o tema, ver William Gamson e David Meyer, "Marcos interpretativos de la oportunidad política" (In: Doug Mc Adam, et al. [orgs.], *Movimientos Sociales, perspectivas comparadas: oportunidades políticas, estructuras de movilización y marcos interpretativos culturales*. Madri: Ediciones Istmo, 1999), Antonio Rivas, "El análisis de marcos: Una metodología para el estudio de los movimientos sociales" (In: Pedro Ibarra e Benjamín Tejerina [orgs.], *Los movimientos sociales: transformaciones políticas y cambios culturales*. Madri: Editorial Trotta, 1998) e David Snow "Analyse de cadres et mouvements sociaux" (In: Daniel Cefaï e Danny Trom [orgs.], *Les formes de l'action collective*. Paris: Éditions de l'EHESS, 2001).

4 Escolhemos desenvolver somente quatro desses marcos comuns, os quais, além disso, têm um peso desigual na própria dinâmica das lutas. Uma caracterização mais exaustiva deveria incluir a "soberania alimentar", da qual não tratamos aqui e que a maioria dos movimentos camponeses defende.

Na defesa dos recursos naturais, estes aparecem ressignificados como "bens comuns" que garantem e sustentam as formas de vida em um território determinado. O conceito, muito generalizado no espaço dos movimentos sociais, integra visões diferentes que sustentam a necessidade de manter fora do mercado os recursos que, por seu caráter de patrimônio natural, social e cultural, possuem um valor que transcende qualquer preço. Esse caráter de "inalienabilidade" aparece vinculado à ideia do comum, do compartilhado e, portanto, à própria definição da comunidade ou de âmbitos de comunidade.[5] Como afirma David Bollier:

> *O conceito de bens comuns descreve uma ampla variedade de fenômenos; refere-se aos sistemas sociais e jurídicos para a administração dos recursos compartilhados de uma maneira justa e sustentável. (...) Levam implícita uma série de valores e tradições que outorgam identidade a uma comunidade e a ajudam a se autogovernar.*[6]

No contexto de nossa análise, a referência em torno dos bens comuns aparece intimamente associada à de

5 Apesar de seu uso estendido, não têm havido maiores debates na América Latina sobre a própria noção de bens comuns. Uma aproximação pode ser encontrada em Gustavo Esteva, "Commons: más allá de los conceptos de bien, derecho humano y propiedad" (Entrevista de Anne Becker. México: Fundación Heinrich Böll, 2007), que considera que os bens comuns devem ser definidos menos por suas características e mais por uma construção de "âmbitos de comunidade". Na realidade, o conceito provém da tradição anglo-saxã; ver David Bollier , "Los bienes comunes: un sector soslayado de la riqueza" (In: Silke Helfrich [comp.], *Genes, bytes y emisiones: bienes comunes y cuidadanía*. México: Fundación Heinrich Böll; Frente & Vuelta, 2008).

6 David Bollier, "Los bienes comunes: un sector soslayado de la riqueza", op. cit., p.30.

território. Assim, não se trata exclusivamente de uma disputa em torno dos "recursos naturais", mas de uma disputa pela construção de um determinado "tipo de territorialidade" baseado na proteção do "comum" (patrimônio natural, social e cultural). Vários seriam os pilares que dão sustentação experiencial a essa linguagem em torno do "comum". Em alguns casos, a valoração do território está ligada, entre outras questões, à história familiar, comunitária e inclusive ancestral ("território herdado").[7] Outras vezes, envolve quem, havendo optado por abandonar os grandes centros urbanos, escolheu lugares hoje ameaçados. Trata-se de setores médios, alguns deles profissionais, motivados pela busca de qualidade de vida, ou de jovens que optaram por um estilo de vida diferente, no qual a relação com o "natural" e o meio ambiente desempenha um papel central ("território escolhido"). Por último, a concepção do "território herdado" ou "território escolhido" converge com a concepção do território vinculado às comunidades indígenas e camponesas ("território originário").

Na linha do "território originário", insere-se a defesa cada vez mais relevante do direito à autodeterminação dos povos indígenas, expresso na Convenção 169 da Organização Internacional do Trabalho (OIT) e na Declaração das Nações Unidas sobre os Direitos dos Povos Indígenas. Isto é, em situações de resistência e clara assimetria de forças, a demanda do direito de consulta prévia, livre e informada é uma ferramenta fundamental para obter o controle/recuperação do território ameaçado pelo atual modelo de desenvolvimento. Isso acontece em países de matrizes andinas, como Peru e Equador, e atualmente na Bolívia.

7 Sobre o tema, ver Maristella Svampa e Marian Sola Álvarez, "Modelo minero, resistencias sociales y estilos de desarrollo: Los marcos de la discusión en Argentina" (*Ecuador Debate*, CAAP, Quito, n.79, abr. 2010).

Justiça ambiental

O giro ecoterritorial apresenta contatos significativos com o que os próprios atores denominam de "movimento de justiça ambiental", originado na década de 1980 em comunidades negras dos Estados Unidos. Atores que em outros países aglutinam-se em torno dessa corrente entendem que a noção de justiça ambiental

> *implica o direito a um ambiente seguro, sadio e produtivo para todos, o meio ambiente sendo considerado em sua totalidade, incluindo as dimensões ecológicas, físicas, construídas, sociais, políticas, estéticas e econômicas. Referem-se, assim, às condições em que tal direito possa ser livremente exercido, preservando, respeitando e realizando plenamente as identidades individuais e de grupo, a dignidade e a autonomia das comunidades.*[8]

Assim, a união da justiça social e do ecologismo supõe enxergar os seres humanos não como à parte, mas sim como parte integral do verdadeiro ambiente.[9] Esse enfoque, que enfatiza a desigualdade dos custos ambientais, a falta de participação e de democracia, o racismo ambiental contra os povos originários despojados de seus territórios em nome de projetos insustentáveis, enfim, a injustiça de gênero e a dívida ecológica, está na origem de diversas redes de justiça ambiental que hoje se desenvolvem na América Latina, em países como

8 Henri Acselard (org.), *Conflitos ambientais no Brasil* (Relume Dumará e Fundação Heinrich Böll, Rio de Janeiro, 2004), p.16

9 Giovanna Di Chiro, "La justicia social y la justicia ambiental en los Estados Unidos" (*Ecología Política*, Barcelona, n.17, set. 1999 http://es.scribd.com/doc/26939636/Ecologia-Politica-n%C2%BA-17-sept-1999).

Chile (Olca) e Brasil (Rede de Justiça Ambiental). No entanto, é preciso dizer que o tema da justiça ambiental hoje tende a ser substituído por outros, como o do Bem Viver.

Bem Viver

Uma das diretrizes que percorre e outorga uma maior vitalidade ao atual giro ecoterritorial é a do Bem Viver, *sumak kawsay*, ou Viver Bem, *suma qamaña*, vinculado à cosmovisão indígena andina. Sem dúvida, é um dos motes mais mobilizadores, que tende a substituir outros (como a justiça ambiental), e opera como uma espécie de horizonte emancipatório que aponta para construir pontes entre passado e futuro, entre matriz comunitária e olhar ecologista.

Quais são os sentidos que o Bem Viver adquire nos atuais debates, levados a cabo, sobretudo, no Equador e na Bolívia? Na visão da antropóloga equatoriana Ana María Larrea, trata-se de um "conceito em construção".[10] Para o boliviano Xavier Albó,[11] por trás do conceito esconde-se a lógica de funcionamento das comunidades de muitos povos indígenas originários, contrapostos às sociedades e aos poderes dominantes. Essa linha ecocomunitária é representada pelo próprio chanceler boliviano David Choquehuanca, um intelectual aimará de ampla trajetória no mundo das ONGS.

Já para a economista equatoriana Magdalena León, a noção de Bem Viver sustenta-se "em reciprocidade, em cooperação, em complementariedade" e implica, como

10 Ana María Larrea, "La disputa de sentidos por el buen vivir como proceso contrahegemónico" (Apresentado no Laboratório Internacional Estratégias Alternativas ao Desenvolvimentismo, Buenos Aires, Fundação Rosa Luxemburgo, 12-14 abr. 2010).

11 Xavier Albó. "Suma Qamaña = el buen convivir" (*OBETS*, Revista de Ciencias Sociales, Universidad de Alicante, Espanha, n.4, p. 25-40, dez. 2009).

categoria central, um deslocamento da economia da acumulação para a vida. Assim, estamos diante de uma noção que situa o equilíbrio em situações dadas, com o objetivo de permitir a reprodução da vida social. A autora também relaciona o Bem Viver a uma visão ecofeminista de cuidado da vida, de cuidado do outro.[12]

Duas constituições latino-americanas, a do Equador e a da Bolívia, incorporaram a perspectiva do Bem Viver. No caso do Equador, o governo elaborou, por meio da Secretaria Nacional de Planejamento e Desenvolvimento, o "Plano do Bem Viver 2009-2013", que propõe, além do "retorno do Estado", uma mudança no modelo de acumulação para além do primário-exportador, em direção a um desenvolvimento endógeno, biocêntrico, baseado no aproveitamento da biodiversidade, no conhecimento e no turismo. De acordo com o plano, "a mudança não será imediata, mas o programa do 'Bem Viver' constitui um roteiro".[13]

Agora, se no Equador os apelos ao Bem Viver acontecem sob uma perspectiva crítica em relação ao modelo primário-exportador, na Bolívia o Viver Bem aparece como uma espécie de aspiração oposta à cosmovisão ocidental dominante. Mais ainda, é interessante que enquanto no Equador dota-se a filosofia do Bem Viver de uma longa linhagem (que vai de Aristóteles ao ecossocialismo e ao ecofeminismo), na Bolívia, um processo ainda mais autocentrado, este somente se conecta à visão dos povos originários. No entanto, por enquanto o Bem Viver é uma superfície ampla sobre a qual vão

12 Magdalena León, "Cambiar la economía para cambiar la vida. Desafíos de una economía para la vida" (In: Alberto Acosta e Esperanza Martínez [orgs..], *El Buen Vivir: una vía para el desarrollo*. Quito: Abya Yala, 2009).

13 Pablo Ospina, *Significados de la radicalización: análisis de coyuntura* (Quito: Comité Ecuménico de Proyectos, 2010), p.10.

se inscrevendo diferentes sentidos emancipatórios. Nestes, o comunitário aparece como marco inspirador e núcleo comum, para além das dificuldades de traduzi-lo em experiências (não é possível idealizar o mundo comunitário indígena nem ignorar as diferentes declinações do comunitário na América Latina) ou de traduzi-lo em políticas públicas concretas, diante do extrativismo reinante. A ameaça é seu precoce esvaziamento por conta de retóricas de legitimação governamental – como acontece de certa forma na Bolívia – ou sua possível "vampirização" por parte dos organismos internacionais, como já aconteceu em outras épocas com outras noções de grande potencialidade política.

Direitos da Natureza

Essa perspectiva jurídico-filosófica, baseada na ecologia profunda, aparece ilustrada na nova Constituição equatoriana, cujo caráter inovador dá conta do que Eduardo Gudynas chamou de "giro biocêntrico",[14] com o objetivo de destacar o deslocamento de uma visão antropocêntrica da Natureza para outra, que considera a Natureza como sujeito de direitos. Nessa linha, se estabeleceriam igualmente diferentes tipos de cidadania (cidadania ambiental e metacidadania ecológica), ou dois tipos de justiça independentes: a *justiça ambiental*, que exige condições sociais equitativas e um meio ambiente sadio e não contaminado, e a *justiça ecológica*, relacionada à sobrevivência de espécies e ecossistemas como redes de vida.[15]

14 Eduardo Gudynas, "La ecología política del giro biocéntrico en la nueva Constitución del Ecuador" (*Revista de Estudios Sociales*, Bogotá, n.32, p.34-47, 2009).

15 Eduardo Gudynas, "Diez tesis urgentes sobre el nuevo extractivismo. Contextos y demandas bajo el progresismo sudamericano actual" (*Extractivismo, política y sociedad*. Quito: Centro Andino de Acción

Em sintonia com essa visão, uma das maiores expressões do giro ecoterritorial foi a proposta do governo equatoriano, em maio de 2007, de não explorar o petróleo do Parque Nacional Yasuní (no bloco Ishpingo-Tambococha-Tiputini, conhecido como ITT, onde se encontram reservas estimadas em 900 milhões de barris), isto é, de manter o petróleo debaixo da terra, com a ideia de combater a mudança climática, proteger a biodiversidade e apoiar as culturas isoladas. Enfim, de promover um tipo de desenvolvimento social baseado na conservação da Natureza e na promoção de energias alternativas. A comunidade internacional participaria com uma compensação financeira, criando um fundo de capital administrado pela ONU, com a participação do Estado equatoriano, a sociedade civil e os contribuintes. O Yasuní, situado na Amazônia, é a porção de floresta mais biodiversa do planeta: "Em um só hectare há tantas espécies de árvores quanto em todo os Estados Unidos e o Canadá juntos".[16] O Parque Nacional Yasuní é, além disso, habitat dos huaorani e de alguns dos últimos povos indígenas que ainda vivem em isolamento voluntário, sem contato com outras culturas.

Organizações de povos originários, como a Confederação de Nacionalidades Indígenas do Equador, e ONGs ambientalistas, como Acción Ecológica, muito ativas nesse campo,[17] ilustram o giro ecoterritorial das lutas no Equador. Isso não apenas porque estamos falando do país em que se traçaram importantes inovações jurídicas e constitucionais, como

Popular e Centro Latino Americano de Ecología Social, 2009); Alberto Acosta, "Maldiciones que amenazan la democracia" (*Revista Nueva Sociedad*, Buenos Aires, n.229, 2010).

16 Cf. <http://www.sosyasuni.org/de/index.php?option=com_content&task=view&id=34&Itemid=27>.

17 Alberto Acosta, "Maldiciones que amenazan la democracia", op. cit..

os Direitos da Natureza, mas também porque, em um contexto de grandes tensões com o governo do presidente Rafael Correa, tais atores coletivos apontam permanentemente para o aprofundamento do debate sobre o modelo de desenvolvimento e a proposta de uma alternativa ao extrativismo. Exemplo disso foi a "Demanda judicial pelos direitos do mar sob o princípio de Jurisdição Universal", apresentada à Justiça equatoriana e impulsionada pela Acción Ecológica em dezembro de 2010 contra a companhia British Petroleum devido ao derramamento de petróleo no Golfo do México, ocorrido em 20 de abril daquele ano.

Rumo à construção de uma alternativa?

Contudo, em que medida os marcos comuns percorridos pelas organizações indígenas e os movimentos socioterritoriais constituem-se no núcleo de uma alternativa ao extrativismo neodesenvolvimentista dominante? Sob nossa perspectiva, eis uma pergunta de difícil e incompleta resposta.

Os diferentes temas do *giro ecoterritorial* dão conta da nova gramática das lutas, da gestação de uma linguagem alternativa de forte ressonância no interior do espaço latino-americano, de um marco comum de significações, que aponta para a expansão das fronteiras do Direito, em clara oposição ao modelo dominante. Seja em uma linguagem de defesa do território e dos bens comuns, dos Direitos Humanos, dos Direitos da Natureza ou do Bem Viver, a demanda aponta para uma democratização das decisões; mais ainda, para o direito dos povos de dizer "não" aos projetos que afetam fortemente as condições de vida dos setores mais vulneráveis e que comprometem o futuro das novas gerações.

Na realidade, essas lutas expressam uma *disputa societal* em torno do que se entende ou se deve entender por *desenvolvimento sustentável* e, de maneira mais extensa, do que se entende por democracia. No entanto, na maioria dos casos, tais organizações e redes se encontram entregues à elaboração de um diagnóstico comum, assim como ao desenvolvimento de uma série de estratégias de luta cujo objetivo é deter e neutralizar o avanço dos projetos extrativistas. Desse modo, as novas estruturas de significação estão longe de terem se convertido em *debates de sociedade*. Certamente, são temas de determinada ressonância na sociedade, através de sua inscrição na agenda política e parlamentar, mas as expectativas econômicas e políticas que muitos cidadãos latino-americanos colocam sobre as políticas públicas e os processos de transformação social vislumbrados pelos governos progressistas opacam, subalternizam e tendem a neutralizar tais estruturas de significação alternativas.

Adicionalmente, existem outros obstáculos relacionados não apenas ao caráter assimétrico das lutas, ou ao tipo de governo que confrontam, como também às dificuldades próprias dos movimentos e organizações, ligados em muitos casos à persistência de certos imaginários sociais em torno do desenvolvimento. Entre eles, podemos citar os seguintes:

Limite dos questionamentos ao modelo extrativista

Apesar de o extrativismo, e muito particularmente a mineração, contarem com uma longa e obscura história na América Latina, nos países onde existe uma forte tradição mineradora, como na Bolívia e no Peru, a tendência é adotar um imaginário inclinado a associar mineração com desenvolvimento. O caso é que o extrativismo possui um imaginário social muito poderoso e distintas narrativas[18] capazes de ser atualizadas pelo Estado e pelas grandes corporações.

Assim, por exemplo, no Peru, a disputa sob o ponto de vista dos movimentos e organizações insere-se em outros registros, que assinalam, por um lado, a discussão sobre a distribuição dos benefícios econômicos e, por outro, o discurso que enfatiza a dinâmica de despossessão. Para Anthony Bebbignton,[19] estabelece-se uma linha divisória entre os que acabam apostando em alguma forma de compensação, como maneira de resolver o conflito, e os que rechaçam a mineração, questionam o modelo de desenvolvimento e tendem a recolocar as regras do jogo. Nos próprios movimentos sociais coexistem essas duas visões. Para outros, como Vladimir Pinto,[20] na verdade haveria duas posições centrais: nas antigas regiões mineradoras, apesar das fortes críticas às empresas, as demandas da população se orientam a alterar as condições prévias e a que se reconheça os direitos econômicos, sociais e culturais afetados

18 Ao falar de imaginários ou narrativas, estamos aludindo à construção de um relato unificador que repousa sobre certas marcas identitárias, mitos de origem, que vão moldando as representações coletivas sobre o presente e o futuro. A categoria de narrativa foi definida por Reinhart Koselleck, *Futuro pasado: para una semántica de los tiempos históricos* (Barcelona: Paidós Ibérica, 1993), como "a dimensão especificamente temporal mediante à qual os atores designam sentidos à vida, individual e coletiva, unindo o tempo como fio articulador da narração". Quanto à noção de imaginários sociais, ver Bronislaw Baczko, *Los imaginarios sociales: memorias y esperanzas colectivas* (Buenos Aires: Nueva Visión, 1991).

19 Anthony Bebbington, "Industrias extractivas, actores sociales y conflictos" (In: Jürgen Schuldt et al., *Extractivismo, Política y Sociedad*. Montevidéu; Quito: Centro Latino Americano de Ecología Social; Centro Andino de Acción Popular, 2009 <http://www.extractivismo.com/documentos/capitulos/BebbingtonExtractivismoSociedadDesarrollo09.pdf>).

20 Vladimir Pinto, Mario Palacios Páez e Raphael Hoetmer, "Minería transnacional, comunidades y las luchas por el territorio en el Perú: el caso de Conacami" (*Guaraguao, Revista de Cultura Latinoamericana*, Cecal-Guaraguao, Barcelona, n.29, 2008).

pela presença da mineração. A outra posição se observa nas regiões onde não havia antecedentes de atividade mineradora e onde as populações mostram uma grande resistência (Tambo Grande, Huancabamba, Ayavaca). O certo é que, em relação à mineração a céu aberto, onde não exista um imaginário extrativista disponível que possa ser atualizado na chave neodesenvolvimentista, as populações geralmente tendem a rechaçar a atividade e a assumir posições mais radicais.

Tensão de territorialidades

Antes de mais nada, é necessário reconhecer que o atual processo de construção de territorialidade é realizado em um espaço complexo, no qual se entrecruzam lógicas de ação e racionalidades portadoras de valorações diferentes.

De modo esquemático, pode-se afirmar que existem diferentes lógicas de territorialidade, segundo nos refiramos aos grandes atores econômicos (corporações, elites econômicas), aos Estados (em seus diversos níveis) ou aos diferentes atores sociais organizados ou intervenientes no conflito. Enquanto as lógicas territoriais das corporações e das elites econômicas se situam claramente em um paradigma economicista, que enfatiza a importância de transformar espaços onde se encontram os recursos naturais considerados estratégicos em territórios eficientes e produtivos, a lógica estatal, em seus diversos níveis, costuma inserir-se em um espaço de geometria variável. Por exemplo, para o caso da mineração transnacional em grande escala, para além da diferença de seus regimes políticos e suas modalidades de intervenção, a Argentina e o Peru apresentam grandes similaridades: trata-se de modelos de despossessão por meio do qual prima a lógica economicista das corporações transnacionais, favorecida e aprofundada pelas políticas públicas nacionais e regionais. No caso da Bolívia, é diferente. Durante o primeiro mandato de Evo Morales, o desenvolvimento da nova lógica estatista entraria em conflito com a lógica própria das empresas, instalando o Estado em uma dupla clivagem: de um lado, uma política de nacionalizações (que combina o aumento da participação estatal com a associação de grandes empresas transnacionais, através de contratos de risco compartilhado); do outro lado, uma racionalidade que possui uma visão puramente economicista do território. Ambas se articulam (ou pretendem articular-se) com uma lógica mais ampla, parcialmente redistributiva.

No entanto, a questão é ainda mais complexa se nos referimos aos povos originários e suas organizações, pois a ideia de território e territorialidade aparece cada vez mais ligada à de autonomia, entendida como autodeterminação, o que, como afirma Héctor Díaz Polanco,[21] significa não apenas o reconhecimento da diversidade e da diferença cultural, mas também a inscrição dos direitos coletivos, econômicos e sociais no interior do território. Nesse sentido, cabe reconhecer que também a territorialidade se inscreve em um espaço de geometria variável. Para dizer de outro modo: para além das resistências bolivianas efetivamente existentes contra as novas modalidades de acumulação do capital, os próprios povos originários e suas organizações expressam territorialidades múltiplas. Isso acontece dessa forma porque os direitos coletivos enunciados na legislação internacional, e traduzidos na nova Constituição Política do Estado Plurinacional,

21 Héctor Díaz-Polanco, "La insoportable levedad de la autonomía: la experiencia mexicana" (In: Natividad Gutiérrez [coord.], *Estados y autonomías en democracias contemporáneas*. México: Unam; Instituto de Investigaciones Sociales; Plaza y Valdés, 2008).

combinam-se e se entrecruzam – nem sempre de maneira harmoniosa – com o direito territorial a obter e gozar dos benefícios econômicos produzidos pelos diferentes projetos extrativos.

Esse choque de territorialidades parece caracterizar vários dos conflitos próprios do segundo mandato do governo de Evo Morales, em relação à lógica territorial das organizações indígenas rurais (expressas de maneira emblemática pela Confederação de Povos Indígenas e pelo Conselho Nacional de Ayllus e Markas do Qullasusyu), que reivindicam o respeito às autonomias – sobretudo, as Autonomias Indígenas Originárias Camponesas – tal como figuram no texto constitucional e aos direitos coletivos inscritos no mesmo: o direito à consulta através das estruturas orgânicas, quando se trata de projetos que podem afetar os territórios de povos originários, segundo estipula a Convenção 169 da OIT; o direito a usufruir dos benefícios econômicos da exploração dos recursos naturais não renováveis; enfim, o direito à gestão de um ambiente sadio e seus territórios. Em suma, em consonância com Anthony Bebbington e com Denise Humphreys Bebbington,[22] a problemática do controle dos bens naturais no caso boliviano insere uma discussão em diferentes registros de conflito e permite estabelecer matizes sobre a relação de oposição entre o atual modelo de desenvolvimento e as comunidades camponesas-indígenas.[23]

22 Anthony Bebbington; Denise Humphreys Bebbington, "Actores y Ambientalismos: Continuidades y cambios en los conflictos socioambientales en Perú" (In: José de Echave et al. [coord.], *Minería y Territorio en el Perú: conflicto, resistencias y propuestas en tiempo de globalización*. Lima: CooperAcción; Conacami; Facultad de Ciencias Sociales de la UNMSM, 2009).

23 Os autores citados analisam, para o caso da exploração do gás no Chaco boliviano, como tais conflitos dão conta da confluência e sobreposição da nova territorialidade estatal, das demandas

No entanto, é necessário destacar que, nos últimos tempos, a reconfiguração do cenário político da Bolívia durante o segundo mandato de Evo Morales parece reconduzir o conflito com as organizações representativas dos povos originários para a afirmação de uma dessas lógicas, centrada muito mais na demanda do caráter vinculante do direito à consulta.

Alargamento da divisão entre campo e cidade

Grande parte das organizações envolvidas nas lutas socioambientais situa-se em territórios rurais, alguns semi-isolados, onde residem populações camponesas e indígenas. O deslocamento das fronteiras de exploração ameaça tais territórios, muitas vezes concebidos segundo um olhar miserabilista (populações atrasadas, economias submersas) ou um olhar sacrificial (concebidos como "desertos" ou "territórios socialmente esvaziáveis", na medida em que, com a exceção dos recursos estratégicos, não conteriam elementos ou bens valorizáveis pelo capital). Desse modo, os megaprojetos estendem-se sobre pequenas e medianas localidades, cujo poder de pressão é mais fraco em relação ao de grandes centros urbanos. Em todo caso, a distância em relação às grandes cidades contribui para reforçar as fronteiras entre campo e cidade, a cordilheira, a selva e a costa, como no Peru e na Colômbia; ou entre as pequenas localidades e as grandes cidades da Argentina, na medida em que esses megaprojetos (mineradoras, agronegócio, barragens, entre outros) só afetam as zonas urbanizadas de uma maneira indireta. Como corolário, isso se vê reforçado

autonômicas das elites regionais e das demandas territoriais das organizações e povos indígenas.

pelos processos de fragmentação territorial acarretados pela implementação de projetos extrativistas e a consolidação de *enclaves* de exportação.

Por fim, existe uma grande desconexão entre as organizações e os movimentos, que denunciam a lógica extrativista, e as organizações sindicais e socioterritoriais, que se desenvolvem nos grandes centros urbanos e possuem incidência representativa na cena política nacional. A isso, é preciso acrescentar que nos centros industriais os movimentos e organizações socioambientais costumam enclausurar-se em uma lógica setorial (muito mais de *lobby* do que de resistência), com escassas vinculações com os movimentos rurais ou localidades em pequenas e medianas populações.

Dinâmica das lutas e ampliação da fronteira dos direitos

Uma primeira questão consiste em assinalar que as organizações e movimentos sociais envolvidos constroem conhecimento alternativo, mas isso não se traduz necessariamente em projetos alternativos ao modelo de desenvolvimento imperante. Os movimentos sociais defendem abrir a agenda pública e política, bem como contribuem para a geração de um novo marco normativo ou para a modificação de leis vigentes, que têm um caráter defensivo: estamos nos referindo a leis que reconheçam o direito de consulta dos povos originários, com caráter vinculante; ou leis que proíbam determinadas atividades extrativistas. Exemplo disso são as leis de proibição da mineração, como as que existem na Argentina em nível provincial; A Lei Nacional de Proteção dos Glaciares, também na Argentina; a proibição da megamineração na Costa Rica e a revogação da Lei de Mineração, a Lei 8, no Panamá.

No entanto, essas leis de proteção dos territórios vão desenhando uma nova fronteira de direitos e, nesse sentido, traçam um roteiro para uma institucionalidade ambiental alternativa, cujas trajetórias são diferentes em cada localidade. Cada país conhece, assim, dinâmicas políticas diversas.

No caso peruano o giro ecoterritorial começou a se assentar por meio da ação das diferentes comunidades afetadas pela megamineração transnacional, reunidas na Confederação Nacional de Comunidades do Peru Afetadas pela Mineração. Mas apenas depois do massacre de Bagua, em junho de 2009, o governo de Alan García se viu obrigado a abrir a agenda nacional à reivindicação do direito de consulta por parte das comunidades amazônicas. Em maio de 2010, o Congresso peruano votou uma lei de consulta para as organizações indígenas, em acordo com a legislação internacional. No entanto, a lei foi vetada pelo então presidente, que fez "observações" e a reenviou ao Congresso. Os pontos questionados se referiam tanto ao caráter vinculante da consulta quanto à sua extensão, uma vez que o presidente se opôs a que fossem incluídos os povos camponeses dos Andes.[24] Consequentemente, o veto presidencial confirmou o avanço do modelo de despossessão, avalizado pela contínua concessão de territórios indígenas para atividades extrativistas (petróleo, mineração, florestas) e megaprojetos de infraestrutura (hidrelétricas, rodovias).

No caso boliviano, a dinâmica é igualmente recursiva, embora deva ser lida em diferentes níveis. Desde o começo do governo de Evo Morales, houve tensões entre a aspiração de se criar um Estado Plurinacional e a exigência de se construir um Estado nacional. No entanto, no marco da polarização social e regional vivida até 2008, tais tensões pareciam nebulosas. Depois da derrota das oligarquias regionais, o governo aprofundou uma perspectiva mais convencional do Estado e do desenvolvimento, baseada em um programa de megaprojetos extrativistas muito distanciados da perspectiva indígena do Bem Viver. A essa inflexão estatista é preciso acrescentar que a partir do segundo mandato também se desfaz a suposta articulação entre o camponês e o indígena, e entre indígenas de terras altas (aimarás e quéchuas) e de terras baixas (um conjunto de povos menos numerosos), pois esses setores projetam uma visão diferente do território e do desenvolvimento. Enquanto *cocaleros* e camponeses colonos buscam se apropriar e explorar economicamente o território, sem muitos cuidados ambientais, os indígenas das terras baixas (em especial, os da Amazônia) têm uma

24 A Lei de Consulta Prévia foi finalmente aprovada pelo Congresso sob o governo de Ollanta Humala, que a qualificou como "um passo adiante cujo fim é o desenvolvimento dos povos originários, das comunidades da Amazônia, para que não falte respeito a nenhuma comunidade" (declarações em Rádio Nederland, 7 de setembro, 2011). A lei foi promulgada em Bagua, situando simbolicamente esse direito em uma região de conflitos prévios.

perspectiva mais respeitosa em relação ao meio ambiente. Assim, o que agora parece estar em disputa é também o que se entende por projeto de descolonização.

Consequentemente, desde o início do segundo mandato de Evo Morales, a consolidação da nova estabilidade teve como correlata a sanção de várias leis estratégicas, algumas delas com o objetivo de facilitar o desenvolvimento dos projetos extrativistas que restringem a própria ideia de Estado Plurinacional e que desrespeitam a autonomia territorial dos povos indígenas e o direito à consulta.[25] Assim, foi em um contexto de mobilização defensiva que organizações como a Confederação de Povos Indígenas (Cidob) e o Conselho Nacional de Ayllus e Markas do Qullasusyu (Conamaq) começaram a exigir respeito ao direito à consulta, tal como estabelecido pela Convenção 169 da Organização Internacional do Trabalho, o respeito às estruturas orgânicas (e o rechaço a votações e pronunciamentos de autoridades originárias paralelas), assim como a coerência entre o discurso de defesa da Mãe Terra e a prática extrativista do governo.

Sem dúvida, houve dois momentos de inflexão. O primeiro foi a realização da contracúpula em Cochabamba sobre a mudança climática, em abril de 2010, que reuniu em um evento não autorizado pelo governo as organizações que propuseram debater a problemática ambiental na Bolívia. Nesse sentido, a Cidob e a Conamaq começaram a privilegiar – não

25 Nessa linha se inscrevem a Lei Marco de Autonomia e Descentralização, que nega a autonomia aos territórios indígenas que se encontram entre dois ou mais departamentos, já que isso obrigaria a redefinir os limites entre estes últimos (assim mesmo, estabelece que o estatuto das autonomias indígenas seja aprovado via referendo e não por usos e costumes, como pedia a Cidob); a Lei do Regime Eleitoral, que limita a representação dos povos originários a sete, em vez dos dezoito assentos que a Cidob e a Conamaq exigiam conjuntamente; por último, a Lei de Direitos da Mãe Terra, que inclui o direito de consulta, mas não o faz em termos de direito de veto (isto é, não estabelece o caráter vinculante da mesma, tal como exigia o conjunto das organizações nucleadas no Pacto de Unidade).

sabemos se transitoriamente – um discurso descolonizador, em chave ecoterritorial, em um contexto defensivo no qual se combinam: em escala nacional, os conflitos de interesses com o governo do MAS (a falta de satisfação às demandas das organizações citadas, assim como o início de estudos para extração de petróleo e gás, projetos energéticos e rodovias, e concessões de mineração em territórios indígenas que implicaram ausência ou irregularidades nas consultas prévias); e, em escala regional, a interação constante com outras organizações afins, no interior de um espaço militante latino-americano atravessado pela linguagem ecoterritorial, que a própria experiência boliviana contribuiu para forjar e potencializar.

O segundo momento de inflexão foi o conflito do Território Indígena e Parque Nacional Isiboro Sécure (Tipnis), que causou um enfrentamento entre o governo e as organizações indígenas, pela construção da rodovia em território indígena. Tal conflito estabeleceu de modo mais nítido as asperezas e disputas entre dois modelos de descolonização: de um lado, um projeto de modernização e desenvolvimento impulsionado pelo governo nacional em moldes extrativistas; de outro, um projeto baseado na construção de um Estado Plurinacional que contemple o respeito às autonomias originárias e aos bens comuns.

O conflito está longe de ser linear, pois qualquer pessoa que conheça a Bolívia é absolutamente consciente de que é necessário interconectar o país e que essa é uma reivindicação real de muitas populações. No caso do Tipnis, o objetivo do governo é também geopolítico: trata-se de "independentizar" o departamento de Beni em relação a Santa Cruz, criando novas rotas para La Paz. No entanto, também é certo que a rodovia poderia abrir as portas a numerosos projetos extrativistas que trariam consequências sociais e ambientais negativas (com o Brasil ou outros sócios por trás). Outro fato é que os povos indígenas envolvidos não foram consultados. Nesse sentido, a cegueira do governo boliviano, depois do antecedente do *gasolinazo*,[26] adverte-nos não apenas sobre o caráter do projeto de mudança, como também sobre a tentação de construção de uma hegemonia pouco pluralista: não há consulta às organizações e, quando há, o governo busca claramente tutelá-la. Desse modo, o ocorrido com o Tipnis[27] tem o mérito de voltar a instalar a disputa de construção da hegemonia dentro do esquema mais plural do "mandar obedecendo".

Por fim, a Bolívia continua sendo o grande laboratório político latino-americano em termos de definição dos contornos de um projeto de descolonização. Desse modo, cabe agregar que a discussão sobre o alcance do direito à consulta não é exclusiva da Bolívia. No Equador, a Convenção 169 da OIT foi ratificada pela Constituição em 1998, mas na prática não tem sido cumprida e corre o risco de ser restringida e reformulada sob outras figuras, como, por exemplo, a consulta pré-legislativa, ou então por meio do desprezo aos canais regulares de consulta, que supõe o reconhecimento das instituições representativas dos povos indígenas.[28]

26 Referimo-nos ao levante popular ocorrido como resposta ao aumento de gasolina, em dezembro de 2010, quando o governo de Evo Morales teve de recuar na intenção de impor essa medida.

27 No final de setembro de 2011, o governo recuou em suas intenções de impor unilateralmente a construção da rodovia, depois de uma insólita repressão aos manifestantes, suscitando condenação unânime nacional e internacionalmente, assim como a renúncia de vários funcionários.

28 Outro elemento destacável no caso equatoriano é a atual criminalização das lutas socioambientais, sob a figura de "sabotagem e terrorismo", que alcança cerca de duzentas pessoas, sobretudo ligadas às resistências contra a expansão da megamineração. Em 2008, a Assembleia Constituinte reunida em Montecristi havia anistiado cerca de setecentas pessoas. As declarações de Correa sobre o "ecologismo infantil" das organizações não ajudaram o diálogo, criando um cenário de confrontação aberta entre organizações sociais e governo. Uma recente consulta na província de Azuay, onde 98,3% dos votantes rechaçaram a megamineração na região, foi tachada de ilegal pelo governo.

Por último, se nos referimos à dinâmica das lutas na Argentina, um dos dados inéditos é a emergência de assembleias autoconvocadas contra a megamineração em doze províncias. Como em outras latitudes, esses movimentos, que orientam sua ação tanto contra o Estado quanto contra setores privados (grandes empresas transnacionais), geralmente começam com reivindicações pontuais, embora na própria dinâmica de luta tendam a ampliar e radicalizar sua plataforma representativa e discursiva, incorporando outros temas, tais como o questionamento ao caráter destrutivo dos modelos de desenvolvimento vigentes e a exigência da desmercantilização dos "bens comuns".

Vale a pena acrescentar que, no caso argentino, o giro ecoterritorial constitui uma novidade, na medida em que exibe de maneira progressiva uma afinidade eletiva de parte de setores médios e populares, com a cosmovisão dos movimentos camponeses e indígenas, historicamente invisibilizados. Desse modo, o giro ecoterritorial nas lutas contra a megamineração a céu aberto na Argentina – um país sem tradição de mineração em grande escala – deixa evidente um alto nível de rechaço e radicalidade política.

Nesse sentido, o instrumento institucional por excelência não são as consultas públicas, mas as leis parlamentares. Assim, entre 2003 e 2011, oito províncias argentinas sancionaram leis de proibição da megamineração a céu aberto com a utilização de determinadas substâncias químicas. O divisor de águas mais importante foi a discussão em torno da Lei de Proteção de Glaciares e Ambiente Periglacial, vetada pela presidenta Cristina Kirchner em 2008. Apesar das fortes pressões das empresas mineradoras e de alguns governos provinciais, a norma que determina a defesa das fontes e reservas de água doce foi aprovada pelo Congresso Nacional em setembro de 2010, estabelecendo a proibição de qualquer atividade extrativa na área de glaciares e periglaciais, equivalente a 1% do território argentino, onde se situa uma parte importante dos grandes projetos mineradores. No entanto, a lei foi prontamente levada à Justiça e sua recente regulamentação confirma a escassa vontade do governo e de diferentes instituições do Estado em fazê-la efetiva, permitindo assim o persistente avanço dos projetos de mineração.

Os movimentos sociais sempre combinaram dimensões destituidoras com dimensões mais instituidoras; respostas defensivas com a criação de inéditos "campos de experimentação"[29] nos quais se tecem e destecem novas alternativas de sociedade.

Sob nossa perspectiva, no que diz respeito à discussão sobre os sentidos e alternativas ao desenvolvimento, nos últimos anos a América Latina gerou um espaço comum de saberes alternativos, que ainda devem ser lidos em um nível mais modesto do que o enunciado por alguns atores envolvidos. Assistimos à estruturação de temas, lemas e conceitos-limite, que operam como marcos de ação coletiva contestatória em relação à modernidade dominante e alimentam os debates sobre a saída do extrativismo e de uma modernidade alternativa. Esses marcos não são meramente discursivos, muito menos puras ferramentas analíticas, mas correm o risco de se reduzirem a isso. Não apenas por causa da vertiginosidade e da envergadura dos projetos extrativos em curso, e da urgência de responder, deter ou neutralizar

29 Boaventura de Sousa Santos, *Crítica de la razón indolente: contra el desperdicio de la experiencia* (Bilbao: Desclée de Brouwer, 2003).

tais avanços, como também porque eles se inserem em um espaço de tendências contraditórias, que ilustram a atual complementariedade entre linguagem progressista e modelo de desenvolvimento dominante.

Por sua vez, o caminho das leis é incompleto e sempre tortuoso, embora necessário no processo de construção de uma nova institucionalidade ambiental. Com todas suas dificuldades e reveses, essa via ilustra a possibilidade de estabelecer limites ao extrativismo reinante e levou ao interior das redes e movimentos uma valorização do direito como ferramenta de luta, embora esse processo, dados os contextos defensivos, ainda esteja muito longe de se traduzir na produção de um novo "regime de Natureza".[30] Por outro lado, os inovadores casos do Equador e da Bolívia mostram, por meio dos planos de desenvolvimento ou dos planos do Bem Viver, os limites e as contradições nesse processo de geração de uma "nova Natureza estatal", que coexiste e por momentos desaparece sob o extrativismo neodesenvolvimentista hoje dominante.

30 Arturo Escobar, "Latin America at a crossroads: alternative modernizations, post-liberalism, or post-development?" (*Cultural Studies*, Taylor & Francis, v.24, p.1-65, jan. 2010).

05

Eduardo Gudynas é mestre em Ecologia Social e pesquisador no Centro Latino-Americano de Ecologia Social (Claes), Montevidéu, Uruguai.

Transições ao pós-extrativismo

*Sentidos, opções e âmbitos**

Eduardo Gudynas

Os estilos de desenvolvimento adotados na América Latina são insustentáveis. Persiste a dependência da exportação de matérias-primas, repetem-se sérias dificuldades para reverter a pobreza, e a deterioração ambiental continua avançando. Ao mesmo tempo, no plano global, passamos por uma crise multidimensional, e, para além da bonança econômica vivida em algumas nações latino-americanas, não podem ser ocultados os sérios problemas econômico-financeiros internacionais, nem as ameaças da mudança climática.

Apesar das restrições e dos alertas, os países sul-americanos seguem aprofundando um estilo de desenvolvimento baseado em uma intensa apropriação de recursos naturais, para posteriormente derramá-los nos mercados globais. Observa-se um forte incentivo ao extrativismo, tanto em setores clássicos, como a mineração e os hidrocarbonetos, como em algumas práticas agroindustriais.

* Publicado originalmente em *Más allá del desarrollo* (Quito: Fundação Rosa Luxemburgo; Abya Yala, 2011).

Todos os países estão se tornando extrativistas: os que já eram diversificam seus empreendimentos, enquanto os que não eram tentam iniciar atividades como a mineração ou a exploração petrolífera. Por exemplo, um país petroleiro como o Equador busca agora promover a mineração em grande escala, e uma nação especializada no setor agropecuário como o Uruguai aposta na exploração de ferro a céu aberto.

Em todos esses países o extrativismo é o centro de fortes tensões e protestos sociais. Os motivos são muito diversos, e vão dos seus impactos ambientais até as consequências negativas nas economias tradicionais, desde o deslocamento forçado de comunidades até a ameaça vivida por grupos indígenas.

Essas situações se verificam em todos os países, apesar das diferenças substanciais entre a presença estatal, os níveis de captação de excedentes ou o papel desempenhado pelo extrativismo como estratégia de desenvolvimento nacional em cada um deles. Por isso, é necessário fazer uma distinção entre um extrativismo convencional e um extrativismo progressista.[1] Em ambos, porém, repetem-se alguns aspectos-chave, como a apropriação da Natureza para alimentar o crescimento econômico e uma ideia de desenvolvimento entendido como progresso material continuado e linear.

Essas situações obrigam qualquer estudo de uma "alternativa ao desenvolvimento" a necessariamente levar o extrativismo em consideração; de outra maneira, a proliferação e a gravidade dos empreendimentos extrativistas farão com que qualquer alternativa seja incompleta. Em outras palavras, neste momento histórico, as alternativas devem também promover um pós-extrativismo que permita romper e superar essa dependência.

1 Eduardo Gudynas, *El mandato ecológico: derechos de la naturaleza y políticas ambientales en la nueva Constitución* (Quito: Abya Yala, 2009).

No presente texto, examinam-se alguns aspectos de transições possíveis ao pós-extrativismo. A análise é parte dos trabalhos do autor e da equipe do Centro Latino-Americano de Ecologia Social no estudo do que chamamos "transições" a outro desenvolvimento ou "transições ao Bem Viver".[2]

O imperativo pós-extrativista

Pode-se elencar muitos argumentos que obrigam a avançar em direção a uma estratégia pós-extrativista. Aqui não se tenta revisar todos, mas é importante mencionar alguns dos mais importantes.

Em primeiro lugar, deve-se indicar a necessidade de deter os agudos impactos sociais e ambientais dos grandes empreendimentos. Existe uma ampla evidência desses impactos, que vão desde a contaminação até a perda de áreas naturais. Por exemplo, o avanço da megamineração ou da exploração petrolífera compromete novas áreas naturais que cobrem superfícies importantes, afetando locais de alta biodiversidade e colocando em risco recursos hídricos.[3] Da mesma maneira, é urgente superar o elevado patamar conflitivo

2 Distintas ideias foram apresentadas em oficinas e seminários apoiados pela Fundação Rosa Luxemburgo no Equador, juntamente com atividades similares desenvolvidas pelo Claes em outros países da região (particularmente, Peru e Bolívia; em menor medida em Argentina, Brasil, Colômbia e Uruguai) desde 2009. Diferentes aspectos foram publicados em diversos meios de comunicação na Bolívia, Equador e Peru; um marco geral sobre essas transições foi apresentado na revista *Ecuador Debate* (Cf. Eduardo Gudynas, "Alcances y contenidos de las transiciones al postextractivismo", *Ecuador Debate*, Centro Andino de Acción Popular, Quito, n.82, 2011, p.61-79).

3 Lou Dematteis e Kayana Szymczak, *Cruda realidad: petróleo, devastación y resistencia en la Amazonía* (São Francisco: City Lights Books, 2008).

que permeia muitos empreendimentos extrativistas. Essas tensões são muito agudas em diversos lugares, acabam sendo envolvidas por espirais de violência e são contrárias à democracia.[4]

Também é necessário ter presente que o extrativismo oferece benefícios econômicos muito limitados. Por exemplo, a externalização dos custos sociais e ambientais representa um custo econômico severo, acentua a primarização econômica, reduzindo as capacidades de diversificação produtiva, e gera índices de emprego limitados.[5] Tampouco se pode esquecer que muitos setores dependem de recursos que serão esgotados em um futuro próximo (como as jazidas de hidrocarbonetos em vários países), enquanto o acesso a novas áreas de exploração implica procedimentos arriscados, de alto impacto social e ambiental, e inclusive incertos, dadas as limitações tecnológicas atuais.

Por fim, as mudanças climáticas globais impõem sérias limitações à exploração de hidrocarbonetos. Caso se deseje impedir o reaquecimento global, o restante de petróleo que persiste em nossos países não deveria ser queimado. Portanto, não faz sentido extraí-lo.

Toda essa problemática indica que, na atualidade, predomina na América do Sul um "extrativismo depredador", em que as atividades são executadas em grande escala ou de forma intensiva, seus impactos sociais e ambientais são substantivos, e os custos são externalizados. Como resultado, as sociedades nacionais acabam tendo de lidar com os efeitos negativos desses empreendimentos, que representam apenas economias de *enclave* dependentes da globalização, gerando

4 José De Echave et al., *Minería y conflicto social* (Lima: Instituto de Estudios Peruanos; Centro Bartolomé de las Casas; Centro de Investigación y Promoción del Campesinado; Consorcio de Investigación Económica y Social, 2009).

5 Alberto Acosta, *La maldición de la abundancia* (Quito: Comité Ecuménico de Proyectos; Swissaid; Abya Yala, 2009).

escassos benefícios para as economias nacionais e para a criação de empregos.

Portanto, é necessário, e também urgente, empreender uma alternativa pós-extrativista. A questão já não radica em debater a validade dessa necessidade: é necessário considerar as diferentes opções disponíveis para sair da dependência extrativista. Mais: os países que primeiro começarem a discutir essas questões estarão melhor preparados para lidar com um futuro próximo que certamente será pós-extrativista. Dessa maneira, a discussão deve residir em como organizar essas transições, quais podem ser seus sentidos, seus âmbitos de ação e os atores que conjuguem sua construção, e as metas a serem perseguidas.

Apesar dessas urgências, a necessidade de uma alternativa pós-extrativista ainda enfrenta várias restrições. Em alguns países, essa ideia é rechaçada por governos e amplos setores sociais; em outros, a discussão está essencialmente nas mãos da sociedade civil. No caso do Equador, o Plano Nacional para o Bem Viver 2009-2013 determina uma meta pós-extrativista,[6] mas não oferece detalhes convincentes das mediações para alcançá-la, e as medidas governamentais apontam em sentido contrário.

Para além dessas restrições, a necessidade de "alternativas" sempre foi invocada por setores muito distintos. Mas, apesar disso, a reflexão e os ensaios sobre como levar a cabo medidas concretas são muito mais limitados. Persistem problemas e restrições em como implementar mudanças efetivas, concretas e aplicáveis.

Portanto, a problemática das alternativas ao extrativismo encerra vários desafios. Por um lado, é

6 Senplades, Secretaría Nacional de Planificación, *Plan nacional para el Buen Vivir, 2009-2013* (Quito: Senplades, 2009).

necessário esclarecer o sentido dessas alternativas e, por outro, é necessário prover ideias para mudanças concretas. Tentaremos tratar desses aspectos, mostrando possíveis linhas de abordagem sem, no entanto, pretender esgotá-los.

Sentidos e metas das transições

As transições para sair do extrativismo depredador devem superar vários obstáculos. Deve-se admitir que a persistência do desenvolvimento convencional, apesar de toda a evidência sobre seus impactos e limitações, demonstra que as resistentes ideologias da "modernidade" e do "progresso" estão profundamente enraizadas. Alguns atores não acreditam ser necessário estudar alternativas, outros combatem essa possibilidade. Há ainda os que consideram que os governos progressistas já encarnam as alternativas.

As razões dessas posturas são muito variadas, e seu estudo escapa do propósito do presente texto, mas é delas que vem e se reproduz o apego ao extrativismo. Assim, as ideias alternativas ao extrativismo para além da mineração ou dos hidrocarbonetos passam a ser rechaçadas como ingênuas, infantis, perigosas ou impossíveis. Vive-se o estranho paradoxo em que a esquerda atual de governos progressistas, concebendo-se como agente de mudanças, agora se congela, se recusa a pensar em transformações, atemoriza-se com as alternativas e, portanto, erige defesas conservadoras.

Por isso, as transições pós-extrativistas devem defender a validade e a necessidade das alternativas. Não basta elaborar opções, é necessário difundir a pertinência de se buscar futuros distintos. Isso requer manter a crítica ao extrativismo atual, assim como apontar vias de saída; as duas tarefas devem ser simultâneas.

Estabelecido esse ponto, é preciso identificar a orientação das alternativas. Aqui se defende que deve estar encaminhada para as chamadas "alternativas ao desenvolvimento", no sentido de abandonar as ideias convencionais do desenvolvimento para transitar a outras concepções. Isso implica entender que as "alternativas" que se mantêm dentro da concepção contemporânea de desenvolvimento são, em geral, insuficientes – particularmente diante do extrativismo. Como resultado de um questionamento pós-desenvolvimentista, é preciso criar alternativas à própria ideia de desenvolvimento. Portanto, aponta-se para "alternativas ao desenvolvimento".

Em geral, têm prevalecido as noções de "desenvolvimentos alternativos", entendidas como ajustes instrumentais e parciais sem romper com as lógicas convencionais de desenvolvimento. Alguns tipos de "desenvolvimento alternativo" podem desempenhar um papel importante na medida em que propõem mudanças e ajustes necessários para reduzir e minimizar os custos sociais e ambientais do desenvolvimentismo, melhorar sua contribuição econômica e possibilitar mudanças mais profundas. Também podem enfrentar situações urgentes de redistribuição de riqueza, especialmente em alguns setores populares e, também, podem gerar melhores condições para um movimento em direção a transformações mais substanciais. Mas sempre são incompletos e não oferecem saídas substanciais à problemática atual.

As "alternativas ao desenvolvimento", por outro lado, desafiam a base conceitual do desenvolvimento,

seus modos de entender a Natureza e a sociedade, suas instituições e suas defesas discursivas. Pretendem romper o cerco estabelecido pela racionalidade do desenvolvimento, possibilitando estratégias radicalmente distintas, não apenas em sua instrumentação, como também em suas bases ideológicas.

Seguindo essa perspectiva, as "alternativas ao desenvolvimento" podem abrigar-se dentro do campo de ideias que hoje se agrupam sob o rótulo do Bem Viver, que pode ser caracterizado, de forma muito breve e esquemática, pela crítica à ideologia do progresso e ao crescimento econômico – sua expressão no desenvolvimento contemporâneo –, à intensa apropriação da Natureza e às suas mediações materiais. Além disso, o Bem Viver defende que se assegure "qualidade de vida", em um sentido ampliado que transcende a dimensão material, individual e antropocêntrica em benefício de um certo bem-estar espiritual e comunitário que se estende a toda Natureza. O Bem Viver valoriza a Natureza em si mesma. Portanto, deseja manter sua integridade local e globalmente. Isso faz com que essa perspectiva esteja orientada a transcender o dualismo que separa sociedade e Natureza, e também a romper com a concepção de uma história linear, segundo a qual nossos países devem repetir os estilos e a cultura das nações industrializadas.

As ideias do Bem Viver nutrem-se de contribuições determinantes das culturas indígenas e, portanto, desenvolvem-se em um campo intercultural. Estão em tensão com a visão dominante da modernidade eurocêntrica, mas não são um retorno ao passado, nem um conjunto de comportamentos estanques: decorrem de interações e articulações entre múltiplos saberes. Por fim, o Bem Viver não é essencialista. Não existe uma receita para alcançá-lo: ele deve ser construído de acordo com cada contexto histórico, social e ambiental. O Bem Viver não permite a existência de um "extrativismo depredador", uma vez que este destrói a possibilidade de uma "boa vida" tanto individual quanto comunitariamente, e também destrói a Natureza com a qual se convive.

Sequências e estrutura das transições

Entende-se aqui que as transições são um conjunto de medidas, ações e passos que permitem a movimentação do desenvolvimento convencional em direção ao Bem Viver. Isso implica mudanças de diversos graus, de modificações locais – aparentemente insignificantes – a transformações substanciais.

O desejo de mudança em relação ao desenvolvimento convencional aponta para um horizonte radical centrado no Bem Viver. Isso gera um mandato normativo, com claros apelos à justiça social e ecológica, a partir do qual pode-se imaginar futuros preferíveis a outros também possíveis. Estão em jogo valores e juízos tanto afetivos quanto cognitivos, por meio dos quais são visualizadas algumas condições preferíveis às atuais.[7] De fato, as transições podem ser entendidas

7 Joseph Voros, "A generic foresight process framework" (*Foresight*, Australian Foresight Institute, Swinburne University of Technology, Hawthorn, Austrália, v.5, n.3, 2003, p.10-21).

como exercícios de construção de medidas para alcançar um futuro desejado.

Nesse esforço, é também muito importante considerar como essas transformações serão levadas adiante. Por um lado, a transição às alternativas ao desenvolvimento implica transformações muito profundas nos modos de vida da sociedade, tornando necessária uma crescente base social de apoio. Não podem ser impostas de um dia para o outro, nem se pode esperar que venham das mãos de uma liderança política messiânica, muito menos autoritária. Ao requerer uma base de sustentação democrática, deverá se apoiar na ampliação de suas bases de consenso e de capacidade de argumentação, o que demanda tempo.

Por outro lado, não existe uma ideia acabada e precisa dessa "alternativa". Ela própria está em processo de construção, e não se pode prever todos seus componentes; serão necessárias etapas de ajuste, com seus acertos e erros, das quais devem ser retiradas aprendizagens, com vínculos e retroalimentações entre os diferentes setores.

Além disso, como se verá adiante, as transições necessariamente devem apelar para a cooperação e para outros tipos de integração entre os países da região. A proposta de desenvolvimento pós-extrativista não pode ser feita isoladamente e requer certos níveis de coordenação dentro da América Latina, ou pelo menos entre países vizinhos. Essas negociações levam seu tempo, o que implica que vários países adotem ritmos similares em seus processos de mudança.

Estabelecidos esses pontos, também é preciso deixar claro que as transições aqui postuladas não representam mudanças cosméticas nem um retorno aos "desenvolvimentos alternativos". Na verdade, aqui se defende metas comprometidas com uma mudança radical no desenvolvimento. Rechaça-se a possibilidade de continuar avançando pela trilha do capitalismo contemporâneo, de alto consumo de matéria-prima e energia, tentando atenuar seus efeitos mais desagradáveis. Está claro que se necessita uma mudança radical. As perspectivas transicionais supõem que não será possível atender a todas as fantasias de uma futura sociedade da abundância, repleta de bens de consumo, aparelhos automáticos para cada tarefa e transportes individuais.

Por fim, uma questão muito importante é que os sucessivos componentes de mudança cumpram algumas condições, entre elas, que provoquem efeitos positivos em termos de qualidade de vida e qualidade ambiental e que também sirvam para promover novas mudanças. As transições propostas devem ser equitativas – no sentido de não implicar cargas adicionais a quem já está atualmente em desvantagem –, democráticas e legitimadas pela cidadania. Também devem ser coerentes, no sentido de que seus diferentes elementos devem ser complementares entre si. Para alcançá-las, é preciso que as transições sejam compreensíveis e críveis como possibilidades reais de mudança.

Antecedentes-chave

Existem vários antecedentes direta ou indiretamente ligados ao estudo de transições. Mencionaremos alguns exemplos. Desde meados dos anos 1990, o Grupo de Cenários Globais da Suécia elaborou distintas transições e cenários alternativos. Sua proposta mais elaborada foi a "Grande Transição", apresentada na forma de cenários futuros focados na transformação com base em compromissos normativos.[8]

8 Incluindo um forte apelo à sustentabilidade ambiental e à qualidade de vida, contemplando seus aspectos não materiais. Ver

Também foram muito influentes o programa "Europa Sustentável" e as contribuições de pesquisadores do Instituto Wuppertal para o Clima, da Alemanha. Conceitos como a desmaterialização das economias, a mochila ecológica, o espaço ambiental etc. tiveram um forte impulso a partir desse instituto, que também apelou à imagem das transições.[9] Estes, por sua vez, incentivaram experiências similares na América Latina, por exemplo, no Cone Sul. Esse tipo de abordagem se abastece, entre outras fontes, da economia ecológica, das propostas de economias estacionárias e do movimento a favor do decrescimento, entre outras.

Devem ser mencionados, ainda, o projeto Global Environmental Outlook (GEO), promovido pelo Programa das Nações Unidas para o Meio Ambiente. Sua análise incluiu componentes de avaliação de cenários que em vários de seus primeiros casos na América Latina estudavam transições normativas (por exemplo, o GEO América Latina e Caribe, de 2003, e o GEO Mercosul, apresentado em 2008). No campo ambiental, também estão aparecendo vários chamados a transições para assegurar a conservação da biodiversidade.[10]

Entre as iniciativas cidadãs deve-se mencionar o movimento das "cidades transicionais" na Inglaterra e nos Estados Unidos, dirigido especialmente a reduzir o consumo de derivados do petróleo, apoiando-se na resiliência local.[11]

Na América do Sul também estão em marcha iniciativas cidadãs, esforços incipientes, mas que devem ser entendidos

Paul Raskin et al., *Great Transition: The Promise and Lure of the Times Ahead* (Boston: Global Scenario Group; Stockholm Environment Institute, 2002).

9 Wolfgang Sachs; Reinhard Loske; Manfred Linz, *Greening the North* (Londres: Zed Books, 1998).

10 Thomas M. Parris; Robert W. Kates, "Characterizing a sustainability transition: Goals, targets, trends, and driving forces" (*Proceedings of the National Academy of Sciences*, Washington D.C., v.100, n.14, 2003, p.8068-8073).

11 Rob Hopkins, *The Transition Handbook: From Oil Dependency to Local Resilience* (Vermont: Chelsea Green, 2008).

como propostas pós-extrativistas, como a campanha por uma moratória petrolífera na Amazônia equatoriana, conhecida como Iniciativa Yasuní-ITT, ou as reivindicações pela consulta prévia e informada sobre a mineração no Peru.

A campanha mais complexa e elaborada aconteceu no Peru, sob o título de "Alternativas ao extrativismo". Promovida pela Rede Peruana por uma Globalização com Equidade (RedGE), foi lançada no final de 2010 e experimentou um apogeu no início de 2011, agrupando um amplo conjunto de organizações e redes.[12] A campanha fez *advocacy* junto aos partidos políticos, apresentando-lhes uma agenda de reformas e posicionamentos em relação aos empreendimentos extrativistas; realizou oficinas de capacitação e atividades com a imprensa; paralelamente, encomendou estudos de transições pós-extrativistas para vários setores, como meio ambiente, energia, mineração, agropecuária, pesca etc.[13]

12 A campanha "O Peru e o modelo extrativo: Agenda para o novo governo e necessários cenários de transição" foi apresentada à sociedade e a partidos políticos em março de 2011 pelas seguintes organizações: Associação Nacional de Centros (ANC), Associação Pró Direitos Humanos (Aprodeh), Centro Peruano de Estudos Sociais (Cepes), Conferência Nacional sobre Desenvolvimento Social (Conades), CooperAção, Direito, Ambiente e Recursos Naturais (DAR), Fundação Ecumênica para o Desenvolvimento e para a Paz (Fedepaz), Fórum Solidariedade Perú, Grupo Allpa, Grupo Proposta Cidadã, Instituto de Promoção para a Gestão da Água (Iproga), Movimento Cidadão de Enfrentamento à Mudança Climática (Mocicc), Rede Jubileu Peru, Rede Peruana por uma Globalização com Equidade (RedGE), Rede Muqui, Revenue Watch Institute, Comissão Andina de Juristas, Movimento Manuela Ramos, Rede Tukuy Rikuy, Associação Serviços Educativos Rurais (SER), Conselho Machiguenga do Rio Urubamba e Centro Latino-Americano de Ecologia Social (Claes) <http://redge.org.pe/node/637>.

13 Veja os estudos em Alejandra Alayza e Eduardo Gudynas (orgs.), *Transiciones: post extractivismo y alternativas al extractivismo en el Perú* (Lima: Red Peruana por una Globalización con Equidad; Centro Latino Americano de Ecología Social, 2011).

Essa agenda peruana de alternativas ao desenvolvimento enumerou um conjunto de demandas e propostas para o novo governo do país sob os chamados "necessários cenários de transição". Partiu-se do alerta de que, entre outros aspectos, "a estratégia de crescimento baseada em setores extrativistas mostra seus limites e enfrenta sérios questionamentos", fazendo necessário "transitar a novos cenários de sustentabilidade, equilíbrio e respeito irrestrito aos direitos das pessoas". Em seguida, pontua distintos elementos para essas mudanças, como, por exemplo, "começar a definir cenários de transição", em que "o Estado recupere presença e capacidade de regulação e controle" sobre o território, com verdadeiros controles ambientais, ordenamento e planejamento do uso sustentável do território e melhora das avaliações ambientais. Acrescenta-se que é preciso "transitar de uma economia profundamente extrativista a um modelo de crescimento que em vez de ameaçar nossa biodiversidade utilize-a de maneira racional e sustentável". Também se apela a um compromisso ético de "respeito irrestrito aos direitos das pessoas, aos princípios democráticos e, portanto, à promoção da participação cidadã e à consulta prévia, livre e informada".

A partir desse tipo de experiências, foi lançada em 2011 uma plataforma de estudo de transições a desenvolvimentos alternativos. É um espaço de intercâmbio e cooperação entre organizações que buscam promover esse tipo de esforços.[14]

Esses antecedentes refletem uma ampla variedade de experiências, em alguns casos, análises e estudos técnicos e, em outros, vinculados às práticas sociais de ONGs e movimentos sociais. Isso demonstra que existe um amplo leque de ideias, propostas e elementos que podem ser aproveitados na construção de transições.

14 Cf. <http://www.transiciones.org>.

Zero pobreza, zero extinções

As transições pós-extrativistas devem atender duas condições indispensáveis: erradicar a pobreza e impedir novas perdas de biodiversidade. Essas condições representam exigências próprias de um processo de mudança orientado ao Bem Viver e aos Direitos da Natureza – o que as situa em um mesmo nível de importância.

Neste marco, a apropriação dos recursos naturais e a organização dos processos produtivos são obrigadas a respeitar, por um lado, os limites ambientais e, por outro, a qualidade de vida. As saídas pós-extrativistas devem assegurar a superação de um "limite de pobreza" ao mesmo tempo que combate o uso exagerado e o desperdício dos recursos naturais: o consumismo é um dos fatores principais da geração de desigualdade, que causa a pobreza, e é responsável, em boa parte, pelos problemas ambientais.

Por isso, as alternativas ao desenvolvimento buscam tanto a erradicação da pobreza quanto a anulação do superconsumo. Quanto ao uso dos recursos naturais, deve-se estabelecer também limites de apropriação da Natureza, indispensáveis para assegurar a conservação da biodiversidade, da integridade dos ecossistemas e, com isso, os Direitos da Natureza. Quando esses limites são superados, como acontece em muitos empreendimentos típicos do extrativismo depredador, produzem-se impactos ambientais graves, desencadeiam-se mudanças irreversíveis nos ecossistemas ou ocorrem extinções de espécies.

A Figura 1 ilustra esquematicamente esses limiares e limites. Observa-se que dentro dos limiares e limites pode-se descrever um "campo da sustentabilidade", entendido como o conjunto de atividades possíveis que permitem desfrutar de uma adequada qualidade de vida enquanto asseguram a integridade da Natureza. Dentro desse campo há possibilidades para seguir caminhos próprios em cada país ou região. De acordo com essa proposta de transição, não são impostos padrões iguais de consumo a todos. Tampouco existe um planejamento rígido centralizado ou se ignora a diversidade de posicionamentos individuais e culturais sobre o que é o Bem Viver.

Essa nova visão torna necessárias mudanças importantes. A ilusão de repetir o padrão de crescimento econômico dos países industrializados – baseado em um altíssimo consumo de matéria-prima e energia e grande destruição ambiental – deve ser abandonada. O desenvolvimento imitativo não tem futuro. Deixa de ter sentido, então, a clássica ideia de uma relação direta e mecânica entre crescimento econômico e bem-estar social: o PIB perde seu *status* de indicador privilegiado.

Atualmente, em muitos países sul-americanos, uma porcentagem substancial da população encontra-se abaixo da linha de pobreza, enquanto uma pequena elite está para além das fronteiras da opulência. Portanto, as transições implicam tomar medidas para retirar vastos contingentes da pobreza, mas, ao mesmo tempo, impor condições sobre o consumo exagerado. Esse reordenamento do consumo e dos processos produtivos deve também ser executado dentro dos limites de apropriação da Natureza. Portanto, os componentes das transições devem atender essas condicionalidades.

O reordenamento dos processos produtivos segundo tais parâmetros promoverá outros equilíbrios entre os distintos setores econômicos. O extrativismo se verá reduzido drasticamente, mas as exigências de uma melhor qualidade de vida, por exemplo, levarão à construção de mais centros educativos ou postos de saúde. Assim, o setor de construção

FIGURA 1

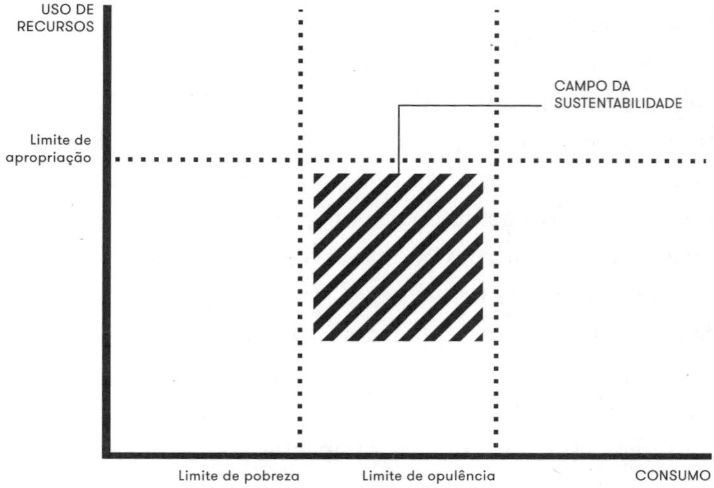

Campo da sustentabilidade delimitado pelos limites de pobreza e de opulência no consumo e por um limite de apropriação de recursos naturais, para assegurar a conservação da biodiversidade e dos ecossistemas.

poderá se expandir. Portanto, embora as transições abandonem o crescimento como meta do desenvolvimento, haverá setores da economia na América do Sul que poderão crescer, enquanto outros se reduzirão. Nos países industrializados, porém, está claro que uma transição desse tipo exigirá, sobretudo, um decrescimento.

Componentes das transições ao pós-extrativismo

As seções anteriores estabeleceram o marco das transições pós-extrativistas como parte de uma alternativa ao desenvolvimento centrada no Bem Viver. Portanto, agora é apropriado apresentar um conjunto de componentes concretos para possibilitar a mudança: não a ampla mudança de *uma única* alternativa ao desenvolvimento, mas as mudanças necessárias para tornar possível uma saída do extrativismo.

Como primeira fase, é necessário passar rapidamente de um "extrativismo depredador" para um "extrativismo sensato", entendido como aquele em que as normas sociais e ambientais são cabalmente cumpridas, sob controles efetivos e rigorosos, e em que seus impactos são internalizados. Deve-se utilizar as melhores tecnologias, dispor de adequadas medidas de remediação e abandono de lugares, e aplicar estratégias de atenuação e compensação sociais efetivas. Não se pretende dizer que essa situação seja a melhor de todas, nem que seja um objetivo em si próprio, mas se mostra necessária para atender a grave realidade vivida em muitos lugares do continente. Aqui há um sentido de urgência para deter os danos ambientais e a deterioração social. Além disso, essa condição permite reduzir drasticamente a dependência exportadora e recuperar a capacidade estatal para a regulação.

Em seguida, é necessário passar a um "extrativismo indispensável", por meio do qual só permanecerão ativos os empreendimentos realmente essenciais para atender as necessidades nacionais e regionais, ou seja, para assegurar a qualidade de vida das pessoas dentro do campo de sustentabilidade ilustrado na Figura 1.

Portanto, as transições pós-extrativistas não se traduzem em proibição a todas as modalidades de extrativismo, mas sim em um redimensionamento substancial do extrativismo, por meio do qual se mantêm as modalidades genuinamente necessárias, as que cumpram requisitos sociais e ambientais e que estejam diretamente vinculadas a cadeias econômicas nacionais e regionais. Nesse caso, a orientação global das exportações é reduzida a um mínimo, e o comércio dos produtos resultantes do extrativismo é destinado, sobretudo, a mercados continentais.

A seguir, enumeram-se medidas que permitiriam reduzir a dependência exportadora de produtos extrativistas e amenizar e remontar suas implicâncias econômicas, além de alguns outros componentes associados. Trata-se de um conjunto de reformas, transformações e mudanças substanciais, em um amplo leque de atuação que vai dos aspectos instrumentais de organização dos processos produtivos à valoração dos recursos. Tais reformas devem ser aplicadas tanto em nível local quanto nacional e continental.
A proposta se sustenta, portanto, em um conjunto de medidas articuladas e coordenadas entre si. Não se deve analisá-la separadamente, uma vez que sua articulação em conjunto é indispensável para sua aplicação. A seguir, são oferecidos alguns de seus componentes chave.[15]

Componentes ambientais e econômicos

Um primeiro conjunto de medidas se refere à aplicação de controles sociais e ambientais substantivos e eficientes dos empreendimentos extrativistas. Simultaneamente, é preciso avançar em uma correção social e ambiental dos preços dos produtos extraídos.

15 Cf. mais detalhes em Eduardo Gudynas, "Buen Vivir: germinando alternativas al desarrollo" (*América Latina en Movimiento*, ALAI, Quito, n.462, 2011, p.1-20); algumas seções do presente capítulo resumem ou repetem essas contribuições.

O primeiro conjunto de medidas visa a reverter a situação em que se mantêm muitos empreendimentos mineradores ou petrolíferos que não foram submetidos a controles ambientais ou sociais rigorosos. Essa pode ser a situação de avaliações de impacto ambiental limitadas ou incompletas, de flexibilização das normas sociais ou ambientais, ou de um baixo controle e monitoramento dos empreendimentos. Um passo urgente é começar a aplicar de forma séria e eficiente as normativas de cada país. Caso os empreendimentos extrativistas não cumpram os requisitos, deverão ser modificados ou fechados. Os empreendimentos extrativos permitidos pelas regras atuais também deverão sujeitar-se a uma vigorosa gestão ambiental e a controles sociais, incluindo programas eficientes de mitigação e planos de contingência para acidentes, entre outros. A regulação deve abarcar toda a vida do projeto, incluindo as fases de abandono.

O segundo conjunto de medidas está baseado na correção dos preços dos produtos do extrativismo com base em seus efeitos sociais e ambientais. Com isso, procura-se proporcionar uma resposta urgente ao fato de que o preço de exportação das matérias-primas não inclui as externalidades ambientais, que acabam sendo assumidas pela sociedade ou pelo Estado do país exportador. Além disso, esses preços artificialmente baixos asseguram enormes lucros às empresas e incentivam o extrativismo.

Portanto, os preços desses recursos devem incluir custos como os pagamentos por remediação ou descontaminação ambiental, uso da água e perda de áreas agrícolas. Reconhecendo que nem todos os componentes sociais e ambientais podem ser incluídos no preço, aqui se propõe pelo menos chegar a uma contabilidade corrigida. Assim, o preço dos minérios ou dos hidrocarbonetos, por exemplo, será muito mais alto. Isso determinará que vários empreendimentos passem a ser economicamente inviáveis e fará com que a taxa de extração dos projetos que continuem operando seja possivelmente menor, já que haverá queda no consumo devido ao aumento dos custos. Essas mudanças devem ser necessariamente coordenadas com os países vizinhos, evitando assim que os compradores internacionais recorram a outras nações com preços mais baratos.

A aplicação rigorosa das normas sociais e ambientais, juntamente com a correção ecológica e social dos preços, desemboca em importantes mudanças nas análises convencionais de custo/benefício. Nessa frente, muitos projetos extrativistas sempre foram apresentados como grandes êxitos econômicos, simplesmente porque os custos dos impactos sociais e ambientais eram ignorados ou não eram contabilizados: eram "invisíveis" do ponto de vista contábil. Portanto, ao se corrigirem social e ambientalmente os preços, essas perdas e efeitos negativos se tornam visíveis ao olhar economicista, e seguramente em muitos empreendimentos os prejuízos superarão os benefícios. Muitos projetos extrativistas deixarão de ser bons negócios graças à correta aplicação de uma ferramenta convencional como a análise custo/benefício.

O componente ambiental é particularmente importante em transições, uma vez que está baseado em reconhecer os valores intrínsecos na Natureza – tal como foram estabelecidos na nova Constituição do Equador. Portanto, os compromissos ambientais não são um objetivo secundário, mas se encontram no mesmo nível da busca por qualidade de vida das pessoas. Será necessário assegurar a conservação da biodiversidade, além de limitar os impactos humanos às capacidades dos ecossistemas – caso contrário, será necessário lidar com as consequências deles.

Em certo sentido, está claro que a extração de recursos naturais renováveis deve ser realizada dentro das taxas de reprodução próprias de cada um desses recursos e os processos produtivos devem ajustar-se de maneira tal que não gerem perdas de ecossistemas ou de espécies. Portanto, há que se estabelecer limites de apropriação dos recursos naturais. Desse modo, a necessidade de proteger a vida dos ecossistemas e de suas espécies exige extensas áreas de conservação, conectadas entre elas e submetidas a um manejo efetivo. A superfície protegida e sua representatividade nos distintos ecossistemas do continente devem aumentar substancialmente para assegurar a sobrevida dos ecossistemas no longo prazo. Essas medidas geram restrições adicionais no uso da terra e no acesso aos recursos naturais.

O componente social tem aqui a mesma relevância e está orientado a erradicar a pobreza. Portanto, o uso dos recursos naturais encontra-se dentro de limites mais exigentes, e isso faz com que seja necessário utilizá-los tanto para atender as necessidades das populações do continente (em vez de exportá-los para nutrir o consumo de outros países) quanto para erradicar a pobreza. Isso exige que se evite o desperdício de matéria-prima ou energia, que se combata o consumo opulento e que se priorize a qualidade de vida das pessoas.

A reconfiguração do comércio em recursos naturais

A correção dos preços seguramente também desencadeará mudanças no comércio internacional dos recursos naturais. As matérias-primas e seus derivados se tornarão mais caros, e os potenciais compradores buscarão fornecedores mais baratos ou recursos alternativos. Paralelamente, a oferta exportável também será menor, na medida em que se estariam aplicando regulações sociais e ambientais mais estritas, e muitos empreendimento não seriam mais viáveis. Isso aponta para o sentido pós-extrativista ao se reduzir as exportações extrativas tanto em diversidade quanto em volume, atenuando a primarização exportadora.

Se esse tipo de correção é levado adiante unilateralmente por um único país dentro da América do Sul, os empreendimentos extrativistas simplesmente se mudariam para uma nação vizinha. Por exemplo, se essas medidas fossem aplicadas no Equador, muitas empresas buscariam os mesmos recursos no Peru. Além disso, não seria raro que um governo vizinho aproveitasse essa circunstância proporcionando vantagens adicionais para atrair mais investimento estrangeiro.

Portanto, é indispensável que uma medida desse tipo seja coordenada em nível regional – e que a correção social e ambiental dos preços seja harmonizada entre vários países. Isso explica a razão pela qual as transições aqui apresentadas devem ser empreendidas por um conjunto de países. Serão necessárias várias mudanças nos atuais blocos de integração, como a Comunidade Andina ou o Mercosul, para que se possa levar essa proposta adiante.

As medidas indicadas anteriormente pressupõem uma queda nos fluxos de exportações de matérias-primas e seus derivados. Esse cenário é o centro de muitos questionamentos à proposta de transições, baseados no alerta sobre perdas de emprego e menores ingressos econômicos – tanto de exportações, quanto de tributos.

O modelo de transições estudado aqui oferece várias respostas a tais questionamentos. Em primeiro lugar, embora seja correto que o volume das exportações será reduzido, de todo modo é aceitável assinalar que o impacto nas finanças será limitado, visto que o valor unitário será muito mais alto. Seriam exportados menos barris de petróleo, por exemplo, mas estes serão muito mais caros. Em segundo lugar, o Estado fará economias genuínas na medida em que deixará de gastar recursos milionários para lidar com o dano ambiental e social do extrativismo depredador, e não mais subsidiará projetos desse tipo – esse ponto será abordado posteriormente. Em terceiro lugar, os fundos antes destinados a subsidiar o extrativismo poderão ser realocados para outros fins. Em quarto lugar, a geração de empregos nos setores extrativistas é pequena: a diversificação produtiva pode facilmente compensar essas perdas. Paralelamente, também é importante encarar uma reforma tributária. Alguns desses pontos serão retomados com mais detalhes a seguir.

Economia das transições

As transições exigem que sejam retirados rapidamente os distintos subsídios com que os Estados sustentam o extrativismo. Esses apoios são chamados de "subsídios perversos", pois geram impactos sociais e ambientais e mantêm artificialmente, ou tornam viáveis, distintas atividades econômicas. No caso do extrativismo, esse tipo de subsídio se expressa pelas exonerações tributárias, pela construção de rodovias e vias de acesso, pela energia subvencionada, pela água gratuita para a extração de minerais e outros incentivos proporcionados aos empreendimentos extrativistas.

Tais subsídios deixam claro que em muitos casos o problema não está realmente na escassez de recursos financeiros do Estado, mas sim na forma como o dinheiro é usado. Portanto, em transições, recomenda-se reconverter os subsídios perversos em subsídios legítimos, entendidos como aqueles que promovem atividades de alta qualidade ambiental, grande emprego de mão de obra e bons rendimentos econômicos. Esse tipo de subsídio pode ser utilizado, por exemplo, na reconversão para a agricultura orgânica (de menor impacto ambiental, menor consumo de energia e maior demanda de mão de obra) destinada ao atendimento das necessidades alimentares regionais.

No caso do neoextrativismo, a maior captação estatal de excedentes é um aspecto positivo que deve ser mantido e ampliado para todos os setores. As mudanças necessárias passam por *royalties* adequados (que não devem ser entendidos como impostos, pois na realidade são pagos para compensar perdas patrimoniais), cargas tributárias justas e a aplicação efetiva de impostos sobre grandes lucros. Em geral, os países da América Latina impõem *royalties* muito baixos aos setores extrativistas, a tributação é débil e não se aplicam impostos sobre os grandes lucros para impedir a especulação ou a imposição de poderes econômicos.

Insinuam-se algumas mudanças nessa situação, como o reconhecimento de iminentes aumentos nos *royalties* em alguns países, e a recente negociação de uma contribuição no Peru a ser aplicada particularmente às empresas que gozam de exonerações tributárias.

Uma possível economia pós-extrativista foi recentemente analisada pelos economistas Vicente Sotelo e Pedro Francke[16] no que se refere ao Peru. Distintos cenários alternativos foram considerados, incluindo um no qual se fechavam todos os empreendimentos mineradores e petrolíferos entre 2007 e 2011, e outro no qual, além dessa suspensão, reformava-se a tributa-

16 Vicente Sotelo e Pedro Francke, "¿Es económicamente viable una economía post-extracivista?". In: *Transiciones: post extractivismo y alternativas al extractivismo en el Perú* (Lima: Red Peruana por una Globalización con Equidad; Centro Latino Americano de Ecología Social, 2011).

ção sobre os que continuassem operando. Encontrou-se que, sob o primeiro tipo de medidas, os impactos sobre a economia peruana seriam substanciais. Mas, no segundo caso, se fosse aplicado um imposto sobre os lucros (calculado sobre 50% dos rendimentos), os efeitos negativos seriam revertidos, alcançando-se resultados positivos na balança de pagamentos e um aumento nas reservas internacionais líquidas. Esse estudo deixa claro que uma abordagem-chave para reverter a dependência extrativista é operar sobre a política fiscal, tornando indispensável introduzir alterações nas políticas tributárias. Além disso, esse estudo mostra que uma suspensão de empreendimentos mineradores não implica necessariamente uma debacle econômica.

Também deve-se recordar que, ao se reduzir o setor extrativista, paralelamente se deve diversificar outros setores, especialmente o agropecuário, o manufatureiro e o de serviços – um ponto que não será aprofundado aqui por limitações de espaço.[17]

Mercados e capital

Um horizonte pós-extrativista também exige mudanças substanciais nas formas de regulação do capital, especialmente dos que circulam pela economia financeirizada. A crise atual reforça essa necessidade, na medida em que muitos capitais que antes se moviam pelos setores produtivos dos países industrializados agora atracam na América

17 As transições pós-extrativistas exigem outras mudanças substanciais na economia que não podem ser discutidas aqui por limitações de espaço, mas que estão orientadas a economias de estado estacionário. Ver como complemento Tim Jackson, *Prosperity Without Growth: Economics for a Finite Planet* (Londres: Earthscan, 2009) e Peter A Victor, "Ecological economics and economic growth" (*Annals of the New York Academy of Sciences*, *Ecological Economics Reviews*, Nova York, v.1185, n.1, jan. 2010).

Latina, empreendendo, por exemplo, a compra de terras ou a especulação com metais e alimentos. Dessa maneira, torna-se indispensável impedir a ação de fundos especulativos ou revisar a subordinação das regulações às necessidades de um suposto livre fluxo de capital. Existem muitos outros instrumentos específicos nesse campo e tão somente como exemplo se mencionará a necessidade de potencializar uma "nova arquitetura financeira" regional (que incluiria um Banco do Sul orientado a financiar empreendimentos social e ambientalmente sustentáveis) ou de criar linhas de investimentos públicos para reconversão energética ou proteção do patrimônio natural – incluindo o chamado "investimento ecológico", no sentido proposto por Tim Jackson.

Paralelamente, é necessário desenvolver o conceito de "mercado" em suas variadas manifestações. Em geral, são enfatizados os mercados competitivos capitalistas, deixando de lado, marginalizando ou ocultando, outros mercados igualmente importantes na América Latina. Esse é o caso dos mercados que se baseiam na economia social e solidária, como aqueles que existem nas comunidades camponesas ou indígenas, incluindo, por exemplo, componentes de reciprocidade e permuta. As transições devem servir para tornar visível essa diversidade de mercados e fortalecer aqueles que representam contribuições substantivas para outro desenvolvimento.

Finalmente, as transições implicam várias mudanças nas abordagens da economia convencional sobre o capital. Até mesmo com um valor econômico corrigido, persistem limitações. Torna-se necessário, portanto, romper esse reducionismo e abrir um leque de valorações possíveis, isto é, reconhecer que existem outras formas de atribuir valor, como as culturais, estéticas, religiosas, ecológicas etc., além de levar em consideração os valores próprios na Natureza – que são independentes das valorações outorgadas pelo ser humano. De acordo com essa perspectiva, a Natureza deixa de ser mercantilizável ou convertível em capital, e passa a ser abordada como um patrimônio.

Políticas, regulações e Estado

Os elementos citados anteriormente deixam claro que as transições passam por vários tipos de regulação do mercado, muito diferentes entre si, em alguns casos mais diretos e, em outros, indiretos. Mas também se estabelece a necessidade de uma regulação sobre o Estado, para que possa lidar com problemas como os subsídios perversos, a flexibilização de normativas ou o péssimo desempenho de empresas estatais que se comportam da mesma maneira que as corporações transnacionais.

Assim, as transições exigem uma regulação social – ou seja, ancorada na sociedade civil –, que seria aplicada tanto sobre o mercado quanto sobre o Estado. É oportuno recordar a importância da transparência dos gastos estatais, discutir sua composição e a eficiência de sua execução. Isso acontece porque, em muitos casos, os recursos financeiros do Estado são gastos de maneira equivocada, em momentos inoportunos e em atividades duvidosas.

As transições também necessitam uma ampla reforma do Estado, não apenas nos aspectos financeiros indicados anteriormente, mas também em um sentido mais profundo, que se relaciona à sua organização, provisão de serviços, descentralização etc. Nesse terreno, também é necessário contar com efetivas políticas públicas, já que muitas delas desapareceram, debilitaram-se ou foram substituídas por serviços privatizados. Espera-se, por exemplo, que os programas governamentais se autofinanciem e sejam rentáveis: a lógica mercantil invadiu as políticas públicas.

As transições para o Bem Viver rompem radicalmente com essa limitação, uma vez que não condicionam planos nem ações a uma possível rentabilidade. Além disso, as transições não são necessariamente um monopólio de execução estatal, pois é possível assentá-las sobre uma estrutura mais ampla e participativa da sociedade, apoiada na ideia do bem comum.

Pode-se mencionar, como exemplo, algumas políticas públicas a serem fortalecidas em cenários pós-extrativistas. Comecemos pelas políticas ambientais, que devem ser ampliadas, dando fim à perversa insistência de se alcançar uma conservação limitada à comercialização de serviços ambientais, ao ecoturismo ou a outras formas de "capitalismo verde". No meio rural, é urgente implementar um amplo leque de políticas públicas dirigidas à "família rural" e ao fortalecimento e à sustentabilidade das opções produtivas – particularmente das que possam ser reconvertidas em agroecologia. Medidas como essas têm, por sua vez, o efeito de reduzir a pobreza no campo.

Por fim, deve-se recordar a importância de políticas públicas territoriais. O extrativismo provoca uma desterritorialização e uma fragmentação que devem ser revertidas. As transições devem promover políticas que "unam" os *enclaves*, assegurando uma plena cobertura estatal em toda a geografia nacional. Isso exigirá planejamento territorial, com procedimentos adequados de participação cidadã, e mecanismos de coordenação e compensação tanto nacionais quanto continentais.

Qualidade de vida e políticas sociais

Outro componente-chave para se adentrar uma trilha pós-extrativista é superar o vínculo de necessidade que se estabeleceu entre empreendimentos extrativistas e os planos de combate à pobreza. Isso exige, por um lado, criar financiamentos genuínos para que esses planos provenham de outras fontes e, por outro, voltar a ampliar a justiça social para além de simples medidas de compensação econômica, como as bolsas.

A reorganização do gasto público é um componente essencial, e, na medida em que em uma economia pós-extrativista haveria poupança genuína de recursos, ao se abandonar os subsídios perversos ou o custo das externalidades sociais ou ambientais do extrativismo, esses recursos financeiros poderão ser orientados para a erradicação da pobreza.

Em algumas circunstâncias, poderá haver um papel para os pagamentos monetários condicionados, pois são úteis para atacar situações de pobreza graves e urgentes. Subentende-se que sejam utilizados no início de uma fase de transições, mas não podem ser o sustento de uma política social, nem esta última ser reduzida a uma forma de assistencialismo econômico. Portanto, esse tipo de instrumento deve ser usado de forma limitada, restrita a certos setores e por curtos períodos de tempo. As medidas substantivas devem ser focadas na geração de fontes de empregos genuínos, no fortalecimento dos sistemas educativos e numa boa cobertura de assistência social.

Paralelamente, é necessário revitalizar o debate sobre a justiça social, que na atualidade parece encerrado a uma disputa sobre os valores e as aplicações dessas compensações econômicas. A justiça social é muito mais do que algumas medidas de compensação. Assim, deve-se atender à mencionada reforma tributária e dos gastos estatais, mas também relançar discussões como as da renda básica.[18]

As políticas sociais deveriam atender dimensões variadas. Pode-se indicar pelo menos duas entre as que requerem maior urgência. Comecemos pelo imperativo de erradicar a desnutrição no continente. É um escândalo que vários países estejam entre os maiores exportadores de alimentos do planeta, como o Brasil, e ainda continuem padecendo de problemas de subnutrição. Nesse caso, as políticas sociais devem se articular com estratégias de desenvolvimento rural e integração regional, para, dessa maneira, reorientar a produção para as necessidades de alimentação da região.

A educação é outra área que exige uma reforma substancial. As sérias limitações na educação primária e secundária são alarmantes em vários países (somando-se a isso o fato de que a esquerda fracassou em suas reformas educativas em quase todos os países). Portanto, torna-se urgente relançar a educação como uma política pública, de livre acesso, mas, ao mesmo tempo, melhorando sua qualidade e rigor.

Regionalismo autônomo e desvinculação seletiva da globalização

Como se mencionou anteriormente, as transições pós-extrativistas dificilmente terão êxito se forem levadas adiante por um único país isoladamente. É indispensável que sejam coordenadas e articuladas entre um grupo de

18 Cf. José Iglesias Fernández et al., *Todo sobre la renta básica: introducción a los principios, conceptos, teorías y argumentos* (Barcelona: Virus; Baladre, 2001).

países, tornando necessária uma profunda reforma das dinâmicas atuais de integração regional na América Latina.

Atualmente, os países sul-americanos competem entre si no mercado global exportando conjuntos similares de matérias-primas. Ao recuarem nesse caminho, é indispensável que coordenem medidas, por exemplo, na correção dos preços ou em suas exigências sociais e ambientais.

Os setores alternativos que podem ser potencializados devem coordenar-se regionalmente. O compartilhamento de recursos gerará correntes comerciais dentro do continente. Isso exigirá, por exemplo, uma coordenação nos setores agroalimentares de distintos países sul-americanos (como provedores de mercadorias alimentares para outras regiões) para romper com a dependência global e para aproveitar seus recursos para alimentar sua própria população, anulando o quanto antes os componentes de desnutrição entre as camadas mais pobres. Também serão necessárias medidas de coordenação entre outras áreas, da conservação de paisagens naturais à organização de cadeias produtivas em que realmente participem todos os países.

Essas e outras medidas configuram uma nova proposta de regionalismo sob o contexto das transições, denominada de "regionalismo autônomo". O comércio internacional não é rechaçado, mas redimensionado para atender, em primeiro lugar, às necessidades regionais dentro do continente. Chama-se de autônomo para deixar claro que essa articulação regional tem como uma de suas principais metas promover autonomia em relação à globalização. Com efeito, busca-se romper com a subordinação e com as amarras dos mercados globais, uma vez que é daí que se originam os fatores determinantes das estratégias produtivas e comerciais de nossos países. Em outras palavras, é necessário evitar que as opções produtivas sejam simples respostas ao sobe-e-desce de preços ou à demanda global.

Dessa maneira, a proposta de regionalismo autônomo é substancialmente diferente da estratégia que prevalece na América Latina e que corresponde a diferentes variantes do regionalismo aberto.[19] De acordo com essa visão, a integração regional deveria estar fortemente apoiada no livre comércio, já que se trata de uma espécie de preparação para uma inserção ainda maior nos circuitos da globalização. Por outro lado, segundo o regionalismo autônomo, entende-se que a coordenação entre os países é necessária para recuperar a capacidade de tomar decisões autônomas de desenvolvimento.

Dessa maneira, o regionalismo autônomo exige medidas de coordenação regional substantivas, e muitas delas exigem a concertação de normas supranacionais. Isso faz com que essa proposta exija muito mais de cada um dos países e dos atuais blocos do que a simples retórica da irmandade. No regionalismo autônomo, deve-se desenhar políticas comuns. As prioridades mais urgentes são a soberania alimentar e energética.

Além disso, como já foi mencionado, é preciso romper com a dependência imposta pela globalização. Não se trata de cair em um isolacionismo regional, mas em recuperar as capacidades de decisão para determinar como se estabelecerão conexões e desconexões globais. Isso é possível na medida em que, em transições, sejam redimensionados substancialmente os fluxos de comércio de matérias-primas e outros produtos, além dos fluxos de capital. Essa desconexão em parte se assemelha à ideia da desglobalização proposta por Samir Amin,[20] mas com diferenças substanciais, co-

19 Cepal, *El regionalismo abierto en América Latina y el Caribe: la integración económica en servicio de la transformación productiva con equidad* (Santiago: Cepal, 1994).

20 Samin Amir, *La desconexión* (Buenos Aires: Iepala; Pensamiento Nacional, 1988).

meçando por definir que as transições somente seriam possíveis para conjuntos de países e, logo, sob outro regime de integração regional. Em outras palavras, uma alternativa à globalização atual necessariamente deve incorporar uma dimensão regional e, portanto, exige outro tipo de integração continental.

Desmaterialização e austeridade

Os diferentes componentes das transições pós-extrativistas ilustrados anteriormente configuram um ordenamento que se afasta da obsessão com o crescimento econômico como meta de desenvolvimento. Crescimento e desenvolvimento se desacoplam e são encaminhados na direção de uma alternativa substancial no âmbito do Bem Viver.

As diferentes medidas aqui propostas buscam ser reordenadas para usos produtivos, que reduzam o consumo de matéria-prima, energia e emissões. É uma "desmaterialização" da economia. Isso corresponde a processos produtivos que não apenas consomem menos insumos como também os utilizam com maior eficiência, exigem menos energia, reduzem sua "pegada de carbono", contam com intensos programas de reciclagem e reutilização etc.

A desmaterialização é indispensável para reduzir a demanda de produtos extrativistas. Obviamente, isso também exige mudanças no consumo, como um aumento no período de uso dos bens (dilatando os tempos de obsolescência, priorizando a funcionalidade em detrimento da posse, a durabilidade em vez da troca constante por novos produtos) e a moratória sobre certos bens de alto impacto ecológico. Essas e outras medidas se complementam com o combate à opulência. Em vez do consumo entendido como propriedade, deve-se enfatizar a acessibilidade e o uso (por exemplo, as demandas de transporte não necessariamente exigem proprietários únicos de automóveis, mas que possam ser satisfeitas por um serviço de transporte público, sempre e quando este seja ágil e eficiente).

Reforma política e protagonismo cidadão

Embora as transições pós-extrativistas apontem para uma maior qualidade de vida, sem dúvida esse futuro será mais austero. Os atuais níveis de consumo, especialmente aquele consumo que é supérfluo e banal, devem ser abandonados. A qualidade de vida deixa de ser entendida como uma simples acumulação de bens materiais para ser ampliada a dimensões culturais, afetivas e espirituais, e a opulência não é mais motivo de comemoração. Paralelamente, essas mudanças também apontam para o rompimento com o reducionismo das valorações econômicas ao adotarem outras escalas e percepções de valor. Esses e outros componentes fazem com que as transições sejam como passos em direção a um futuro pós-capitalista.

As transições ao pós-extrativismo enfrentarão enormes desafios no terreno social, particularmente em seus flancos cultural e político-partidário. Existe uma cultura amplamente difundida, ensimesmada em atividades como a mineração ou que sonha com a riqueza que o petróleo pode prover. Além disso, esses empreendimentos são vistos como ingredientes indispensáveis da ideologia do "progresso".

O pós-extrativismo, portanto, não é apenas uma mudança substancial sobre esses setores produtivos: exige também transformações culturais. Haverá tensões e contradições importantes, reações contrárias de empresários que temem perder seus lucros, de políticos que não desejam renunciar a suas cotas de poder ou de setores que anseiam o consumo material. Portanto, o campo das transformações do pós-extrativismo é complexo. Sem tentar esgotar esse tema, pode-se indicar alguns pontos.

Serão necessários intensos e consistentes programas para reformar os atuais padrões de consumo, combatendo a opulência, favorecendo bens e produtos de mais longa duração, mais bem equilibrados em energia e matéria-prima, intensificando o reúso e a reciclagem e compartilhando os usos. Nesse terreno, deve-se avançar apelando a diversas medidas, como a educação e a difusão, juntamente com instrumentos econômicos que incentivem uma redução do consumismo, e medidas estritas de controle e regulação social e ambiental.

No campo político, as transições exigirão fortalecer a estrutura democrática, assegurar uma adequada participação social e levar a cabo regulações sociais sobre o mercado e o Estado. Nesse caminho, é indispensável reverter o descrédito da política e da representação democrática atual. As democracias eleitorais formais ainda ostentam muitas limitações na participação cidadã e na regulação social, em razão de um exagerado presidencialismo. Caso se persista nesse caminho, é quase impossível construir estruturas de participação e controle cidadão e defender perspectivas alternativas ao extrativismo. Portanto, é necessário ampliar a base democrática na região, tanto a partir de uma expansão e de um fortalecimento dos mecanismos e instituições em jogo, quanto por uma renovação da política partidária.

Outro componente radica em relançar a política em direção a mudanças possíveis. Em vários países, parece que a chegada dos governos progressistas congelou o debate sobre outras mudanças, e muitos se dão por satisfeitos com as reformas empreendidas. É preciso recuperar a cota de liderança e participação políticas vividas poucos anos atrás, e começar a debater as saídas pós-extrativistas a partir de uma estrutura social muito mais ampla.

Estes últimos aspectos revelam a necessidade de uma renovação do progressismo, na medida em que se trata de uma corrente comprometida com a justiça social que deve rever seu apego à ideologia do crescimento e seu reducionismo materialista e superar suas dificuldades em compreender as demandas de novos movimentos sociais em temas como ambiente, gênero ou interculturalidade.[21]

É evidente que as práticas de mudança serão diversas. Em alguns casos, se poderá apelar a transformações de ruptura ou quebra, inclusive revolucionárias. Em outros, serão necessárias reformas graduais, avançando passo a passo. Essas abordagens não estão necessariamente em contradição, e na verdade deveriam complementar-se. Por exemplo, há locais em que uma ruptura com o extrativismo parece imprescindível, com fortes estalidos sociais que imponham uma moratória à mineração a céu aberto. Em outras circunstâncias, porém, os esforços se concentram em reformar as regulações econômicas. Em um ritmo ou outro, apelando ao Estado ou residindo na sociedade civil, as transformações do pós-extrativismo dedicam-se a transcender o desenvolvimento atual. Nesse sentido, portanto, todas são radicais.

O conceito de cidadania deve ser reformulado diante desse desafio, ampliando-o em uma perspectiva territorial e ambiental. Também o campo da justiça deve expandir-se para além dos direitos políticos e

21 Eduardo Gudynas, "La ecología política del progresismo sudamericano: los límites del progreso y la renovación verde de la izquierda" (*Sin Permiso*, Barcelona, n.8, 2010, p.147-167).

sociais, ou formas de redistribuição econômica, para empreender o reconhecimento, a participação e os Direitos da Natureza. Na América Latina, tais mudanças somente são possíveis em uma estrutura intercultural, uma vez que as contribuições dos saberes indígenas não podem ser eliminadas ou suplantadas. Os futuros alternativos desejáveis expressam esse sentido normativo.

No fim das contas, as possibilidades de mudança estão nas mãos de indivíduos convertidos em sujeitos de criação histórica. As trilhas pós-extrativistas começam com os primeiros passos que cada um possa dar e, com o exemplo proporcionado por esse caminhar, serão abertos espaços para que outros se somem a esses esforços.

Edgardo Lander é doutor em Sociologia, professor da Universidade Central da Venezuela e da Universidade Andina Simón Bolivar, em Quito. *Fellow* do Instituto Transnacional (TNI), Holanda. Esteve envolvido de forma direta na dinâmica dos Fóruns Sociais Mundiais das Américas e da Venezuela.

Com o tempo contado

*Crise civilizatória, limites do planeta, ataques à democracia e povos em resistência**

Edgardo Lander

Não há outro tempo
além daquele que nos corresponde.
Joan Manuel Serrat

Longe de propor uma caracterização acabada, fechada, das tendências e características da conjuntura atual da humanidade, este texto visa destacar algumas dinâmicas importantes que devem ser incorporadas aos debates sobre o momento histórico que nos corresponde viver. Busca, assim, contribuir com fontes de documentação para a discussão desses assuntos.

Crise do padrão civilizatório hegemônico

O padrão civilizatório antropocêntrico, monocultural e patriarcal, de crescimento sem fim e de guerra sistemática contra os fatores que tornam possível a vida no

* Publicado originalmente em *Alternativas al Capitalismo/Colonialismo del siglo XXI* (Quito: Fundação Rosa Luxemburgo; Abya Yala, 2013).

planeta passa por uma crise terminal. A civilização de domínio científico-tecnológico sobre a chamada "Natureza" – que identifica o bem-estar humano com a acumulação de objetos materiais e com o crescimento econômico desmedido, e cuja máxima expressão histórica é o capitalismo – está com os dias contados. Sua dinâmica destrutiva, de mercantilização de todas as dimensões da vida, mina aceleradamente as condições que a tornam possível. A incorporação de novos territórios de exploração, a apropriação do conhecimento de outros e a manipulação dos códigos da vida (biotecnologia) e da matéria (nanotecnologia) nos aproximam aceleradamente dos limites de um planeta finito. Agora que a humanidade precisa incorporar a diversidade e a multiplicidade de culturas, formas de conhecer, pensar e viver, dentro do conjunto das redes da vida (como alternativa para responder a essa crise civilizatória), paradoxalmente povos e culturas indígenas e camponeses de todo o planeta estão sendo ameaçados pelo avanço inexorável da lógica do processo de acumulação por despossessão.

Hoje, o assunto não é se o capitalismo poderá sobreviver ou não a essa crise terminal. Se em pouco tempo não conseguirmos colocar freios a essa engrenagem de destruição sistemática, o que está em jogo com o colapso final do capitalismo é a sobrevivência da humanidade.

A crise ambiental e os limites do planeta

Os sistemas climáticos e as condições que favorecem a vida na Terra registram alterações profundas: mudança climática, perda de diversidade biológica e de solos férteis, desmatamento, contaminação das águas etc. As comunidades científicas internacionais praticamente coincidem em afirmar que a elevação da temperatura do planeta é consequência do aumento da emissão de gases de efeito estufa, de origem antropogênica. Mas esses fenômenos não são constatados apenas em medições e consensos científicos. Centenas de milhões de pessoas vivem diariamente os impactos dessas severas transformações: secas, inundações, redução da disponibilidade de água, perda da diversidade genética, calores extremos, perdas maciças de colheitas etc.

Apesar das muitas evidências sobre o estado do planeta, persistem os argumentos corporativos que resguardam a produção/consumo de combustíveis fósseis, assim como os posicionamentos dos centros de pensamento de direita (*think tanks*), que defendem o fundamentalismo do livre mercado e suas expressões políticas, sobretudo nos Estados Unidos.[1]

As negociações internacionais para estabelecer promessas conjuntas de redução desse impacto nos sistemas de vida do planeta têm sido, até o momento, um estrepitoso fracasso. A lógica mercantil tem condicionado todas as decisões.

A economia verde, apresentada pelo Programa das Nações Unidas para o Meio Ambiente, não faz senão repetir promessas fantasiosas. Assegura que é possível

1 36 dos 85 novos republicanos da Câmara de Representantes, eleitos em novembro de 2010, e 11 dos 13 novos senadores desse partido questionam publicamente a "ciência" da mudança climática (Center for American Progress Action Fund, "Republicans slam GOP's climate change denial as incomprehensible and embarrassing", *Think Progress*, 2010). Em muitos estados e distritos escolares, o tema do ensino da mudança climática, assim como aconteceu com a questão da evolução, está entrando crescentemente em debate. Os grupos conservadores exigem que a mudança climática e suas causas antropogênicas sejam apresentadas como uma teoria científica a mais e que sejam incluídas nos currículos escolares tanto quanto os argumentos dos que negam a mudança climática (National Center For Science Education. "Climate change denial is affecting education", 5 jan. 2012, <http://ncse.com/climate/denial/denial-affecting-education>.).

chegar a um mundo ambientalmente sustentável, com crescimento econômico mais acelerado, emprego e bem-estar para todos, sem necessidade de alterar as relações de poder, a lógica de acumulação ou as profundas desigualdades atuais. A magia está em executar determinados mecanismos de mercado e soluções tecnológicas.[2]

Embora tenham transcorrido vinte anos de negociações desde a Cúpula da Terra de 1992, no Rio de Janeiro, e atualmente as principais economias passem por uma severa crise econômica que limita a produção e o consumo, o Departamento de Energia dos Estados Unidos calcula que em 2010 foram emitidos à atmosfera 564 milhões de toneladas de gases de efeito estufa a mais do que no ano anterior, o que equivale a um aumento de 6% em somente um ano – o maior aumento já registrado.[3] O Painel Intergovernamental sobre Mudanças Climáticas, com base em novas pesquisas, afirma que algumas secas, inundações e furacões que têm afetado milhões de pessoas nos últimos anos são consequência do aquecimento global.[4]

A Conferência Rio+20 das Nações Unidas sobre Desenvolvimento Sustentável, ocorrida em 2012, demonstrou mais uma vez o nível ao qual chegou o controle corporativo sobre o sistema ONU e os governos. O acordo final é uma extensa coleção de generalidades: menciona mais de 280 vezes o "desenvolvimento sustentável", mas não contém um único compromisso vinculante.

2 Edgardo Lander, *Un nuevo período histórico: crisis civilizatoria y asaltos a la democracia* (Fórum Viver Bem Para Além do Desenvolvimento, Cochabamba, Fundação Rosa Luxemburgo, 12 abr. 2012).

3 Seth Borenstein, "Biggest jump ever seen in global warming gases" (*The Associated Press*, 3 nov. 2011).

4 Justin Gillis, "U.N. panel finds climate change behind some extreme weather events" (*The New York Times*, 18 nov. 2011).

Profunda e crescente desigualdade

Todos os sistemas de vida do planeta estão ameaçados. No entanto, no presente imediato e em curto prazo, os impactos são extraordinariamente desiguais. Os maiores responsáveis pelas dinâmicas depredadoras – os países industrializados do Norte – estão localizados em regiões temperadas, onde o impacto das mudanças climáticas têm sido, até agora, moderados. Além disso, dispõem de recursos financeiros e capacidades tecnológicas para responder melhor a fenômenos extremos. Os efeitos climáticos mais reduzidos poderiam explicar o escasso interesse em enfrentar esses assuntos, especialmente dos Estados Unidos. Enquanto isso, outras regiões do planeta vivem as consequências devastadoras do aquecimento global e carecem de meios e tecnologia para combatê-los.[5] Para essas populações, sequer a migração é uma alternativa. As políticas racistas de repressão – militarização das fronteiras, construção de muros para manter do lado de fora as pessoas "indesejáveis" – limitam severamente essa opção.[6] Em vez da solidariedade humana, encontramo-nos diante de sérias tentativas de construção de um *apartheid* global.

A atual desigualdade na distribuição da riqueza não tem precedentes na história da humanidade.[7] É notória

5 Center for American Progress Action Fund, "Republicans slam GOP's climate change denial as incomprehensible and embarrassing", op. cit.

6 Não se trata somente de muralhas para impedir a migração de habitantes do Sul em direção ao Norte industrializado. A Índia está terminando de construir uma barreira de aproximadamente 2 mil quilômetros para impedir a entrada de migrantes de Bangladesh a seu território. Centenas de migrantes desarmados têm sido mortos por agentes de segurança da Índia ao tentarem atravessar essas barreiras.

7 The International Forum on Globalization (IFG), *Outing the Oligarchy. Billionaires who Benefit from Today's Climate Crisis* (dez. 2011).

a crescente concentração do dinheiro global nas mãos de uma oligarquia. Várias empresas financeiras publicaram, em anos recentes, relatórios detalhados sobre as tendências principais na distribuição da riqueza, em especial, dos setores mais ricos e ultrarricos do planeta. Esses estudos – diferentemente das análises comparativas entre países, ou da distribuição de renda, ou da riqueza no interior dos países – centram-se na distribuição da riqueza individual em escala global. Dois exemplos bastam para ilustrar os níveis extremos de desigualdade a que chegamos.

O grupo financeiro Credit Suisse começou a divulgar anualmente uma publicação que analisa a distribuição da riqueza (bens reais, como imóveis, e bens financeiros) da população adulta de todo o planeta. Segundo seus cálculos, a metade mais pobre da população adulta global é dona de apenas 1% da riqueza planetária. Em contraste, os 10% mais ricos detêm 84% da riqueza global, e o 1% mais rico é dono de 44%.[8]

A crise econômica dos últimos anos, longe de frear a concentração, aprofundou-a. Todos os anos, as empresas Capgemini e Merrill Lynch Wealth Management publicam um relatório sobre os ricos do mundo (indivíduos com ativos elevados: mais de US$ 1 milhão para serem investidos; e indivíduos com ativos ultraelevados: mais de US$ 30 milhões disponíveis para investir). O relatório de 2010 revela que o número total de indivíduos com ativos elevados no mundo cresceu 17,1% em 2009, apesar da contração global da economia em 2%. A riqueza total desses indivíduos aumentou 18,9%, o que corresponde a US$ 39 trilhões. O estudo mencionado indica que, no mesmo ano, a riqueza disponível dos indivíduos com ativos ultraelevados cresceu 21,5%. Do total de indivíduos com ativos elevados,

8 Credit Suisse Research Institute, *Global Wealth Report 2011* (Zurique, 2011).

o subgrupo que possui ativos ultraelevados representa menos de 1%, mas concentra mais de 35% da riqueza global dos ricos do mundo.[9]

Essas tendências não são percebidas somente no "mundo desenvolvido", mas também entre os chamados "países emergentes", onde as porcentagens de ricos e ultrarricos, assim como os volumes de riqueza, crescem de forma muito mais acelerada. O homem mais rico da Índia, país com a maior quantidade de pessoas que passam fome no mundo, construiu uma residência familiar de 27 andares que, entre outras coisas, tem três heliportos. Estima-se que tenha custado US$ 1 bilhão.[10]

Nos Estados Unidos, a renda familiar média de 90% da população se manteve constante durante os últimos 40 anos. Todo o aumento da riqueza nacional, desde 1970, tem ficado nas mãos dos 10% mais ricos da população.[11] Segundo o Escritório de Orçamento do Congresso dos Estados Unidos, a diferença entre a renda, depois dos impostos, do 1% mais rico da população e a dos quintis médios e inferiores multiplicou-se por mais de três entre 1979 e 2007. Essa concentração de renda nos estratos superiores é a mais elevada desde 1928.[12] O Pew Research Center, com base em informações do governo dos Estados Unidos, afirma que em 2009 a riqueza média dos lares "brancos" era 20 vezes superior à dos lares "negros", e 18 vezes superior à dos lares "hispânicos". É a maior diferença desde o início da publicação dessas

9 Capgemini and Merrill Lynch Wealth Management, *World Wealth Report – 2010*.

10 Jim Yardley, "Soaring above India's poverty, a 27-Story Home" (*The New York Times*, 28 out. 2010).

11 Jeffrey Winters, "Oligarchy and Democracy" (*The American Interest*, nov.-dez. 2011).

12 Arloc Sherman; Chad Stone. "Income gaps between very rich and everyone else more than tripled in last three decades, new data show" (*Center on Budget and Policy Priorities*, Washington, 25 jun. 2010).

estatísticas, há 25 anos.[13] O efeito inevitável desse fenômeno é o crescimento do número de pobres no país: de 25 milhões, em 1970, para 46,2 milhões, em 2010.[14]

Tais desigualdades tornam-se progressivamente hereditárias. Segundo Paul Krugman,[15] no grupo das melhores e mais seletivas universidades dos Estados Unidos, 74% dos estudantes pertencem à quarta parte da população com a renda mais elevada, e somente 3% correspondem à quarta parte da população de renda inferior. Nessas universidades, as probabilidades de completar os estudos dependem mais da renda familiar do que da capacidade intelectual dos estudantes.

Essas extraordinárias e crescentes concentrações de poder e riqueza se evidenciam em todas as atividades humanas. Assim, a aparente democratização do acesso às comunicações, por conta da expansão maciça da telefonia celular em todo o mundo, é enganosa, pois esconde outras formas de desigualdade. Calcula-se que 1% de todos os usuários do mundo utiliza a metade da largura de banda disponível. E a diferença continua crescendo.[16]

Por décadas, os países socialistas tiveram as estruturas de distribuição de renda mais equitativas do planeta. No entanto, por causa do colapso do bloco soviético e as reformas de mercado na China e no Vietnã, esses países apresentam processos acelerados de concentração de riqueza. Algumas versões apontam que na Rússia, hoje, existem mais bilionários que em qualquer outro país do mundo.[17]

13 Rakesh Kochhar et al., "Wealth gaps rise to record highs between whites, blacks and hispanics" (*Pew Research Center*, 2011).

14 United States Census Bureau, *Income, Poverty and Health Insurance Coverage in the United States: 2010* (set. 2011), p.14.

15 Paul Krugman, "America's unlevel field" (*The New York Times*, 8 jan. 2012).

16 Kevin O'Brien, "Top 1% of mobile users consume half of world's bandwidth, and gap is growing" (*The New York Times*, 5 jan. 2012).

17 Bill Kouwenhoven, "The gilded generation: what is it like to grow up as part of Russia's new power elite?" (*The Independent*, Londres, 3 jul. 2011).

Na China, o crescimento econômico sustentado das últimas três décadas tirou da pobreza centenas de milhões de pessoas, mas o custo é um drástico aumento da desigualdade. As cifras disponíveis revelam que os chineses registram níveis de desigualdade maiores do que os Estados Unidos.[18]

Os dados das Nações Unidas sobre a mortalidade da população no mundo nos permitem um olhar mais preciso sobre as implicações dessas grotescas desigualdades. A expectativa de vida ao nascer nos países "desenvolvidos", em 2011, era de 78 anos, enquanto na África subsaariana era de 55 anos. A mortalidade infantil (menores de 5 anos) nos países "desenvolvidos" era de oito para cada mil nascidos vivos. Na África subsaariana, 121 – ou seja, 15 vezes superior.[19]

A falta de acesso à água potável e a serviços de saneamento é causa e consequência do círculo vicioso da pobreza e da saúde debilitada: "92% dos lares que carecem de acesso à água potável no mundo e 93% dos lares que carecem de serviços de esgoto estão na África e na Ásia".[20]

As diferenças descritas também se reproduzem no interior dos países. A expectativa de vida dos chineses residentes em Xangai é 15 anos maior do que a dos habitantes da província de Guizhou, e as rendas médias dos primeiros são superiores à dos segundos em um montante anual de US$ 20 mil.[21]

18 Damian Tobin, "Inequality in China: rural poverty persists as urban wealth balloons" (*BBC News Business*, 29 jun. 2011).

19 United Nations, Department of Economic and Social Affairs, Population Division, *World Mortality 2011* <http://www.un.org/en/development/desa/population/>.

20 The United Nations, *Water for the People. Water for Life – World Water Development Report* (Paris: Unesco, Paris, 2003. Executive Summary <www.unesco.org/water/wwap>), p.11-2.

21 World Economic Forum, *Global Risks 2012* (Genebra, jan. 2012), p.19.

Por outro lado, as crescentes desigualdades conduzem à expansão das escravidões trabalhista e sexual – o que inclui o tráfico de meninos e meninas. Algumas estimativas destacam que, na atualidade, há mais pessoas obrigadas a cruzar as fronteiras contra sua vontade do que em nenhum outro momento da história.[22] Em 2005, o número de pessoas submetidas a trabalho forçado em todo o mundo, incluindo as formas contemporâneas de escravidão, chegava a 12,3 milhões – um total de 1,32 milhão corresponde à América Latina. Condições de trabalho análogas à escravidão são detectadas em diversas partes do mundo e envolvem algumas corporações encarregadas da confecção das marcas globais mais conhecidas, como é o caso da empresa espanhola Zara.[23]

Um relatório do Fórum Econômico Mundial, sediado em Davos, na Suíça, baseou-se em contribuições de 469 reconhecidos especialistas da indústria, governos, sociedade civil e academia de todo o mundo para afirmar que, do complexo conjunto de tendências que apontam para um futuro de distopia, as profundas desigualdades constituem o principal fator de risco que a humanidade enfrentará nos próximos dez anos. Essa realidade substitui a preocupação com as mudanças climáticas, que ocupava o primeiro lugar no ano anterior.

Os múltiplos ataques à democracia

Desigualdades profundas não são compatíveis com a democracia. A concentração de riqueza – e de poder político, que necessariamente a acompanha – é a expressão mais dramática do caráter limitado da democracia do mundo em que vivemos. Na maioria dos países, para além do regime político

22 Ethan Kapstein, "The new global slave trade" (*Foreign Affairs*, nov.-dez. 2006).

23 World Economic Forum, *Global Risks 2012*, op. cit.

(democrático, autoritário, autocrático, secular ou religioso), as instituições estatais operam como instrumentos dos donos do dinheiro e não como representantes dos interesses cidadãos. A contrarrevolução do capital, o projeto neoconservador/neoliberal iniciado com a Comissão Trilateral e com os governos da premiê britânica Margareth Thatcher e do presidente estadunidense Ronald Reagan, na década de 1970, foi extraordinariamente exitosa e cumpriu seus objetivos principais: reversão das lógicas democráticas nas sociedades liberais e no resto do mundo; uma imensa concentração da riqueza; e a destruição da social-democracia como alternativa ao neoliberalismo.

Toda alternativa à atual crise civilizatória e aos efeitos da destruição das condições que tornam possível a vida no planeta deve incorporar como dimensão medular a luta contra essa obscena desigualdade – do contrário, está condenada ao fracasso. Somente a redistribuição radical, acompanhada de uma transferência maciça de recursos e de acesso aos bens comuns, permitiria reduzir a pressão humana insustentável sobre os sistemas ecológicos que mantêm a vida e favoreceria o acesso da maioria da população a condições dignas de existência.

A relação entre a concentração da riqueza e a devastação dos ecossistemas planetários foi estudada cuidadosamente pelo Fórum Internacional de Globalização em seu relatório *Outing the Oligarchy: Billionaires who Benefit from Today's Climate Crisis*. A publicação analisa o grupo de homens e mulheres mais ricos do mundo que, além de possuir bilhões de dólares cada um, investe intensamente em atividades relacionadas aos combustíveis fósseis e exerce uma poderosa influência sobre as políticas públicas. O estudo conclui que esses multimilionários (oriundos dos Estados Unidos, Europa, Rússia, Índia, China, Brasil, México etc.) são o que mais se beneficiam das atuais políticas relacionadas aos combustíveis fósseis, além de serem os principais responsáveis pelos investimentos e políticas que destroem o ecossistema.

Estreitamente imbricadas com a criação de uma oligarquia econômico-financeira global estão as mutilações, cada vez mais profundas, à democracia. De forma crescente, os setores privilegiados não apenas identificam interesses comuns (desregulação, impostos baixos, paraísos fiscais e, em situações de crise, resgates maciços por parte dos Estados), como também atuam de forma coordenada para defendê-los.

São muitos os instrumentos com que contam. Entre eles, destaca-se o apoio cúmplice e praticamente incondicional do academicismo econômico instalado nas principais universidades do mundo, cujas práticas e ensinamentos constituem uma fonte importante de sustentação científica legitimadora dos processos de concentração.

As grandes corporações e os capitais financeiros aumentam paulatinamente sua capacidade de impor políticas públicas. Em 2011, na União Europeia, os chamados "mercados" forçaram uma mudança repentina, sem debate público, da Constituição espanhola, para limitar o déficit fiscal. Os cidadãos, que exigiam um debate nacional e um referendo sobre o tema, foram rechaçados pelos principais partidos.[24] Na Grécia e na Itália, impôs-se a mudança de dois governantes democraticamente eleitos por dois tecnocratas ligados ao grupo financeiro Goldman Sachs, o que foi denominado como um golpe de Estado financeiro, ou golpe de Estado da Goldman Sachs, ou triunfo do Projeto Goldman Sachs.[25] Que distantes parecem os tempos do Estado de bem-estar social e da social-democracia

24 Público, "Fitch reclama a Rajoy medidas adicionales de austeridade en España" (Madri, 22 nov. 2011).

25 Stephen Foley, "What price the new democracy? Goldman Sachs conquers Europe" (*The Independent*, Londres, 18 nov. 2012).

europeia. "As democracias europeias converteram-se em democracias autoritárias?", pergunta-se o jornalista franco-espanhol Ignacio Ramonet.[26]

As agências avaliadoras de risco, em particular as três mais importantes, Standard & Poor's, Moody's e Fitch, não foram designadas para essa função por nenhuma autoridade pública ou democrática. No entanto, agora fazem as vezes de juízes da situação econômica e das políticas públicas de cada país.[27] Essas agências não apenas avaliam se as políticas públicas correspondem ou não aos interesses do "mercado". Transformaram-se em formuladoras diretas de políticas públicas e estabelecem exigências precisas sobre as decisões que os governos devem tomar, ameaçando aumentar a qualificação de risco de um país se este não fizer o que exigem.[28] Suas avaliações ne-

26 Ignacio Ramonet, "La gran regresión" (*Le Monde Diplomatique*, Paris, dez. 2011).

27 Essas agências, que se atribuem esse enorme poder de avaliação do risco que a dívida dos países apresenta, foram absolutamente incapazes de prever o risco de algumas das principais instituições financeiras até o dia em que se produziu o colapso em 2007. "Ao longo das últimas décadas, ficou em evidência a incapacidade técnica, a falta de rigor metodológico, a ausência de um marco regulatório efetivo e a fraude sistemática das qualificadoras de risco na hora de analisar a capacidade de repagamento em tempo e forma dos distintos instrumentos financeiros existentes nos mercados. A debacle hipotecária nos Estados Unidos e sua abordagem da crise estrutural na zona do euro são os episódios mais recentes em uma longa tradição de irregularidades e limitações das qualificadoras. No entanto, seu prontuário é mais profuso. Entre os eventos destacados figuram a qualificação AAA, a mais alta e segura, que outorgaram e preservaram até horas antes da quebra da Enron em 2001 e da Lehman Brothers em 2008" (Tomás Lukin, "Mentores intelectuales del crimen financiero", *Página 12*, Buenos Aires, 10 ago. 2011).

28 São muitos os exemplos desse tipo de exigência. Uma vez eleito Mariano Rajoy como novo chefe de governo na Espanha, a agência Fitch exigiu-lhe que aproveitasse a "janela de oportunidade" que sua "maioria indiscutível" lhe outorgava para levar a cabo um programa "ambicioso e radical" de reformas estruturais (*Público*, "Fitch reclama a Rajoy medidas adicionales de austeridade en España", op. cit.). Em janeiro de 2012, no mesmo

gativas costumam produzir aumentos nas taxas de juros que o país deve pagar para obter novos créditos. Isso, por sua vez, pode representar custos adicionais de centenas de milhões de dólares, que aumentam imediatamente os ingressos do sistema financeiro privado.

O comportamento da direção política dos Estados diante dos ditames mercadológicos demonstra que em momentos de crise opera-se um novo modelo de "democracia": as ameaças ou disposições das agências pesam mais nas decisões de política econômica do que a vontade cidadã.

Do mesmo modo, quando os "mercados" consideram que não há condições suficientes de "confiança", a simples ameaça de movimentos maciços de capitais financeiros em direção a outros lugares mais amáveis com os investidores pode ser suficiente para alterar as políticas rechaçadas pelas instituições financeiras.

Uma razão muito importante, que explica a grave crise capitalista atual, é a perda da capacidade regulatória do sistema. A globalização neoliberal criou novas condições para que os capitais possam se deslocar livremente,

momento em que anunciava que a qualificação da Espanha havia sido novamente rebaixada, a Standard & Poor's ameaçou com um rebaixamento adicional se o governo espanhol não executasse logo uma reforma do mercado trabalhista (Yiannis Mantás, "S&P rebaja dos escalones a España y quita la triple A a Francia y Austria", *Público*, Madrid, 14 jan. 2012).

sem obstáculo algum. A capacidade de regulação dos Estados, mesmo dos mais poderosos, está em declínio. A conquista da tão ansiada utopia do mercado total torna-se um verdadeiro pesadelo quando não se dispõe de instrumentos para moderar os inevitáveis excessos.[29] Isso acontece, por exemplo, quando os interesses de curto prazo do capital especulativo impõem-se a toda noção de interesse geral ou de estabilidade do sistema. Uma vez que esse gênio é libertado, dificilmente poderá ser reintroduzido na lâmpada.

O mercado de divisas especulativo e não regulado limita o controle dos bancos centrais sobre o dinheiro, o que, ao mesmo tempo, debilita um dos principais instrumentos de política monetária. Com o argumento de que há instituições financeiras "muito grandes para quebrar" (por causa dos efeitos que teria sobre o conjunto da economia), desde o começo da crise, em 2007, o setor público realizou vultosas transferências de recursos aos principais responsáveis pela debacle: os bancos e demais instituições financeiras. As perspectivas de algumas modalidades de regulação, apresentadas inicialmente pelo G20 como resposta à crise financeira, foram se diluindo na medida em que se assumiu (sem fundamento algum) a ideia de que a crise havia passado. Os bancos voltaram rapidamente a suas práticas usuais: inclusive utilizaram esses recursos públicos para situar as compensações a seus executivos nos escandalosos níveis anteriores, e exercer ações de *lobby* que impediram a introdução de novas regulações ao setor financeiro.

Nesses anos de crise, a União Europeia demonstrou a verdadeira natureza de seu pacto constitucional. O projeto original da Constituição europeia, depois de

29 Edgardo Lander, *Un nuevo período histórico: crisis civilizatoria y asaltos a la democracia*, op. cit.

ser rechaçado nos referendos da França e da Holanda, incorporou leves modificações e foi rebatizado com um nome menos ameaçador: Tratado de Lisboa. Trata-se de um regime político cada vez menos democrático, em que as decisões transcendentais se distanciam paulatinamente dos cidadãos. Com a constitucionalização do neoliberalismo, os sonhos de uma Europa democrática e igualitária foram substituídos por uma direção crescentemente autoritária, que concentra poder no Banco Central Europeu ("autônomo"), na Comissão Europeia e no governo alemão. Os parlamentos nacionais e o Parlamento europeu foram deixados de lado. Países em profunda recessão, com taxas de desemprego muito elevadas,[30] são obrigados a tomar medidas de austeridade: demissões de funcionários públicos, aumento da idade de aposentadoria, redução dos gastos sociais, privatização de empresas públicas e flexibilização do mercado trabalhista.

A defesa do euro (acompanhada de uma narrativa apocalíptica do que poderia ocorrer se o valor da moeda não for preservado) tem servido para dar novos passos na perspectiva de buscar a cessão de maiores graus de soberania dos países a essas instituições não democráticas da União Europeia.[31] Na América Latina, já passamos por isso. São bem conhecidos os custos sociais das políticas de brutal ajuste estrutural.

Nos Estados Unidos, onde o poder do dinheiro opera historicamente de uma forma muito mais descarada do que nos países europeus, a Corte Suprema aumentou de forma

30 A Espanha, durante boa parte de 2012, teve uma taxa de desemprego de cerca de 24%, e de desemprego entre os jovens, de 50%.

31 Nas palavras de Susan George: "Uma das razões pelas quais na França lutamos tão fortemente contra o Tratado de Lisboa era porque este instalava a política econômica neoliberal no coração da Europa. Agora, a Comissão Europeia quer revisar os orçamentos nacionais de cada um dos países antes que estes sejam votados pelos parlamentos para garantir que cumpram certos critérios. É um ataque descarado à democracia" (Nick Buxton, "End financial control of European governance", entrevista a Susan George, Amsterdã, *Transnational Institute*, s.d.)

extraordinária o poder das corporações sobre todo o sistema político. Com base na insólita premissa de que as corporações têm os mesmos direitos que as pessoas, os juízes reverteram em janeiro de 2010 restrições que existiam há mais de um século, assim como doutrinas constitucionais que ao longo do tempo haviam sido reafirmadas por diferentes decisões da Corte e do Congresso. Determinaram que estabelecer limitações aos gastos das corporações e dos sindicatos nos processos eleitorais constituía uma violação constitucional da liberdade de expressão, tal como disposto na Primeira Emenda.[32] Dados os exorbitantes custos das campanhas eleitorais nos Estados Unidos, essa decisão fortaleceu ainda mais o poder dos grupos de influência para comprar decisões legislativas e executivas que favoreçam seus interesses. A disposição foi celebrada pela direita estadunidense como a restauração dos princípios básicos da República, ao mesmo tempo que foi qualificada como um grave ataque à democracia por setores progressistas e liberais.[33]

São múltiplos os mecanismos de retroalimentação da desigualdade e das restrições à democracia. As políticas tributárias dos Estados Unidos são ilustrativas a respeito. Graças ao crescente poder político corporativo nas últimas décadas, a estrutura tributária do país foi se distorcendo em favor dos interesses corporativos e contra

32 Esse é o caso conhecido como Citizens United vs. Federal Election Commission. Ver Adam Liptak, "Justices, 5-4, reject corporate spending limit" (*The New York Times*, 21 jan. 2010).

33 Hans Spakovsky, "Citizens united and the restoration of the first amendment" (*Legal Memorandum*, n.5., Heritage Foundation, 17 fev. 2010, <http://www.heritage.org/research/reports/2010/02/citizens-united-and-the-restoration-of-the-first-amendment>). Para uma análise das enormes consequências antidemocráticas dessa decisão, ver: Public Citizen, "12 months after the effects of citizens united on elections and the integrity of the legislative process" (Washington, jan. 2011, <http://www.citizen.org/12-months-after>).

a maioria dos assalariados. Assim, os impostos sobre os salários são maiores do que a taxação dos lucros provenientes de investimentos. Na medida em que isso acelera a concentração da renda e incide nas potenciais fontes de financiamento das campanhas eleitorais, qualquer tentativa de modificar as políticas tributárias encontrará inúmeros obstáculos.

Outra ameaça, igualmente grave para a democracia em todo o mundo, vem das múltiplas expressões que as políticas de "segurança nacional" adquirem na atualidade. Esse processo, resultado da convergência de várias tendências políticas, tecnológicas e econômicas, tem graves implicações antidemocráticas. O salto qualitativo nessa direção ocorre a partir do ataque terrorista ao World Trade Center, em Nova York, em 2001. Um estado permanente de medo foi alimentado sistematicamente pelos meios de comunicação e pela indústria do entretenimento: medo do terrorismo, das drogas, da insegurança pessoal, dos migrantes indesejados, das ameaças representadas pelos novos poderes globais. Como o inimigo pode estar em qualquer lugar, é preciso persegui-lo em todos os lugares. O autoritarismo do pensamento político neoconservador privilegia a ordem e a razão de Estado em detrimento dos direitos democráticos dos cidadãos.

O Ato Patriótico, aprovado pela maioria esmagadora nas duas câmaras do Congresso dos Estados Unidos, representou um ataque radical aos direitos civis e políticos, supostamente garantidos na democracia liberal. Encontrou no medo sua fonte de legitimação, legalizando a figura jurídica de combatentes ilegais, o descumprimento das convenções de Genebra referentes à guerra, o regime de torturas na prisão iraquiana de Abu Ghraib e o estabelecimento do campo de detenção – e torturas – de Guantánamo.

Foram igualmente sérias as consequências sobre os direitos civis e políticos dentro dos Estados Unidos, e não apenas durante os governos do Partido Republicano. Um estudo realizado ao longo de dois anos pelo jornal *Washington Post*, depois dos ataques às Torres Gêmeas, revelou a criação de um aparato secreto de segurança de tão enormes proporções que ninguém sabe quanto custa, quantos programas inclui nem quantas pessoas estão envolvidas. Entre outros resultados, esse estudo explica que se trata de uma estrutura de pelo menos 1.271 organizações governamentais e 1.931 empresas privadas, que trabalham em atividades de inteligência e contraterrorismo; empregam 854 mil pessoas; contam com um estatuto de "segurança certificada" em dez mil localizações diferentes em todo o país; e produzem em torno de 50 mil relatórios de inteligência por ano.[34]

Em dezembro de 2011, como parte da lei do orçamento de defesa dos Estados Unidos para o ano de 2012, o Congresso autorizou as Forças Armadas a assumirem as investigações e os interrogatórios sobre terrorismo no território nacional. Desse modo, permitiu a detenção de qualquer pessoa que o governo qualificasse como terrorista – inclusive cidadãos dos Estados Unidos – por tempo indeterminado, sem direito a julgamento.[35] Apesar da dura oposição de diversos setores, que inclusive consideraram essa norma como um passo em direção a um Estado policial, o presidente Barack Obama sancionou a lei, sobre a qual assegurou ter "sérias reservas".[36] O medo e a insegurança gerados pelos meios de comunicação e políticos da direita operam como dispositivos que buscam reduzir a resistência ao estabelecimento de medidas que avançam, a passos firmes, rumo a uma sociedade de vigilância, com tecnologias que vão além de tudo o que George Orwell

34 Danna Priest; William Arkin. "Top-Secret America: a hidden world, growing beyond control" (*The Washington Post*, 20 jul. 2010).

35 National Defense Authorization Act for Fiscal Year, 2012 (‹http://thomas.loc.gov/cgi-bin/query/z?c112:S.1867›).

36 Julie Pace, "Obama signs defense bill despite 'serious reservations'" (*The Christian Science Monitor*, 1 jan. 2012).

conseguiu imaginar. Surgem, nessas condições, enormes oportunidades comerciais que as novas tecnologias de vigilância oferecem para as empresas que trabalham no que foi denominado de "complexo industrial de segurança". Tem sido amplamente documentada a participação direta das empresas dedicadas a essas atividades e seus *lobbies* na definição e expansão de políticas no campo da segurança, tanto na Europa como nos Estados Unidos.[37]

Sobre o assunto, o Wikileaks divulgou documentos em que aparecem 21 países com empresas privadas que oferecem serviços de espionagem às agências de segurança.[38] Tais serviços permitem interceptar maciçamente conversas telefônicas; proporcionam monitoramento por satélite, controle de computadores a distância, interceptação de comunicações de internet e redes sociais, análise de voz e de "pegadas vocais"; oferecem serviços de seguimento mediante a localização de usuários de telefones celulares, por meio de GPS (mesmo que estejam desligados), identificadores biométricos e vírus que podem ser introduzidos para desabilitar equipamentos.[39] A expansão acelerada desse "complexo industrial de segurança" vem corroendo as fronteiras tradicionais entre segurança nacional (militar), segurança interna (polícia) e o cumprimento da lei.[40]

37 Ben Hayes, *NeoConOpticon: The EU Security-Industrial Complex* (Amsterdã: Transnational Institute, set. 2009).

38 "A última revelação do organismo dirigido por Julian Assange desnuda o milionário negócio das empresas de vigilância que converteram seu negócio na nova indústria de espionagem em massa (...) o Wikileaks revela os nomes das companhias que em distintos países interceptam telefones, rastreiam mensagens de texto, restauram o histórico de navegação na internet e inclusive identificam por meio de pegadas vocais indivíduos sob vigilância. Tudo é feito em grande escala com softwares que são vendidos a governos democráticos e ditaduras" (Centro de Investigación Periodística – Ciper, "El último golpe de Wikileaks: mapa identifica a las empresas que tienen al mundo bajo vigilancia", *Ciper*, Santiago, 2011).

39 Ben Hayes, *NeoConOpticon: The EU Security-Industrial Complex*, op. cit.

40 Ibid.

Essa sociedade de vigilância total tem muito pouco a ver com o ideal do cidadão livre que desenvolve suas máximas potencialidades sem interferência do Estado: em princípio, o máximo valor do liberalismo.

Reacomodações globais e declínio do poder imperial unilateral dos Estados Unidos

A classe dirigente dos Estados Unidos, uma vez que o colapso da União Soviética fez desaparecer seu rival estratégico, proclamou que o século XX seria "o século americano". Agora, os Estados Unidos poderiam exercer um domínio de amplo espectro sobre todo o planeta, com capacidade para impedir que qualquer país ou aliança de países se desenvolvesse e pusesse em risco sua plena hegemonia. Esse propósito encontra sua máxima expressão no grupo neoconservador conhecido como o Novo Século Americano,[41] que governou com o presidente George W. Bush entre 2001 e 2009. Mas a esperança imperial foi de pequeno alcance: mesmo no terreno militar, em que o país ainda mantém um domínio global, as guerras no Iraque e no Afeganistão demostraram os limites dessa ambição. Depois de mais de uma década de guerra contínua, os Estados Unidos se retiraram do Iraque sem cumprir seus objetivos declarados de converter o país em um exemplo de democracia liberal para todo o Oriente Médio. Sequer conseguiram um mínimo de estabilidade política. Já a guerra no Afeganistão continua interminável: perdeu-se o sentido do que poderiam chamar de "vitória" para justificar a retirada de tropas.

41 Project for the New American Century. Rebuilding America's Defenses. Strategy, Forces and Resources. For a New Century.

No terreno econômico, os deslocamentos da hegemonia dos Estados Unidos no sistema-mundo, por conta da emergência de novos atores, ocorrem a passos vertiginosos. A diferença entre as aceleradas taxas de crescimento econômico das chamadas economias emergentes e a letargia dos países industrializados é tal que o peso relativo dos diferentes grupos de países na economia global está em permanente reacomodação. Tem sido particularmente rápido o surgimento da China, que agora é vista como um sério rival à hegemonia econômica dos Estados Unidos. Depois de trinta anos com taxas de crescimento médio de 10%, no fim da primeira década do século XXI a China ultrapassou o Japão, a segunda economia do planeta, e a Alemanha, como o primeiro país exportador. Segundo o Centro Internacional para o Comércio e o Desenvolvimento Sustentável, em 2011 a China superou os Estados Unidos como o país com a maior produção industrial do mundo. Dessa maneira, recuperou a posição que havia ocupado até meados do século XIX.[42]

Outra expressão dessas reacomodações globais está vinculada ao Brasil. O Centre for Economic and Business Research, de Londres, afirma que em 2011 o Brasil ultrapassou o Reino Unido e se converteu na sexta economia do mundo. Do mesmo modo, enquanto em 2011 a economia da China representava menos da metade da norte-americana, em 2020, ou seja, uma década depois, representará 84% da economia do país norte-americano. Estima-se que nesse lapso a economia russa passará do nono ao quarto lugar no mundo, e a Índia, do décimo ao quinto.

Há alguns anos, o banco de investimentos Goldman Sachs batizou o grupo de grandes países emergentes com taxas de crescimento mais acelerados como BRIC, acrônimo

42 International Centre for Trade and Sustainable Development (ICTSD), "China reclaims former perch as world's biggest manufacturer" (*China Programme*, v.15, n.9, 16 mar. 2011).

referente às iniciais de Brasil, Rússia, Índia e China. Desde então, realiza um monitoramento contínuo da economia desses países. A análise dos impactos da crise dos anos 2007 e 2008 realizada pelo Goldman Sachs conclui que os BRICS conseguiram superá-la em melhores condições do que o mundo desenvolvido. Com base nesses resultados, o banco de investimentos estima que a economia chinesa provavelmente superará a dos Estados Unidos em 2027, e que, em 2032, a economia em conjunto dos BRICS será maior do que a economia do G7 (Estados Unidos, Japão, Alemanha, Reino Unido, França, Itália e Canadá).[43] Isso implica um deslocamento formidável do consumo global em direção a esses países. Calcula-se que em 2020 o número de pessoas pertencentes às classes médias (com renda entre US$ 10 mil e US$ 30 mil anuais) nos BRICS será o dobro do número de pessoas das classes médias nos países do G7. A China teria, nesse mesmo ano, uma classe média maior do que todo o G7.[44]

Tais deslocamentos não se restringem apenas aos pesos relativos das economias nacionais, mas também ao peso relativo das corporações transnacionais de diferente origem na economia global. O Boston Consulting Group produz relatórios anuais sobre o papel e o impacto global das corporações das "economias em rápido desenvolvimento" (às quais denomina como "novos rivais globais") que estão sacudindo a ordem econômica estabelecida. Esses novos rivais globais (provenientes, principalmente, da China, Índia, Brasil, Rússia e México) registraram taxa de crescimento de vendas equivalente a 18% e taxas de lucros médios de 18%

43 Goldman Sachs, "The long term outlook for the BRICS and N-11 post crisis" (*Global Economics Paper*, n.192, dez. 2009).

44 Goldman Sachs, "Is this the BRICS decade?" (*BRICS Monthly*, 20 maio 2010).

entre 2000 e 2009.[45] Enquanto isso, as taxas correspondentes às corporações sediadas nos "países desenvolvidos" reportam um aumento de 6% a 11% no mesmo período. Algumas dessas corporações se converteram, em pouco tempo, nas maiores empresas globais em suas respectivas áreas de atividade. Na lista das 500 maiores corporações globais da *Fortune*, o número de corporações desses países passou de 21 para 75 na última década.[46]

Os desafios percebidos pelos Estados Unidos diante desses processos não se limitam ao terreno econômico: também estão vinculados aos âmbitos tecnológico, educativo e militar. No fim de 2011, o governo chinês anunciou publicamente seu programa espacial para os cinco anos seguintes, que inclui o lançamento de laboratórios espaciais, naves tripuladas e a preparação para construir estações espaciais. Também foi antecipada a execução de um processo de melhoramento dos veículos de lançamento, das comunicações, além do desenvolvimento de um sistema global de satélites de navegação que almeja rivalizar com o predomínio dos Estados Unidos nesse campo, graças ao sistema de posicionamento GPS.[47] Esse anúncio ocorre no momento em que a vida útil dos ônibus espaciais dos Estados Unidos se aproxima do fim e o país carece de veículos de lançamento espacial próprios – no momento, depende da Rússia para enviar tripulantes e materiais à estação espacial internacional.

Em relação à educação, todos os anos o Programa Internacional de Avaliação de Estudantes da Organização para a Cooperação e Desenvolvimento Econômico realiza um estudo comparativo de avaliação de estudantes de

45 Boston Consulting Group (bcg), *2011 BCG Global Challengers: Companies on the Move. Raising Stars from Rapidly Developing Economies Are Reshaping Global Industries* (Boston, jan. 2011, <www.bcg.com/documents/file70055.pdf>).

46 Ibid.

47 Louise Watt, "China revels its space plan up to 2016" (*Salon*, 30 dez. 2011).

15 anos de seus 34 países-membros e de outros associados ao programa. Avalia-se um amplo aspecto de assuntos: interpretação de texto, raciocínio, matemáticas, ciências etc. Em 2009, pela primeira vez, a província chinesa de Xangai foi incluída entre os 75 países participantes. Os estudantes dessa localidade superaram todos os demais em seis das sete categorias utilizadas e conseguiram a pontuação máxima na avaliação global. Assim, superaram países como Finlândia e Coreia do Sul, que em anos anteriores haviam ocupado os primeiros lugares. Na maior parte das categorias, os estudantes dos Estados Unidos ocuparam as 23ª ou 24ª colocações.[48]

Outra manifestação da progressiva perda da plena hegemonia dos Estados Unidos no sistema-mundo se expressa nos lentos, mas significativos, passos que estão sendo dados com o objetivo de reduzir o papel do dólar como divisa de reserva internacional. O dólar é um pilar fundamental da hegemonia dos Estados Unidos, especialmente a partir do momento em que, sob a presidência de Richard Nixon, o país abandonou o padrão-ouro.

São diversos os sinais que apontam para uma progressiva desdolarização da economia global, sobretudo nos países integrantes dos BRICS. No fim de 2010, o presidente russo, Vladimir Putin, e o primeiro-ministro chinês, Wen Jiabao, anteciparam sua intenção de substituir o dólar estadunidense em seus intercâmbios bilaterais pelo rublo e o yuan.[49] Posteriormente, no final de 2011, os primeiros-ministros da China e do Japão negociaram um acordo para utilizar em curto prazo, em seu comércio bilateral, suas próprias divisas. O acordo

48 Sam Dillon, "Top test scores from Shanghai stun educators" (*The New York Times*, 7 dez. 2010).

49 *China Daily* (2011).

contempla que o Japão poderá utilizar o yuan (moeda chinesa) como divisa de reserva. Esse acordo entre a segunda e terceira economias do planeta poderia ocasionar efeitos transcendentais em relação ao papel internacional do dólar. Na América Latina, os intercâmbios em moeda nacional entre Argentina e Brasil e, em outra escala, o sucre, entre os países da Alba, apontam na mesma direção.

A hegemonia militar dos Estados Unidos e o estado de guerra permanente

No terreno militar, os Estados Unidos preservam uma plena hegemonia: quando é possível, com a participação de seus aliados,[50] mas, geralmente, de forma unilateral. É essa sua principal vantagem estratégica na busca de preservar sua hegemonia global. Nos últimos anos, o país tem demonstrado – independentemente do partido que ocupa o governo – disposição de utilizar esse poderio militar com cada vez mais frequência.

Entre as evidências das ambições imperiais unilaterais dos Estados Unidos está a manutenção de aproximadamente mil bases militares fora de suas fronteiras, que representam 95% das bases militares existentes atualmente no exterior. Como destaca o historiador estadunidense Chalmers Johnson, trata-se de uma nova forma de colonialismo que não está caracterizado, como aconteceu no caso europeu, pela ocupação do território: a "... versão americana da colônia é a base militar".[51]

50 A Organização do Tratado do Atlântico Norte (Otan) tem deixado de lado, aos poucos, seu caráter regional para realizar operações militares em toda parte do planeta. Ver: Ivo Daalder e James Goldgeier, "AGlobalNATO@" (*Foreign Affairs*, set.-out. 2006).

51 Chalmers Johnson, "America's Empire of Bases" (15 jan. 2004 <www.TomDispatch.com>). De acordo com a própria lista do Pentágono,

Segundo o Instituto Internacional de Pesquisa de Paz de Estocolmo, um dos centros mais confiáveis de estudo do gasto militar no planeta, os Estados Unidos foram responsáveis por 43% de todo o dinheiro alocado em atividades militares ao redor do mundo em 2010: porcentagem significativamente superior ao dos seguintes nove países com maior gasto militar, responsáveis, juntos, por 32%. No orçamento estadunidense, o peso relativo do gasto militar varia de acordo como o cálculo é realizado. As estatísticas oficiais mostram um peso menor do que o real, pois excluem uma ampla gama de desembolsos diretamente relacionada ao gasto militar que não está considerada no orçamento do Pentágono. Segundo a organização antiguerra War Resisters League,[52] se ao orçamento oficial forem acrescentados o gasto com os veteranos de guerra, com a dívida pública atribuível ao gasto militar e com as guerras do Iraque e do Afeganistão, o gasto militar total representa 54% do gasto federal.[53]

Um exaustivo estudo realizado pelo Watson Institute for International Studies, da Universidade de Brown, mostra que o custo total das guerras dos Estados Unidos durante a última década chegou a aproximadamente US$ 3, US$ 2 e US$ 4 trilhões. Os cálculos qualificados como "conservadores" desse instituto indicam que essas guerras, em dez anos, causaram a morte de 236 mil pessoas: a maioria, civis do Iraque, do Afeganistão e do Paquistão. Desses, entre 40 mil e 60 mil correspondem ao Paquistão, onde se supõe não haver uma guerra.

seriam em torno de 865 bases; mas, se forem incluídas as bases no Iraque e no Afeganistão, são mais de mil – cf. Hugh Gusterson, "Empire of bases" (*Bulletin of the Atomic Scientists*, 10 mar. 2009).

52 War Resisters League, 2011.

53 Esse cálculo se refere ao que se denomina de "gasto discricionário". Não inclui os gastos com segurança social, os quais são financiados e geridos por fora do orçamento federal.

O estudo aponta que para cada um desses mortos diretos teriam perdido a vida mais quatro pessoas de forma indireta (fome, degradação do ambiente e da infraestrutura). Assim, a cifra total equivale a 1,180 milhão de mortos. Estima-se também que entre refugiados e deslocados, aproximadamente mais 7,8 milhões de pessoas tenham sido afetadas.

Para que esse estado de sangrenta e custosa guerra permanente, ou "guerra sem fim", fosse politicamente sustentável no tempo, incorporaram-se transformações fundamentais nas formas de conduzir os conflitos. A experiência do Vietnã demonstrou que não era possível manter uma guerra se esta ocupasse um espaço destacado e constante na opinião pública e se os setores privilegiados da sociedade sofressem de forma direta suas consequências. Daí a busca de mudanças que permitissem menores níveis de transparência e o deslocamento dos afetados para outros setores da população. Tais medidas foram se concretizando por meio da aplicação de três transformações essenciais nas formas de condução do contingente militar e no uso da tecnologia.

A primeira medida consistiu em eliminar o recrutamento obrigatório e substituí-lo por um mecanismo de alistamento "voluntário", baseado em incentivos econômicos. Na guerra do Vietnã, muitos soldados vinham de setores privilegiados da sociedade – alguns, inclusive, eram estudantes das universidades mais elitistas do país. Por isso, cada estudante recrutado contra sua vontade e cada morto que voltava da guerra geravam uma crescente oposição da população. Assim, o enfrentamento bélico se tornou politicamente insustentável. Mas a partir da eliminação do recrutamento obrigatório e da incorporação de modalidades de alistamento baseadas em incentivos econômicos, a bucha de canhão das guerras dos Estados Unidos foi formada quase exclusivamente pelos setores mais pobres da população, o que fez diminuir o impacto na opinião púbica.

A terceirização ou privatização da guerra foi outra modalidade de redução do recrutamento. Em 2011, os mercenários, denominados "empreiteiros militares privados", chegaram a superar o número total de soldados uniformizados ativos no Iraque e no Afeganistão.[54] Com a privatização da guerra, ampliou-se o âmbito de competência do "complexo militar-industrial" e, com isso, os setores corporativos e laborais dependentes da continuidade e ampliação das guerras.

As transformações tecnológicas da "arte da guerra" implicaram mudanças significativas. As novas armas de alta tecnologia, desenvolvidas ao custo de bilhões de dólares, permitem – especialmente para os Estados Unidos – a substituição da participação humana direta nos campos de batalha por novos armamentos que, além de aumentar o poder letal, viabilizam operações a distância que não põem os soldados em perigo. O uso desses novos instrumentos bélicos possibilita que se leve a cabo uma guerra sem colocar um só pé em território "inimigo". De acordo com os porta-vozes oficiais da Organização do Tratado do Atlântico Norte, a guerra na Líbia, que levou à derrubada do governo de Muammar al-Gaddafi, não ocasionou nem uma única vítima fatal entre os "aliados". Outra coisa, claro, foi a situação vivida pela população líbia.

Nessas condições, sem recrutamento e com poucos estadunidenses mortos, é factível naturalizar um estado de "guerra infinita" contra todos os inimigos imagináveis: terrorismo, Estados falidos, armas de destruição em massa, piratas, drogas. Diferentemente de épocas anteriores, a guerra não é uma sucessão de eventos descontínuos que começam e terminam, mas sim um estado permanente de

54 Jeff Shear, "A professional military and the privatization of warfare" (*Miller-McCune*, 22 abr. 2011).

luta aberta ou encoberta, em muitas frentes e de maneira simultânea: Iraque, Afeganistão, Líbia, Sudão, Somália, Irã...

Por conta das crescentes limitações financeiras e das atuais reacomodações hegemônicas, o governo de Barack Obama anunciou uma nova estratégia militar para preservar a liderança global dos Estados Unidos no século XXI. Nessa reorientação destacam-se dois aspectos: Forças Armadas mais reduzidas, porém "ágeis, flexíveis, preparadas, inovadoras e tecnologicamente avançadas", e a prioridade estratégica para conter a China, rival que é vista como uma ameaça à hegemonia global dos Estados Unidos.[55]

A secretária de Estado Hillary Clinton denominou essa nova orientação geoestratégica de "Século do Pacífico Estadunidense". Segundo Clinton, o "futuro da política será decidido na Ásia, não no Afeganistão ou no Iraque, e os Estados Unidos estarão bem no centro da ação".[56] Em seu discurso no parlamento australiano, no fim de 2011, o presidente Obama antecipou que, depois das guerras do Iraque e do Afeganistão, os Estados Unidos estavam voltando sua atenção para o vasto potencial da zona Ásia-Pacífico, o que incluía "uma forte presença militar na região". Como parte do fortalecimento dessa presença militar, Obama anunciou o acordo para estabelecer uma nova base militar naval na Austrália: a primeira expansão com tais características na região desde a guerra do Vietnã. Isso provocou uma resposta irritada do governo chinês, que acusou o presidente estadunidense de estar agravando as tensões militares.[57]

Estamos presenciando o início de uma nova época de Guerra Fria?

55 United States of America, Department of Defense, *Defense Budget Priorities and Choices* (Washington, 2012).

56 Hillary Clinton, "America's Pacific Century" (*Foreign Policy*, nov. 2011, <http://www.foreignpolicy.com/articles/2011/10/11/americas_pacific_century>).

57 Jackie Calmes, "A U.S. Marine Base for Australia irritates China" (*The New York Times*, 16 nov. 2011).

Povos em movimento

Diante dessa extraordinária combinação de ameaças, não apenas à democracia, à paz e à dignidade humana, como também à própria vida, encontramos povos em movimento e resistência. Em 2011, produziram-se surpreendentes mobilizações em todo o mundo em oposição a esses propósitos e em favor da luta por outro mundo possível.

Durante as últimas duas décadas, a América Latina tem sido o continente mais ativo nesse sentido. Continuam e, em muitos casos, aprofundam-se e se radicalizam as mobilizações e lutas contra as múltiplas modalidades de extrativismo: mineração a céu aberto; extração de petróleo e gás; monoculturas de soja transgênica, eucaliptos, pinos e palma africana; e grandes represas hidrelétricas. Entre as lutas mais emblemáticas, destacam-se ações contra a mineração na Argentina; a resistência à usina de Belo Monte na Amazônia brasileira; as grandes ações de resistência contra as corporações mineradoras em Cajamarca, no Peru; e a oposição à rodovia que pretende atravessar o Território Indígena Parque Nacional Isiboro Sécure (Tipnis), na Bolívia. No entanto, para além das profundas mudanças políticas experimentadas no continente, a lógica extrativista e a inserção primário-exportadora dessas economias continuam vigentes – e representam a fonte principal das contradições internas e dos desencantos com os governos "progressistas" e de esquerda da região.

Surgiram, desse modo, outros sujeitos e outros temas. Entre eles, destacam-se as lutas estudantis chilenas, que reivindicam uma educação pública e de qualidade. No Chile, a ditadura de Augusto Pinochet (1973-1990) havia instalado uma ampla hegemonia política e cultural do neoliberalismo, em que predominava o individualismo e a desvalorização do público e do coletivo. Entretanto, nos últimos anos as lutas dos mineradores, dos mapuches e, sobretudo, dos estudantes, parecem ter quebrado o feitiço desse modelo de sociedade. Embora as massivas e constantes mobilizações estudantis de 2011 – inscritas dentro da defesa das noções democráticas da equidade e do público – não tenham conseguido alterar o rumo das políticas governamentais, conquistaram, por outro lado, níveis de apoio extraordinários por parte da população. O Centro de Estudos da Realidade Contemporânea,[58] em seu levantamento nacional de opinião pública correspondente a dezembro de 2011, revela que 89% da população apoiam as demandas dos estudantes; 77% opinam que a educação deve ser gratuita; 78% consideram que não devem existir instituições de educação superior com fins lucrativos; e 82% asseguram que as demandas dos estudantes são as corretas para melhorar a educação. Esse apoio é esmagador, inclusive entre quem diz simpatizar com os partidos de direita. Apenas 21% da população se identificavam como partidários do governo de Sebastián Piñera.

No mundo árabe, estão sendo produzidas mudanças políticas que há até não muito tempo pareciam pouco prováveis; exemplo disso são as multitudinárias e persistentes mobilizações populares, a denominada "Primavera Árabe", que produziram a derrubada dos ditadores Zine El Abidine Ben Ali, na Tunísia, e Hosni Mubarak, no Egito. A negação de todo direito democrático e o aprofundamento das condições de exclusão, pobreza e desigualdade acentuadas pelo neoliberalismo acabaram por fazer explodir esse centro nevrálgico da geopolítica global e abriram a porta a uma época de mudanças profundas e grande instabilidade. O papel da região como

58 Cerc (Centro de Estudios de la Realidad Contemporánea), *Barómetro de la política*. Santiago do Chile, dez. 2011.

fonte confiável dos hidrocarbonetos requeridos pelos Estados Unidos e pela União Europeia deixou de estar garantido na medida em que seus aliados (os governos autoritários da região) estão sendo cada vez mais questionados. Os "aliados" respondem a essas novas condições com ações militares diretas, como ocorreu na Líbia, ou com ameaças de intervenção militar e ações encobertas de suas agências secretas na Síria e no Irã. Israel, que perdeu alguns aliados para sua política de submissão sistemática do povo palestino, está pondo em marcha políticas cada vez mais agressivas, sobretudo em relação ao Irã.

Na Europa, o movimento mais amplo, consistente e constante é o dos chamados "indignados". Combinando ações de ocupação nos centros das cidades, multitudinárias mobilizações (especialmente nas cidades espanholas de Madri e Barcelona) e assembleias de bairro, a demanda "Democracia real já" implica um questionamento profundo do sistema político e seus partidos, inclusive os partidos de esquerda. Entre as exigências que constam em diversos manifestos, destacam-se: a eliminação dos privilégios da classe política; a redução do desemprego; o direito à moradia; serviços públicos de qualidade (educação, saúde e transporte); controle das entidades bancárias (proibição de resgates bancários: as entidades em dificuldades devem quebrar ou ser nacionalizadas, para se constituir um sistema bancário sob controle social; proibição de investimento em paraísos fiscais...); regime tributário (aumento das taxas de impostos às grandes fortunas e aos bancos, recuperação do imposto sobre o patrimônio, controle efetivo da fraude fiscal, taxa Tobin etc.); liberdades cidadãs e democracia participativa (não ao controle da internet; proteção da liberdade de informação e do jornalismo investigativo; referendos obrigatórios e vinculantes para os assuntos de grande relevância, que modificam as condições de vida dos cidadãos, e para toda introdução de medidas determinadas a partir da União Europeia; modificação da lei eleitoral, para garantir um sistema autenticamente representativo e proporcional que não discrimine nenhuma força política nem a vontade social; independência do Judiciário; estabelecimento de mecanismos efetivos que garantam a democracia interna nos partidos políticos); redução do gasto militar. Em seu questionamento à política institucional, assim como têm feito outros movimentos de diversas partes do mundo, os indignados privilegiam a democracia direta e as assembleias como modalidade de debate e tomada de decisões.

Nos Estados Unidos, o movimento que se iniciou com o Occupy Wall Street se estendeu a cerca de mil localidades urbanas em todo o país. O principal lema do movimento, "Somos os 99%", reconhece e ao mesmo tempo coloca de forma aberta na consciência pública a existência de conflitos entre os "ricos" e os "pobres" dessa sociedade. Segundo o estudo de opinião pública nacional do Pew Research Center, 66% dos estadunidenses consideram que existem conflitos fortes ou muito fortes entre os "ricos" e os "pobres", o que equivale a um aumento de 19 pontos em relação aos resultados obtidos em 2009.[59] Essa percepção se eleva a 74% entre a população negra. Desse modo, a porcentagem de pessoas que qualificam esses conflitos como muito fortes (30%) é o mais elevado desde que a pergunta começou a ser formulada, em 1987, e é o dobro da porcentagem de pessoas que pensavam assim em 2009. Os conflitos de classe entre pobres e ricos também se expressam entre a população nativa e os imigrantes; entre brancos e negros; entre jovens e velhos.[60]

59 Rich Morin, "Rising Share of Americans See Conflict Between Rich and Poor" (Pew Research Center, 11 jan. 2012).

60 No entanto, este estudo aponta que esse aumento na percepção de importância dos conflitos de classe não altera a percepção que se tem sobre

Nas plataformas programáticas que o movimento tem elaborado destacam-se a luta contra o racismo e o patriarcado, contra a desigualdade e pelo direito ao trabalho e à contratação coletiva. Entre muitos outros assuntos, denunciam "que as corporações, que colocam acima das pessoas o lucro, da justiça, os seus próprios interesses, e da igualdade, a opressão, são as que manejam nossos governos".[61] Afirmam que essas corporações perpetuam a desigualdade e a discriminação no entorno trabalhista, em função da idade, cor da pele, sexo, identidade de gênero e orientação sexual.[62] Como no caso do movimento espanhol, assumem a democracia participativa, direta e transparente, e rechaçam as estruturas hierárquicas e as velhas formas de fazer política. Suas decisões são amplamente debatidas em assembleias e tomadas por consenso.

Esses encontros de múltiplos setores sociais evidenciam um importante processo de repolitização, depois do profundo desencanto que o governo Obama gerou entre milhões de jovens e amplos setores pobres da população estadunidense que haviam se mobilizado na campanha presidencial de 2008. O movimento representa uma alternativa de rua ao populismo de extrema direita do Tea Party, que conta com um generoso apoio financeiro por parte das corporações.

Esses movimentos de diversas partes do mundo têm muito em comum e muitas diferenças; varia, por exemplo, a eficácia política em relação à conquista de seus

os ricos: "46% opinam que a maior parte dos ricos o são porque tem bons contatos ou porque nasceu em famílias ricas, e 43% consideram que os ricos acumularam riqueza graças a seu próprio esforço, nem sugerem um aumento do apoio a políticas governamentais voltadas a reduzir a desigualdade de renda" (Ibid.).

61 Rich Morin, "Rising share of americans see conflict between rich and poor", op. cit.

62 Declaração de princípios da ocupação da cidade de Nova York, 2011.

objetivos imediatos. Os temas comuns, que aparecem de forma mais reiterada, referem-se à reivindicação da democracia, contra a desigualdade, contra a exclusão e contra o desemprego, e em oposição à destruição ambiental.
A desconfiança na política institucional e, inclusive, em relação aos partidos de esquerda, é um dos temas importantes para muitos movimentos, que demandam formas de democracia direta, não violenta, mas disposta à desobediência civil e à resistência ativa quando são reprimidos pelas forças públicas. Desse modo, alguns coincidem nas modalidades de ação e de tomada de decisões democráticas, com frequência mediante debates em assembleia até que se chegue a consensos.

Em certos casos, como Tunísia e Egito, os movimentos conseguiram derrubar ditadores. Em outros, por outro lado, as políticas contra as quais lutam não deixam de ser aplicadas. Na Grécia, centenas de milhares de gregos, dia após dia, semana após semana, têm expressado seu absoluto rechaço nas ruas de Atenas, Tessalônica e outras cidades, e no entanto não conseguiram deter os draconianos ajustes impostos pela Comissão Europeia, o Banco Central Europeu e o Fundo Monetário Internacional. No Reino Unido, apesar dos amplos e reiterados protestos estudantis contra o aumento dos custos das matrículas universitárias, o Partido Conservador, que propunha ajustes ainda maiores, ganhou de forma esmagadora as eleições gerais de 2010. Na Espanha, a ampla mobilização dos indignados, que tinha como um dos seus temas centrais a oposição às políticas de ajustes neoliberais, não impediu a vitória do Partido Popular que, como era de se esperar, uma vez no governo, impôs ajustes muito mais duros do que os executados durante o governo do Partido Socialista Operário Espanhol.

Contudo, a conquista mais importante dessas e outras lutas parece ser a politização dos jovens que não encontram sentido algum na política institucional, assim como as mudanças nos sentidos comuns da sociedade, no conteúdo do debate público, nos deslocamentos políticos culturais significativos em relação a assuntos básicos como a democracia, a igualdade e o valor do público. Esse é o caso das mobilizações dos indignados, do Occupy Wall Street e das lutas dos estudantes chilenos. Igualmente, abriram perspectivas de debate e de ação política – de outra forma de fazer política – diante da falta de opções de mudança na política institucional.

Nos últimos anos, os partidos social-democratas europeus se converteram em cúmplices plenos das reformas neoliberais que "os mercados" exigem. Consequentemente, são cada vez mais incapazes de defender as conquistas do "Estado de bem-estar social", que havia sido seu projeto histórico. As organizações políticas de esquerda tampouco têm sabido oferecer alternativas diante da crise: durante muito tempo afirmaram que uma crise dessas dimensões era inevitável; mas, quando esta se torna realidade, a esquerda ficou sem proposta.

Outras formas de fazer político, menos institucionais, mais espontâneas, menos verticais, mais democráticas, colocam sobre a mesa um conjunto de assuntos críticos que devem ser debatidos. Um desses diz respeito às potencialidades das novas tecnologias de comunicação e informação (telefones celulares, YouTube, Twitter, Facebook) para promover uma política radicalmente democrática. Claro que tais instrumentos também têm sido utilizados para fortalecer iniciativas de conteúdo autoritário e antidemocrático, no marco da "sociedade vigiada", tal como foi destacado em outra parte deste texto. No entanto, nos últimos anos, em todo o planeta, o uso das novas tecnologias de comunicação tem incorporado de modo criativo múltiplas expressões de luta e mobilização. Também tem aberto, em muitos contextos, potencialidades de acesso à informação e comunicação: criação de espaços virtuais de debate público, de intercâmbio de experiências e articulação nas lutas e mobilizações sociais. Em abril de 2002, na Venezuela, por meio dos telefones celulares a população compartilhou informação e combinou locais de encontro para as massivas mobilizações que conseguiram derrotar o golpe de Estado e garantir o regresso de Hugo Chávez ao palácio presidencial. Isso aconteceu mesmo com a ausência de organizações chavistas capazes de coordenar a resistência ao golpe, e em condições em que os golpistas tentaram um bloqueio total do acesso à informação. Todos os meios públicos foram silenciados e os meios privados, de forma coordenada, deixaram de informar sobre o que acontecia no país: substituíram as notícias por telenovelas, desenhos animados e séries estadunidenses.

Essas tecnologias permitem romper o monopólio dos meios corporativos e estatais. A repressão, que cada vez é mais divulgada, às vezes praticamente em tempo real, pelo YouTube, com frequência tem efeitos contraproducentes para as autoridades, pois gera protestos ainda maiores do que os que buscava sufocar. Na China, onde se registra o maior número de usuários de internet, o controle estatal de seus conteúdos é muito difícil.

Outro assunto-chave, vinculado a velhos debates no campo da política transformadora, refere-se à possibilidade ou conveniência de reconectar essas múltiplas expressões da resistência e protesto popular com a política institucional. Não há sentido buscar uma resposta única, mas sim em questionar quais seriam as condições (e experiências) em que estas poderiam incidir, em sentido democrático, na política institucional e na ação do Estado, sem perder a autonomia e o horizonte utópico, sem ser capturadas pela lógica reprodutora e conservadora da política e do poder constituído.

Do ponto de vista da ampla gama de movimentos e lutas associadas ao Fórum Social Mundial, é indispensável aprofundar o debate sobre o sentido e potencialidades desses novos movimentos. Como debater, confluir e articular essas novas ondas de protestos, sem buscar se apropriar delas, como o fariam os partidos políticos?

Antes de mais nada, é preciso partir do reconhecimento da pluralidade e das diferenças dos contextos em que esses movimentos operam, assim como da diversidade de suas histórias, objetivos e concepções sobre o porquê se luta e sobre as formas de luta. Nas palavras de Raúl Zibechi:

> *Para as forças antissistêmicas, é impossível o desenho de uma única estratégia planetária e são inúteis as tentativas de estabelecer táticas universais. Embora existam inspirações comuns e objetivos gerais compartilhados, as diferentes velocidades que a transição ao pós-capitalismo registra, e as notáveis diferenças entre os sujeitos antissistêmicos, atentam contra as generalizações.*[63]

63 Raúl Zibechi, "Las izquierdas y el fin del capitalismo" (*La Jornada*, México, 13 jan. 2012).

07

Camila Moreno tem graduação em Filosofia (UFRGS) e Direito (PUC), mestrado em Sociologia (CPDA/UFRRJ) e doutorado em andamento na mesma instituição. É autora de *Brasil made in China* (São Paulo: Fundação Rosa Luxemburgo, 2015).

As roupas verdes do rei

Economia verde, uma nova forma de acumulação primitiva[*]

Camila Moreno

Em carreira meteórica, o termo "economia verde" (*green economy*) se constituiu ao longo dos últimos anos – e especialmente durante a crise financeira de 2008 – como um nó central em torno do qual está se reorganizando e ressignificando o discurso hegemônico.

Ainda não há uma definição canônica do conceito que consiga esclarecer se a economia "verde" se trata de algo inteiramente distinto da economia atual – também referida nos dias atuais como economia "marrom". No entanto, as instituições das Nações Unidas para o Meio Ambiente (Pnuma),[1] Desenvolvimento (Pnud)[2] e Comércio e Desenvolvimento (Unctad),[3] e organizações multilaterais, como a Organização para

* Publicado originalmente em *Alternativas al Capitalismo/Colonialismo del siglo XXI* (Quito: Fundação Rosa Luxemburgo; Abya Yala, 2013).

1 UNEP, 2011, <http://www.unep.org/greeneconomy/>.

2 UNDP, 2011, <http://www.undp.org/content/undp/en/home/ourwork/environmentandenergy/focus_areas/climate_strategies/green_lecrds_guidancemanualsandtoolkits.html>.

3 Unctad, *The Green Economy: Trade and Sustainable Development Implications* (2010, http://www.unctad.org/en/docs/ditcted20102_en.pdf).

Cooperação e o Desenvolvimento Econômico (OCDE),[4] o Banco Mundial[5] e bancos regionais de desenvolvimento,[6] o Parlamento Europeu,[7] consultorias internacionais,[8] coalizões empresariais[9] e outros atores vêm formulando propostas, listando setores prioritários e definindo agendas setoriais, estabelecendo objetivos e metas quantificáveis, bem como recomendando novos instrumentos financeiros e investimentos para impulsionar uma mudança em direção a um futuro "mais verde".

Ao tratar do "crescimento verde" (*green growth*) durante cúpula realizada na cidade mexicana de Los Cabos nos dias que antecederam a Conferência Rio+20 das Nações Unidas sobre Desenvolvimento Sustentável, em junho de 2012, o G20 inseriu entre seus temas "as reformas estruturais para promover o crescimento e o emprego, incluindo o crescimento verde como detonador do investimento", expressando o entendimento de que "o crescimento verde pode estimular o crescimento econômico através de vários canais", por exemplo:

4 OECD, *Towards Green* Growth (2011, http://www.oecd.org/document/10/0,3746,en_2649_37465_44076170_1_1_1_37465,00.html).

5 WB, *Moving to a Green Growth Approach to Development* (2011, <http://web.worldbank.org/WBSITE/EXTERNAL/TOPICS/EXTSDNET/0,,contentMDK:22865936~menuPK:64885113~pagePK:7278667~piPK:64911824~theSitePK:5929282,00.html>).

6 ADB, *Greening Growth in Asia and the Pacific* (2011, <http://beta.adb.org/features/report-greening-growth-asia-and-pacific>.

7 Europarl, 2011, <http://www.europarl.europa.eu/en/pressroom/content/20110929IPR27849/html/MEPs-call-for-global-green-economy-targets>.

8 Price Water House, *Blueprint for Green. Middle East Companies Are developing Operational Strategies that Are Eco-Friendlyand Profitable Too* (PWH, marzo de 2012, <http://www.pwc.com/en_M1/m1/publications/Blueprint-Green.pdf>.)

9 B20, 2012 (<http://b20.org/documentos/B20-Complete-Report.pdf>). O B20 é a reunião do setor empresarial dos países membros do G20; se reúnem paralelamente aos encontros do G20, desde a reunião deste realizada em Toronto, Canadá, em 2010.

melhorando a alocação de recursos ao destiná-los às tecnologias de ponta, induzindo uma mudança na demanda de produtos e serviços verdes e por meio do fomento da inovação e a criação de novos mercados; para esses canais de fomento ao crescimento se requerem políticas ativas para flexibilizar o mercado trabalhista, para promover as políticas relacionadas com a inovação, e também o apoio direto do público para fomentar as novas tecnologias que não são imediatamente rentáveis para os investidores privados, as políticas de concorrências, as políticas fiscais, as políticas de preços e as políticas de compras.[10]

Para atingir o "crescimento verde", os Estados nacionais têm um papel central como criadores e indutores da demanda, como consumidores em escala (determinando o rumo de muitos mercados e produtos), por meio de seus autoimpostos critérios "verdes" para licitações públicas, alavancando investimentos (*leveraging*) e promovendo as parcerias público-privadas para garantir os investimentos no que "não é imediatamente rentável para os investidores privados". De fato, a instauração da economia "verde" é um *processo que só é possível com a participação ativa dos Estados e governos*, pois sua implementação depende da *centralidade de um regime jurídico* que assegure a criação de novas leis, a reforma ou ajustes dos parâmetros normativos existentes e a consequente segurança e validade jurídica dos contratos e investimentos.

O "enverdecimento da economia" (*greening of the economy*) configura hoje um processo que *já está influenciando em grande medida a elaboração das políticas públicas em muitos países*, incluindo reformas e ajustes legais e de regulação em curso, tendo em vista

10 Resumen, sesión 5, <http://www.g20.org/index.php/es/component/content/article/39-g20/402-prueba>.

pavimentar o caminho para uma "transição verde", justificada em nome de fortalecer a capacidade institucional dos países a disparar um "novo" ciclo econômico, no qual o crescimento e o desenvolvimento tenham em conta as preocupações da sustentabilidade – clima, biodiversidade, energia, inclusão social, erradicação da pobreza etc.

Assim, na *prática* e mais além da retórica, a economia "verde" avança sobre os âmbitos mais diversos de nossa vida econômica e social: os critérios para as compras públicas (as licitações "verdes"); as "pegadas" (*footprints*) ecológicas, de carbono e de água como referências de competitividade comercial entre as *commodities*; a regulação para as florestas, áreas úmidas, solos e oceanos e seus respectivos potenciais para o sequestro de carbono e outros "serviços ambientais"; a agricultura de baixo carbono ou "climaticamente inteligente" (*climate smart agriculture*); as diretivas obrigatórias e progressivas para a incorporação das energias renováveis, entre as quais os agrocombustíveis; os seguros ambientais; os impostos e tarifas verdes; as normas para as construções e prédios verdes (*green buildings*); as normas de eficiência energética; as patentes verdes; os programas de transição para cidades verdes (*green cities*) etc.

É também no repertório da "economia verde" em que se inserem as políticas públicas de combate às mudanças climáticas, o comércio de emissões de carbono, o Mecanismo de Desenvolvimento Limpo e o financiamento para as ações de Redução de Emissões do Desmatamento e Degradação, conhecidas como REDD+. Da mesma forma, as políticas de biodiversidade vêm incorporando no âmbito nacional de forma crescente os esquemas de "pagamentos por serviços ambientais", as compensações (*offsets*) de biodiversidade, água (*water bonds*), bancos de habitat de espécies ameaçadas (*species banking*) e uma vasta gama de novos "ativos ambientais" aos quais correspondem a criação de novos mercados internacionais, como o já existente mercado de carbono.

Economia verde, um *slogan* eficaz

A disseminação da "economia verde" como um *slogan* foi muito efetiva – política e ideologicamente – para ajudar a forjar uma potente *narrativa unificadora* e, ao mesmo tempo, catalisar o sentido de envolvimento necessário no período pós-crise financeira. A "economia verde" ganhou crescente visibilidade e entrou no *mainstream* do discurso político, nas falas de chefes de Estado, ministros de Finanças, nos comunicados do G20 e outros, especialmente a partir de outubro de 2008 e do chamado a um Novo Acordo Verde Global (*Global Green New Deal*) feito pelo Pnuma.[11] Concebida e desenhada como uma resposta oportuna e adequada em termos de políticas abrangentes para enfrentar a crise financeira, a proposta de um Novo Acordo Verde Global foi um dos primeiros resultados da Iniciativa para a Economia Verde (*Green Economy Initiative*), que envolve mais de vinte agências do sistema ONU.[12]

11 Resumo para formuladores de políticas: <http://www.unep.org/pdf/A_Global_Green_New_Deal_Policy_Brief.pdf>. Informe completo: <http://www.un.org/esa/dsd/resources/res_pdfs/publications/sdt_cc/cc_global_green_new_deal.pdf>.

12 A *Green Economy Initiative* é uma das nove Iniciativas Conjuntas para a Crise (*Joint Crisis Initiatives*) nas quais estão todas as agências das Nações Unidas, lançada pelo UN System's Chief Executives Board em princípios de 2009. Neste contexto, a Iniciativa inclui um amplo leque de atividades e eventos de pesquisa e capacitação que envolve mais de vinte agências da ONU, incluindo as instituições de Bretton Woods (Banco Mundial, FMI e outros), assim como um Grupo de Gestão do Tema (*Issue Management Group*) específico para a economia verde, lançado em Washington, DC, em março de 2010 (<http://www.unep.org/greeneconomy/>).

O chamado do Pnuma convocava para "aproveitar a oportunidade histórica de trazer a economia do amanhã para o hoje", diante da "urgência de pensamento transformador" e pelo fato de os "modelos econômicos do século XX estarem aproximando-se dos limites do que é possível", sem especificar se esses "limites do que é possível" se referem à capacidade de suporte do planeta, ou do que seria necessário para uma nova etapa de acumulação.

Esse chamado surge em um contexto internacional em que políticas locais e nacionais são crescentemente racionalizadas como partes de um esforço concertado para um programa global de ação, associado à recuperação econômica de alguns países, sobretudo do Norte, e à inclusão competitiva e estratégica na economia mundial de outros, em especial os países do Sul e, entre esses, o papel-chave e os interesses das potências emergentes que integram o bloco dos BRICS.[13] Foi justamente o Brasil, apoiado pela China, que propôs na Assembleia Geral da ONU em 2009 convocar uma Conferência das Nações Unidas sobre Desenvolvimento

13 O acrônimo BRIC foi criado em 2001 por Jim O'Neill, economista sênior de um dos maiores bancos de investimento do mundo, o Goldman Sachs. Em um artigo intitulado "Building Better Global Economic BRICS", O'Neill argumenta que o Brasil, Rússia, Índia e China "– as economias BRICS – poderiam tornar-se uma força muito maior na economia mundial". Em <http://www.goldmansachs.com/our-thinking/topics/brics/brics-dream.html>, Goldman Sachs prevê que a China e a Índia, respectivamente, irão converter-se nos principais provedores mundiais de produtos manufaturados e serviços, enquanto o Brasil e a Rússia serão os países dominantes como provedores de matérias-primas: o primeiro dominante na soja e no minério de ferro e o segundo com suas enormes reservas de petróleo e gás natural. O termo BRICS foi desde então amplamente utilizado como um símbolo da mudança de poder econômico global, das economias desenvolvidas para o mundo "em desenvolvimento". Com a inclusão da África do Sul (e do S oficial no termo BRICS) em 2011, o grupo não se constitui como um bloco econômico, senão em uma aliança que desde 2009 se reúne em cúpulas e conferências periódicas, demonstrando cada vez mais seu crescente poder econômico, materializado, por exemplo, no aporte que estes países fizeram ao Fundo Monetário Internacional, expressando sua maior influência geopolítica.

Sustentável para celebrar os vinte anos da maior e mais representativa conferência da história das Nações Unidas, a Conferência das Nações Unidas sobre o Meio Ambiente e o Desenvolvimento, também conhecida como Cúpula da Terra, realizada no Rio de Janeiro em 1992. A Rio+20 foi originalmente convocada para debater o futuro do *desenvolvimento sustentável* a partir de dois temas centrais e complementares: *a economia verde no contexto da erradicação da pobreza* e o *marco institucional necessário para uma governança ambiental global*.[14]

Diante do desgaste ideológico e do esvaziamento de sentido do "desenvolvimento sustentável", apresenta-se a "economia verde", revestida como novidade e como uma resposta dentro do próprio sistema, com ênfase sobre seu caráter "pragmático" e de implementação de mecanismos: a economia "verde" não trata do *que fazer*, mas sim de *como* fazer, e fazer *agora*. A relevância da Rio+20,[15] e em especial do processo oficial que levou à conferência, é que esta marca em definitivo a instalação da "economia verde" na arena multilateral, como um tema de discussão, acordo de planos e consenso para a ação entre os países para o futuro e como um "novo" paradigma para a cooperação internacional.

Ao considerar o peso que o tema adquiriu na agenda política internacional, cabe questionar sobre o sentido dessa proposta levada adiante em uníssono pelos principais atores do atual pensamento hegemônico: *O que pode ser verdadeiramente considerado "novo" na emergente economia verde? E em que medida a economia "verde" desafia, substitui ou refuta o paradigma econômico vigente?*

Para buscar as respostas a essas interrogações, a exposição que segue foi dividida em duas partes.

14 Asamblea General de las Naciones Unidas, A/RES/64/236, § 20, b.
15 Site oficial e documentos: <http://www.uncsd2012.org/>.

Na primeira parte trato dos *antecedentes da economia verde e da emergência da mudança climática como novo paradigma de cooperação internacional*. Aqui, destaco a importância do *Relatório Stern* sobre a "economia da mudança climática" como pioneiro da nova lógica, na qual a crise ambiental entra para o centro da arena internacional sob o discurso de que representa uma falha (e oportunidade) do mercado. Na sequência, discuto os planos para "descarbonizar" a economia, ou melhor, para reciclar o desenvolvimento e o crescimento, no que toca ao seu efeito despolitizador. Com o fracasso das negociações sobre o clima, há um giro discursivo determinante no qual as políticas climáticas "negativas" (baixo consumo de carbono e "descarbonização") dão um passo para a economia verde "positiva", sem alterar suas propostas.

Na segunda parte trato de como a *economia verde é apresentada como um erro do mercado* e de como *dela depende a criação de novos mercados*. De um modelo atual em que as externalidades não são contabilizadas e valorizadas, e em que o capital estaria fundamentalmente "mal alocado", a introdução do conceito de "capital natural" se apresenta como traço distintivo da economia verde. Analisando em que consiste a criação e incorporação dessa nova classe de ativos e patamar de direitos de propriedade, identifico a economia verde como uma narrativa unificadora do capital financeiro, a serviço de um novo passo da acumulação.

Antecedentes da economia verde

Se a trajetória que nos levou uma aposta global na economia verde vem se plasmando ao longo das últimas décadas, a incorporação concertada dos principais mecanismos e premissas da economia verde na agenda programática dos atores hegemônicos é mais recente. Está intimamente relacionada com a centralidade que o debate e as negociações sobre o "clima" alcançaram na agenda política internacional, assim como tudo o que envolve os imaginários do que seria um mundo de "baixo consumo de carbono" e os mecanismos para a "descarbonização" da economia. De fato, as políticas e leis que combatem a mudança climática, assim como a discussão sobre a financeirização do clima e seus instrumentos e fundos, constituem uma plataforma estrutural em que estão ancorados os mecanismos centrais da economia verde.

Em 2005, Tony Blair, primeiro-ministro do Reino Unido, em seu papel de anfitrião da cúpula do G8 em Gleneagles, na Escócia, convidou os principais *países emergentes* com a expectativa de que isso contribuiria para formar um grupo mais representativo, *injetando ímpeto renovado na rodada de Doha sobre as negociações de comércio e para obter uma maior cooperação no que diz respeito ao tema da mudança climática*. Ao final deste encontro, os países do grupo G8+5 emitiram um comunicado conjunto com a intenção de construir "um novo paradigma para a cooperação internacional no futuro". Como resultado do G8+5, conhecido como Diálogo de Gleneagles sobre Mudanças Climáticas (*Gleneagles Climate Change Dialogue*), organizou-se uma reunião em fevereiro de 2007, em Washington, nos Estados Unidos, onde os países se comprometeram a um acordo não vinculante de cooperação em relação às mudanças climáticas.[16] Foi neste encontro e contexto que se lançou a ideia para uma Iniciativa para a Economia Verde (*Green Economy Initiative*) das Nações Unidas, com financiamento inicial da União Europeia, Alemanha e Noruega. No âmbito da iniciativa é que se produziu a proposta para

16 Cf. <http://en.wikipedia.org/wiki/G8%2B5>.

um Novo Acordo Verde Global (*Global Green New Deal*), que, como já dissemos, foi encabeçado pelo Pnuma e lançado em 2008, em meio à crise financeira.

A economia das mudanças climáticas: pioneira da nova lógica

Ao final de outubro de 2006 foi divulgado com grande impacto midiático o *Stern Review on the Economics of Climate Change*[17] ou, em português, *Relatório Stern: a economia das mudanças climáticas*, um divisor de águas e elemento central na consolidação da economia verde como resposta hegemônica e programática do capitalismo, tendo em vista o salto a uma nova etapa de acumulação.

O informe conseguiu traduzir em termos econômicos os custos – mas também as oportunidades de negócios e lucros – das mudanças climáticas e fazer da questão ambiental/climática um caso econômico "sério". Segundo seus cálculos, a falta de ação e a manutenção dos atuais padrões de emissões poderiam ter como custo uma redução de aproximadamente 5% do Produto Interno Bruto Mundial (PIB), chegando aos 20% de redução no pior cenário. Já os gastos para estabilizar as emissões de gases-estufa representariam o equivalente a 1% do PIB mundial ao ano, até o ano 2050.[18]

Segundo o *Relatório Stern*, os "benefícios" de uma atuação rápida são consideravelmente superiores aos "custos". Em valores de então (2006), o estudo elencou entre suas principais conclusões que cada tonelada de CO2 que emitimos provoca danos de pelo menos US$ 85, mas

17 Cf. <http://www.direct.gov.uk/en/Nl1/Newsroom/DG_064854>.

18 Considerando que na ocasião do lançamento do relatório o parâmetro foi estabilizar as emissões abaixo dos 550 ppm (partes por milhão de CO2 na atmosfera).

as emissões podem chegar a ser reduzidas com um custo bem menor, de US$ 25 por tonelada.[19] Colocar o mundo em uma trajetória de baixo carbono poderia, eventualmente, beneficiar a economia em até US$ 2,5 trilhões por ano. Até 2050, os mercados de tecnologias de baixo consumo de carbono poderão valer pelo menos US$ 500 bilhões. Baseado nessas razões econômicas, o estudo chamava para uma ação rápida:

> *o que fazemos agora pode ter um efeito limitado sobre o clima durante os próximos 40 ou 50 anos; mas o que fizermos nos próximos 10 ou 20 anos poderá ter um efeito profundo sobre o clima na segunda metade desse século.*

Suas principais recomendações abordam três aspectos: precificação do carbono (*carbon pricing*), políticas tecnológicas e eficiência energética. Dar um preço ao carbono – com mais impostos e com o comércio de emissões ou regulação – mostraria à sociedade o *verdadeiro custo* de suas ações: o objetivo integrado é atribuir um preço global ao carbono, transversal a todos os países e setores da economia, além de esquemas de comércio de emissões, como aquele que opera em toda União Europeia, expandidos e vinculados. As políticas tecnológicas devem conduzir ao desenvolvimento e uso em larga escala de uma variedade de produtos de baixo consumo de carbono e alta eficiência, sendo que normas ou padrões internacionais podem ser introduzidos para classificar esses produtos. As mudanças climáticas devem ser plenamente integradas à política de desenvolvimento, e os países ricos devem honrar suas promessas

19 Cf. <http://www.guardian.co.uk/politics/2006/oct/30/economy.uk>.

para aumentar o apoio via ajuda ao desenvolvimento (*overseas development assistance*).[20]

Foram feitas muitas críticas ao documento. Suas recomendações "técnicas" quanto ao benefício econômico de investimento e adoção de tecnologias de baixo consumo de carbono, como os atribuídos aos agrocombustíveis, por exemplo, serviram como detonador fundamental do *boom* de tomada de terras (*land grab*) que se seguiu, com suas consequências na especulação, despejos, expansão das monoculturas, fome etc.

Talvez a maior crítica que se faça ao *Relatório Stern*, porém, é a forma lacônica com que cristaliza a mentalidade de seu tempo: uma mentalidade moldada pela cultura consumista. Por ocasião de seu lançamento em Londres, no segundo semestre de 2006, seu autor principal, *sir* Nicholas Stern, membro da nobreza britânica, com o título de Barão Stern de Brentford, e ex-vice-presidente do Banco Mundial, declarou:

> *As mudanças climáticas são resultado da maior falha do mercado que o mundo já viu. A evidência da seriedade dos traços de inércia ou ação em atraso é hoje devastadora... O problema das mudanças climáticas envolve uma falha fundamental dos mercados: aqueles que causam dano a outros emitindo gases de efeito estufa em geral não pagam por isso.*[21]

Porém, cabe questionar: O princípio de "quem polui paga" não contemplaria uma lógica que permite que

20 Cf. <http://www.guardian.co.uk/politics/2006/oct/30/economy.uk>.

21 "Climate change is a result of the greatest market failure the world has seen. The evidence on the seriousness of the risks from inaction or delayed action is now overwhelming... The problem of climate change involves a fundamental failure of markets: those who damage others by emitting greenhouse gases generally do not pay [...]". Cf. <http://www.guardian.co.uk/environment/2007/nov/29/climatechange.carbonemissions>.

aquele ou aquela que pode pagar possa também poluir? Há algo como um "direito de poluir" que pode ser comprado?

A essa ideia corresponde a crescente introdução de mecanismos de flexibilização que permitem aos indivíduos cumprir com a norma sem a necessidade dos instrumentos clássicos de sanção. Sob essa lógica, as políticas ambientais e climáticas já não se baseiam em direitos humanos e coletivos, mas consideram os cidadãos, antes de mais nada, como consumidores, e o direito de contaminar e degradar o ambiente, como mais uma mercadoria, levando com isso a que os direitos passem a ser um novo ramo de provisão de "serviços" a cargo do mercado.

"Descarbonizar" ou reciclar o desenvolvimento e o crescimento?

Os desafios e oportunidades para uma "economia de baixo consumo de carbono" num mundo com recursos cada vez mais escassos foi um tema importante para agências multilaterais e governos, inclusive para "definir novas rotas e estratégias de baixo carbono para o desenvolvimento".[22] O Banco Mundial, como sua história comprova, não é um ator legítimo para conduzir ou intermediar a transição necessária de um modelo de sociedade a outro. No entanto, apoiou, em 2008, por meio do *Energy Sector Management Assistant Program* (ESMAP), "estudos de caso para o desenvolvimento de baixo consumo de carbono" para Brasil, Índia,

22 UNEP/UNDP, *Charting A New Low-Carbon Rout to Development* (2009, <http://www.undp.org/eu/documents/Charting_carbon_route_web_final.pdf>.

Indonésia, México, Polônia e África do Sul.[23] As "lições aprendidas" foram sistematizadas como um mapa do caminho para o "crescimento de baixo consumo de carbono", e destinados a apoiar as estratégias nacionais e a construção das políticas nacionais sobre o clima.[24] Como consequência, o Banco Mundial, junto a universidades e instituições brasileiras, elaborou para o Brasil um "plano de desenvolvimento de baixo consumo de carbono".[25]

O estudo do Banco Mundial reforça e dá peso ao discurso que trata das "oportunidades de negócios" das mudanças climáticas, e passa de um "cenário de referência" (as tendências da atual economia "marrom", baseado na projeção das médias e tendências históricas) a outro, identificado como de "baixo consumo de carbono", sem que com isso realmente questione os temas estruturais.[26]

O padrão atual de desenvolvimento da economia "marrom", extrapolado nos cenários imaginados de "tendências", ou seja, a expansão continuada do crescimento econômico e consumo de recursos que fundamentam um futuro especulativo, é a base com a qual se compara a opção "verde" ou de "baixo consumo de carbono". Diante disso, tudo o que hipoteticamente é "reduzido" ou "evitado" na trajetória de crescimento assumida como "inexorável" do desenvolvimento, e sem considerar suas limitações físicas e ecossistêmicas, se

23 Cf. <http://www.esmap.org/esmap/LowCarbon DevelopmentStudies>.

24 Cf. <http://www.esmap.org/filez/pubs/63200985854_529200911857_FINAL _ LCCS-bro_lowres.pdf>.

25 Banco Mundial, *World Bank Low-Carbon Development Plans. Brasil*, 2010. <http://siteresources.worldbank.org/BRAZILEXTN/Resources/Brazil_LowcarbonStudy.pdf>.

26 Comparando esses "cenários" produzidos através da modelagem de dados, o estudo fornece gráficos e curvas de custo que permitem comparar as "opções de baixo carbono" à projeção das linhas históricas de emissões de dióxido de carbono (CO_2) – uma forma de contabilizar e expressar o consumo (e dependência) da energia fóssil em cada país e em sua economia atual – que se traduzem nos "cenários de referência" (*businees as usual*).

converte em um "crédito". Esse "crédito", através dos mecanismos e políticas para valorizar e trazer os ativos ambientais aos mercados, por sua vez, converte-se em um potencial título financeiro para capitalizar os Estados nacionais e obter investimentos destinados a financiar o mesmo desenvolvimento.

Contra as dinâmicas instaladas (como o agronegócio, a pecuária etc., que o estudo não questiona) e os cenários hipotéticos de "tendências", se apresentam as vantagens de mudança de trajetória para "tecnologias de baixo consumo de carbono", um pacote que inclui, entre outros, as opções de "reduzir emissões" via mecanismos de mercado como o Mecanismo de Desenvolvimento Limpo (MDL, que, através de seus projetos, tais como hidrelétricas, captura de gases metano de aterros sanitários, produção de biocombustíveis, parques de energia eólica etc., gera "créditos de carbono" válidos frente às Nações Unidas para que os países do norte cumpram com seus compromissos de redução de emissões de gases de efeito estufa) e o REDD+ (que gera créditos desse carbono reduzido/sequestrado ou que se "evitou" emitir), assim como tecnologias e serviços de "baixo consumo de carbono" e suas oportunidades de projetos e lucros. Aí também se incluem agrocombustíveis (como o etanol e biodiesel), sementes modificadas para resistir melhor às mudanças climáticas (climaticamente inteligentes ou *climate smart*), plásticos "verdes" e incremento de fontes energéticas renováveis, como a biomassa.

"Descarbonizar" ou despolitizar?

Uma crítica estrutural que se apresenta é a seguinte: *estratégia* de baixo consumo de carbono para quem? Sob a métrica do carbono, a redução da realidade a uma única narrativa torna invisíveis os conflitos de interesses, os jogos de poder, as ideologias e as contradições da realidade, assim como também os sujeitos individuais e coletivos, a violência estrutural e a injustiça. A despolitização desse debate, operada por sua redução à ideia do "manejo" do carbono e suas opções tecnológicas, tem a ver com a forma em que "todos os problemas sociais e políticos que se derivam das mudanças climáticas (que se pode privatizar e possuir a atmosfera, como é o caso com o mercado de carbono, por exemplo) foram eclipsados pela linguagem econômica neoclássica".[27] A isso se soma o fetiche do convencimento a partir do supostamente "científico", imune diante do "ideológico", que privilegia a apresentação de dados "objetivos" que geram impacto visual e gráfico, um traço característico da cultura política atual, em detrimento do político e da argumentação crítica.

Além disso, em processos de formulação de diretivas e leis, os estudos e estratégias de baixo consumo de carbono se convertem em uma espécie de "plano de negócios do país", com bancos e consultorias assessorando os governos como se estes fossem empresas.[28]

Nesse sentido, o projeto Catalyst vem assessorando países como México, Indonésia e outros a elaborar planos de crescimento de baixo consumo de carbono. Em 2010 colaborou para criar o Global Green Growth Institute, que apoia países e governos na elaboração de estratégias nacionais de "crescimento de baixo carbono".[29] Na mesma

27 Larry Lohmann, "La política del cambio climático" (Entrevista para *Re-Public*, 6 nov. 2008, <http://www.carbontradewatch.org/index.php?option=com_content&task=view&id=240&Itemid=36>).

28 McKinsey, *Estudo de Caso: Brasil* (2010, <www.mckinsey.com.br/sao_paulo/carbono.pdf>).

29 O Projeto Catalyst define sua missão como a reunião de "líderes *experts* de todas as partes do mundo para produzir suporte analítico que ajude a definir um acordo climático internacional post-Kyoto exitoso". Cf. <ttp://www.project-catalyst.info/focus-areas/low-carbon-growth-planning.html>; <http://www.project-catalyst.info/

linha, a empresa de consultoria internacional McKinsey teve um papel importante ao produzir diversas guias (*pathways*) de "baixo consumo de carbono" e propor planos de transição para os países ricos em recursos florestais.[30] Seus estudos e "curvas de custo", principal ferramenta para apoiar a decisão sobre a adoção (ou não) do mecanismo REDD+, foram criticados pela (má) influência que tiveram – e seguem tendo – na formulação de políticas no âmbito nacional e subnacional em países como Indonésia, Guiana, Papua Nova Guiné e República Democrática do Congo.[31] Por apresentar cenários sempre positivos, *win-win*, irrealistas, e que modelam oportunidades de investimentos e lucros para convencer a adoção dos mecanismos de mercado que se busca promover, sem levar em conta os verdadeiros custos de mudar padrões de desmatamento, os planos de assessoria da McKinsey foram criticados por promover o desmatamento e a destruição das florestas.[32]

Tendo em conta que mais ou menos "carbono" é, em linguagem corrente, a quantificação e o controle do conteúdo de energia e da relação com o recurso relativo ao qual a energia é gerada (fóssil ou "renovável"), num horizonte mais amplo, *a economia verde nos dá pistas de*

about-us/mission-statement.html>; <http://www.project-catalyst.info/about-us/project-catalyst-is-and-isnt.html>.

30 Cf. <http://www.mckinsey.com/en/Client_Service/Sustainability/Latest_thinking/Pathways_to_a_low_carbon_economy.aspx>; O World Resources Institute produziu estudos de caso para o "desenvolvimento de baixo carbono" para os países emergentes Brasil, Índia, China, Indonésia e África do Sul. Cf.: <http://www.wri.org/project/low-carbon-development/>.

31 Greenpeace, *Bad Influence: How McKinsey-inspired plans lead to rainforest destruction* (2011, <http://www.greenpeace.org/international/en/publications/reports/Bad-Influence/>).

32 Nathaniel Dyer; Simon Counsell, *MCREDD: How McKinsey "cost-curves" are distorting REDD* (UK, Rainforest Foundation, 2010, <http://rainforestfoundationuk.org/MCREDD>).

qual é a transição que a civilização petroleira – e o capitalismo – tem planificada para garantir sua reprodução.

De fato, os desafios e oportunidades para uma economia de "baixo consumo de carbono" em um mundo de recursos cada vez mais escassos é também objeto de reflexão de corporações emblemáticas da economia atual, como a Shell (*Scramble and Blueprints*, e *Signals & Signposts*),[33] assim como grandes coalizões do setor empresarial, como o Conselho Empresarial Mundial para o Desenvolvimento Sustentável (*Visión 2050*),[34] em cujos informes é comum considerar-se 2050 como um horizonte de transição global em relação aos recursos fósseis, assim como o ano 2020 como um marco para finalizar uma *arquitetura institucional que viabilize essa "transição"*.[35]

Um giro discursivo determinante: das políticas climáticas "negativas" à economia verde "positiva"

Ao longo dos últimos anos, as mudanças climáticas conseguiram assumir um papel central na agenda internacional. Da mesma forma, a luta contra o aquecimento global e a "justiça climática" foram incorporadas às agendas, aos discursos e às mobilizações da sociedade civil global. Esse movimento teve seu momento culminante na 15ª Conferência das Partes da Convenção-Quadro das Nações Unidas sobre Mudança do Clima, realizada em Copenhague, na Dinamarca, em dezembro de 2009,[36]

33 Shell, 2011. Cf. <http://www.shell.com/home/content/aboutshell/our_strategy/shell_global_scenarios/signals_signposts/>.

34 Cf. <http://www.wbcsd.org/vision2050.aspx>.

35 Cf guia para descarbonização do setor de energia da União Europeia: <http://www.roadmap2050.eu/>.

36 5ª Conferência das Partes da *Convenção-Quadro das Nações Unidas sobre Mudanças Climáticas*, <http://unfccc.int/2860.php>.

quando fracassaram as expectativas de se concretizar um acordo legalmente vinculante para frear as mudanças climáticas.

A capacidade mobilizadora e midiática que teve a luta para "salvar o clima" tanto na política quanto na opinião pública, decaiu significativamente por causa das crises financeiras, em função da expectativa de que os governos, num contexto de austeridade e recessão nas economias do Norte, as mais afetadas pelas crises, viessem a adotar medidas para reduzir a atividade econômica, frear ou sobretaxar o consumo energético, diante do imperativo político (e eleitoral) de manter empregos e estimular o crescimento. Por sua vez, os países emergentes do Sul, com taxas de crescimento alcançadas sobretudo pela demanda extrativista e pela oferta de expansão de energia (o que também significa mais emissões e responsabilidades), não estavam de acordo com medidas que poderiam conter ou desacelerar a entrada de suas economias no *ranking* do primeiro time dos países.

É sintomática a mudança que se seguiu. O termo, até então muito utilizado e disseminado e que se referia ao processo de "transição", como passar a uma "economia de baixo consumo de carbono", "desenvolvimento de baixo consumo de carbono" e até "crescimento de baixo consumo de carbono",[37] passou a ser permanentemente recolocado e substituído, nos *mesmos contextos e pelos mesmos atores*, pelo termo de "economia verde". *Uma mudança aparentemente discursiva, porém determinante para a consolidação da hegemonia.*

Diante da desmobilização da opinião pública, passado o momento de ímpeto internacional na luta para

37 Cf. <http://blogs.worldbank.org/climatechange/low-carbon-growth-only-sustainable-way-overcome-world-poverty>.

"salvar o clima", e somada a realidade incontornável da crise econômica, os "cenários de baixo consumo de carbono" e o desafio imperativo de "descarbonizar" as economias evocavam o *desfazer*, *diminuir*, *reduzir*, *evitar*, ideias não muito apelativas em tempos de luta contra a estagnação do crescimento.

É quando as *mesmas propostas* se vêm rapidamente incorporadas a uma nova agenda de convergências e esforços conjuntos, desta vez "pela economia verde" – um termo amplo e abarcador e que se apresenta sob uma aura positiva e de *implementação*. De fato, a principal metamorfose é que, de uma maneira mais efetiva que o termo "baixo consumo de carbono", o lema "economia verde" parece capturar melhor as sensibilidades ecológicas da sociedade e dos consumidores, assim como é bem mais plausível quando, além disso, se conjuga ao termo o "crescimento verde", que soa bastante melhor e mais convincente que o "crescimento de baixo consumo de carbono" (que segue sendo o termo utilizado em linguagens mais "técnicas").

Da economia verde ou como corrigir uma falha de mercado

O informe *Hacia una economía verde: guía para el desarrollo sostenible y la erradicación de la pobreza* – publicado pelo Pnuma em 2011 com base nos capítulos de trabalho do *Green Economy Report*, principal produto da iniciativa das Nações Unidas para a economia verde – foi lançado como "um mapa do caminho para a Rio+20 e mais adiante". Ele se tornou o principal documento para a agenda da Rio+20, propondo uma definição de trabalho para a economia verde, um dos eixos centrais do encontro:

O Pnuma considera que uma economia verde deve melhorar o bem-estar do ser humano e a equidade social, ao mesmo tempo que reduz significativamente os riscos ambientais e a escassez ecológica. Em sua forma mais básica, uma economia verde seria aquela que tem baixas emissões de carbono, utiliza os recursos de forma eficiente e socialmente inclusiva.

Nesta tentativa de circunscrever "na sua forma mais básica" o que seria a economia verde, a formulação incorpora a centralidade que a "métrica do carbono" exerce nas políticas climáticas: a referência às *toneladas métricas equivalentes de dióxido de carbono* (1 tco2e = unidade de redução certificada de emissões = unidade de "crédito de carbono") como medida "objetiva" das metas de "redução de emissões" em relação à economia "marrom", referendando a "descarbonização" como uma dinâmica estrutural para "enverdecer" a economia.

Em uma economia verde, o aumento das receitas e a criação de empregos devem ser derivados de investimentos públicos e privados destinados a reduzir as emissões de carbono *e a contaminação, a promover a eficiência energética assim como no uso dos recursos, e a evitar a perda de diversidade biológica e de serviços dos ecossistemas.* Esses investimentos vão se catalisar e se respaldar com gasto público seletivo, reformas políticas e mudanças na regulação. *O caminho em direção ao desenvolvimento deve manter, melhorar e, quando necessário, reconstruir* o capital natural como ativo econômico fundamental *e fonte de recursos públicos, especialmente para as pessoas desfavorecidas cujo sustento e seguridade dependem da Natureza.*[38]

38 Pnuma, *Hacia una economía verde: guía para el desarrollo sostenible y la erradicación de la pobreza*, p.2, 2011, grifos meus. Cf. <http://

Entretanto, como poderão as medidas econômicas produzir uma transformação social dessa magnitude? Segundo o Pnuma, "o conceito de 'economia verde' ainda não substitui o de 'desenvolvimento sustentável', porém, há um crescente reconhecimento que atingir a sustentabilidade repousa quase inteiramente em contar com a 'economia correta'" – na versão em inglês, *rests almost entirely in getting the economy right*.[39]

Esta convicção de que há uma maneira mais "atualizada" para o "desenvolvimento sustentável", e que repousa na centralidade de eficientes mecanismos econômicos (reduzindo a complexidade e a complementariedade dos três pilares que originalmente conformavam o conceito, criado pela própria ONU), transforma a questão em meramente "contar com uma economia correta", sem entrar em temas considerados "ideológicos" ou "políticos", como se "a economia" fosse uma ciência objetiva.

De acordo com esta perspectiva, a crise ambiental não seria uma questão política – inextrincavelmente dependente das relações de poder que garantem os regimes de propriedade, de acesso, de uso e gestão dos recursos e dos territórios – mas, essencialmente, uma falha do mercado. Logo, uma falha de mercado deve ser corrigida por uma solução de mercado: incorporando e internalizando os custos das "externalidades", pondo um preço à poluição, revertendo subsídios perversos, alavancando investimentos (e lucros) privados com suporte e garantia de políticas públicas, possibilitando incentivos positivos (pagamentos/isenções fiscais), promovendo investimentos em tecnologias apropriadas, "mais limpas". O informe foi justamente criticado

www.unep.org/greeneconomy/greeneconomyreport/tabid/29846/default.aspx>.

39 Ibid.

pela ausência absoluta de toda consideração do significado das extraordinariamente desiguais relações de poder existentes no mundo contemporâneo, e os interesses que estão em jogo na operação desse sistema-mundo. Fala o informe reiteradamente de políticas, mas nunca de política, nunca de poder.[40]

Com respeito ao que seja uma "economia correta", o Pnuma, segundo o mesmo informe, acredita que para mover-se em direção a um "novo" paradigma econômico, a principal ação deveria ser canalizar 2% do PIB mundial para o financiamento da transição em dez setores-chave da atual economia "marrom": agricultura, energia, construção, água, florestas, recursos pesqueiros, manufaturas, resíduos/lixo, turismo e transporte. Segundo os cálculos do informe, essa única medida poderia arrecadar US$ 1,3 trilhão ao ano para investir em setores estratégicos e conduzir-nos à "transição", enquanto os 98% restantes do PIB continuariam dependentes da economia "marrom-fóssil".

A economia "verde" não é apresentada como algo incompatível com a manutenção ou até mesmo com a aceleração do crescimento segundo os parâmetros atuais.

De acordo com essa lógica "verde", quanto mais cresce a economia marrom, mais fundos estariam

40 Para uma crítica neste sentido do informe do Pnuma, ver Edgardo Lander, *La economía verde: el lobo se viste con piel de cordero* (TNI, 2011, <http://www.tni.org/es/report/la-economia-verde-el-lobo-se-viste-con-piel-de-cordero>).

(hipoteticamente) disponíveis para enverdecê-la. A isso se poderia argumentar na direção oposta: quanto mais degradação ambiental e escassez de recursos, mais valiosos (e caros no mercado) estarão os títulos de cobertura florestal, as compensações de biodiversidade, as licenças de água, os créditos de carbono etc.

As principais ideias por trás dessas propostas que hoje se apresentam sob a aura de novidade da "economia verde" não são inteiramente novas, mas sim consequência de tentativas anteriores que desde o final dos anos 1970, e especialmente nos anos neoliberais de 1980 e 1990, vêm consolidando um campo de ideias e teorização que tomou forma e nome de "economia ambiental" ou "economia ecológica". *Qual seria então o traço distintivo da economia verde?*

Da era do capital mal-alocado para a era do capital natural

O sistema econômico atual é definido pelo Pnuma como a "era do capital mal-alocado" (*era of capital misallocation*), em que temos "permitido" que os negócios sigam sob "externalidades ambientais e sociais significativas, amplamente *não* contabilizadas e *não* verificadas"; diante disso, colocar *preço à contaminação* (e ao carbono, às compensações, às permissões de água, à biodiversidade, aos serviços ambientais etc.) é apresentado como uma *engrenagem central* para seguir adiante, para possibilitar "mudanças nos padrões de investimento privado e obter histórias de sucesso, *especialmente nos países em desenvolvimento*".[41]

41 UNEP, *Towards Green Economy: Pathways to Sustainable Development and Poverty Erradication*, p.2, 2011, grifos meus.

Como exemplo dessa valorização das externalidades (custo das emissões resultantes do desmatamento e os créditos por evitá-lo ou reduzi-lo), o guia do Pnuma aponta o mecanismo de REDD+, que ainda aguarda regulamentação definitiva nas negociações da Convenção do Clima, como o "regime de REDD+", pois atualmente este seria "talvez a melhor oportunidade para facilitar a transição para a economia verde para o setor [global] de florestas".[42]

Assim como a contabilização das externalidades "sociais e ambientais" é uma engrenagem central para seguir adiante na economia verde, a criação de novos ativos econômicos é estrutural.

Na constelação de temas que apontam para onde nos levará a economia "verde" está a incorporação de uma *nova medição da riqueza dos países* através do PIB *verde*, que seria a quantificação e contabilização dos chamados "ativos ambientais" (termo pelo qual se definem o carbono, a biodiversidade, a água etc.). O carbono já é um ativo negociado sob mecanismos internacionais, como o Mecanismo de Desenvolvimento Limpo e nos mercados voluntários, e além disso já estão em desenvolvimento novos mecanismos e mercados que incorporem outros ativos verdes. Esses ativos, comercializados como os novos títulos "verdes", despertam o interesse, por exemplo, de bancos e empresas que necessitam de cada vez mais securitização ambiental para seus empreendimentos e investimentos.

Os mercados de carbono (e um preço global ao carbono) figuram como a principal aposta dos governos e das macropolíticas de combate às mudanças climáticas, assim como estão na espinha dorsal das propostas para uma economia verde ou de baixo consumo de

42 Ibid., p.7.

carbono. O mercado de "carbono", esta nova *commodity* global e a mais emblemática deste momento da acumulação que aponta aos bens e aos serviços intangíveis, tem acumulado um valor global de US$ 142 bilhões desde sua criação oficial, em 2005, quando entra em operação o esquema de comércio de emissões da União Europeia.[43] Este valor é obtido comercializando-se mais de 7 bilhões de toneladas de CO2, representadas pelas reduções certificadas de emissões (*Certified Emisson Reduction* ou CER), o principal título da economia financeira do carbono. A falta de claridade sobre o marco regulatório para o período pós-2012 (quando expira o primeiro período de compromisso do Protocolo de Kyoto, que deve ser substituído por um novo acordo global até 2015) é atualmente a principal trava a sua expansão.[44]

As CERs são o primeiro exemplo de como se estrutura o financiamento e o comércio dos chamados "ativos ambientais". Sua principal característica é a fungibilidade: em si, uma CER é um título negociável no mercado financeiro que representa a redução de emissões de uma tonelada métrica de dióxido de carbono equivalente (tCO2e).[45]

No processo de construção do "PIB verde", estes novos "ativos" são aos poucos transformados em uma classe de *variáveis macroeconômicas*, como já se havia iniciado com os inventários de carbono e a incorporação de seus "estoques" nas *contas nacionais*. Por exemplo, argumenta-se que a transformação do carbono em um indicador macroeconômico permitiria uma apreciação ou valoração "mais verdadeira" do

43 Cifras de 2011, referentes ao ano de 2010. Cf. <http://siteresources.worldbank.org/INTCARBONFINANCE/Resources/StateAndTrend_LowRes.pdf>.

44 Em função disso, os preços das CERs chegaram a cair em cerca de 70% ao longo do último ano, atingindo seu menor preço histórico (US$ 3 por tonelada), <http://www.reuters.com/article/2012/07/30/carbon-market-idUSL6E8IU8Q820120730>.

45 Cf. <http://en.wikipedia.org/wiki/Carbon_dioxide_equivalent>.

nível "real" da economia e da viabilidade do crescimento, renda e emprego para os países.

Com o objetivo de "fazer para a biodiversidade o mesmo que o *Relatório Stern* havia feito para o clima", "fazer visível o valor dos serviços da Natureza" e com isso "influenciar negócios e decisões adotados pelos países", encomenda-se a elaboração do estudo *A economia dos ecossistemas e da biodiversidade* (*The Economics of Ecosystems and Biodiversity*), conhecido por sua sigla TEEB, uma peça-chave da arquitetura da economia verde.[46] O pedido para a realização do estudo surgiu da reunião do G8+5 em 2007 na cidade de Washington, nos Estados Unidos, e foi coordenado pelo economista indiano Pavan Sukdev, ex-diretor do Banco Mundial e à época diretor da divisão de novos mercados do Deutsche Bank, que, em ano sabático, coordenou o estudo a partir do Pnuma – e, portanto, com a legitimidade da ONU.

O TEEB calculou que a destruição dos ativos da Natureza, como florestas, áreas úmidas, entre outros, causa perdas *anuais* de pelo menos US$ 2,5 trilhões em todo o mundo, e que os custos para proteger a biodiversidade e os ecossistemas são mais baixos que o custo de deixar que eles se percam. Assim se demonstrou o valor econômico das florestas, água, solo e corais, entre outros, como também o custo ocasionado pela perda desses recursos.

Um dos principais ganhos do TEEB é que introduz metodologias de cálculo e uma métrica para referência internacional, com várias categorias de serviços ambientais, com capítulos distintos para cada um dos diferentes setores da sociedade (formuladores de políticas, setor de negócios, sociedade civil, governos locais etc.)

46 Cf. <www.teebweb.org>.

e que têm como objetivo geral avaliar o valor econômico do que implica a perda de biodiversidade, bem como do retorno de "investimentos" por conta da conservação da biodiversidade.

O TEEB foi recebido oficialmente pelos países no marco da 10ª Conferência das Partes da Convenção sobre Diversidade Biológica das Nações Unidas, realizada em outubro de 2010 em Nagoia, Japão, e é hoje *a principal referência internacional* para subsidiar os países que estão estimando o valor da Natureza e a adoção de políticas públicas de valoração do *capital natural*.

Esse movimento estrutural, sob os auspícios das Nações Unidas, é indicativo do processo por meio do qual, concretamente, se está promovendo a incorporação do "capital natural", conceito central neste momento da acumulação. No lançamento do TEEB, Pavan Sukdev expressou que "estamos vivendo do capital da Terra, precisamos aprender a viver dos lucros".

Em 2012, o Banco Mundial lançou o informe *Crescimento verde inclusivo: o caminho para o desenvolvimento sustentável* (*Inclusive Green Growth: The Pathway to Sustainable Development*). O documento é apresentado como um "marco analítico que leva em conta as limitações do sistema marinho, terrestre e atmosférico nos planos para o crescimento econômico necessário para seguir reduzindo a pobreza", que pretende "desmistificar a concepção de que o crescimento verde é um luxo ao qual a maioria dos países não se pode dar", e ao qual os principais obstáculos seriam "as barreiras políticas, os comportamentos muito arraigados e a falta de instrumentos financeiros adequados". O crescimento "verde e inclusivo", à moda do Banco Mundial, apresenta-se como um incentivo para que os governos possam "mudar seu enfoque em matéria de políticas de crescimento para uma melhor medição no terreno do que se está produzindo, mas também do que se está consumindo e contaminando nesse processo", incluindo assim as "externalidades" no cômputo geral do cálculo econômico. Para esse fim, segundo o banco, é mister "atribuir valor às terras de cultivo, aos minerais, rios, oceanos, bosques e à biodiversidade, e outorgar direitos de propriedade", o que "dará aos governos, à indústria e às pessoas incentivos suficientes para gerir [os recursos] de uma maneira eficiente, inclusiva e sustentável".[47]

Sob a aura de novidade de "crescimento verde e inclusivo" parece estar atualizando a clássica formulação da *Tragédia dos Comuns*, como se a questão principal para que a "gestão" dos recursos naturais seja "eficiente, inclusiva e sustentável" possa ser atribuída à falta de direitos de propriedade (para "governos, empresas e pessoas"). Em relação a essa matriz de pensamento, a proposta da economia verde avança no sentido de condicionar a gestão eficiente, inclusiva e sustentável (além dos direitos de propriedade) à atribuição de um "valor" monetário a esses recursos.

A economia verde como narrativa unificadora do capital financeiro

Na leitura proposta aqui, o traço diferencial da narrativa unificadora da "economia verde" é a instauração do conceito de capital natural que constitui hoje uma demanda

47 Na tradução oficial para o espanhol e o francês do comunicado de imprensa do Banco Mundial sobre esta publicação, o termo verde (*green*) está traduzido como "ecológico" (<http://web.worldbank.org/WBSITE/EXTERNAL/BANCOMUNDIAL/NEWSSPANISH/0,,contentMDK:23190905~pagePK:64257043~piPK:437376~theSitePK:1074568,00.html>).

central do capital financeiro, e em grande medida, a *condição para a reprodução deste*. Sob o conceito estruturante de *capital natural*, ativos antes "invisíveis" para a economia tradicional, tal como os "serviços ambientais" (onde se incluem carbono, biodiversidade, água e outros) são adequados, medidos e valorados para sua negociação nos mercados. Em um momento em que a economia mundial é absolutamente dependente e controlada pelo capital financeiro, e com o mesmo capital financeiro em crise, a criação e introdução de novos "ativos" no mercado financeiro, através da expansão da financeirização, é a principal estratégia para alavancar a economia "verde".

A naturalização do *capital natural* como uma realidade econômica – mas também social, cultural e política – nos leva a um novo momento de acumulação primitiva, com novos cercamentos (*enclosures*) desses "ativos ambientais", criando exclusão (separando componentes indivisíveis da biodiversidade e dos ecossistemas), assegurando um marco jurídico que garanta direitos de propriedade, e realizando profundas mudanças culturais para que o que antes era percebido socialmente como um bem comum possa ser legitimamente transformado em propriedade privada.[48] *Afinal, como é possível privatizar e possuir o ar?*

Para tanto, são necessários mecanismos que vinculem os recursos naturais e os bens comuns – a partir de agora chamados de "ativos ambientais" – aos mercados e à sua lógica. Esses são quantificados, monetarizados e transformados em títulos ou papéis "verdes" (como os créditos de carbono), os quais, para que tenham um referente de seu valor real, necessitam garantir sua "segurança jurídica",

48 Terra de Direitos, *Pagamento por serviços ambientais e flexibilização do Código Florestal para um capitalismo "verde"* (2011, <http://terradedireitos.org.br/wp-content/uploads/2011/08/Analise-PSA-CODIGO-Florestal-e-TEEB-_Terra-de-direitos.pdf>); Biodiversidade à venda?, cf. <http://br.boell.org/downloads/pdf_teeb_final_05-12.pdf>.

ou seja, que esses títulos representem *novos direitos reais de propriedade privada*.

Assim já o são, por exemplo, os "direitos ao carbono" (*carbon rights*) que se expressam sob novas formas de controle (como as metodologias para "medir/quantificar, relatar e verificar" as existências de carbono) e regular por contratos o acesso e o manejo *aos territórios onde esses "ativos" efetivamente estão* – como, por exemplo, uma área de floresta sob o contrato de pagamento por serviços ambientais ou de REDD+.

Os territórios ricos em biodiversidade, em "estoques de carbono", em fontes de água, passam a ser alvo prioritário do capital especulativo e, ao mesmo tempo, por meio de contratos, passam a servir de *lastro* para o valor desses novos títulos "verdes" no mercado financeiro.

Para que essa classe de ativos constitua-se em capital natural é necessário identificar os "bens e serviços ambientais", que é como se denominam sob essa lógica a água, a biodiversidade e o carbono, mas também a beleza cênica, a polinização dos insetos etc., e o "valor" que têm no funcionamento dos ecossistemas. Essas funções ecológicas são classificadas e divididas como "serviços" segundo as categorias propostas pelo estudo TEEB, a que nos referimos anteriormente: *serviços de provisão*, que incluem bens ambientais tais como água, madeiras, fibras; *serviços de regulação*, que incluem regulação do clima, de vetores de enfermidades, fertilidade do solo, entre outros; *serviços culturais ou espirituais*, que dependem das percepções coletivas dos humanos acerca dos ecossistemas e de seus componentes; e *serviços de sustento ou suporte*, que são processos ecológicos que asseguram o funcionamento adequado dos ecossistemas, como, por exemplo, a fotossíntese.

O valor econômico global da atividade de polinização dos insetos foi estimado pelo Instituto Nacional de Pesquisa Agrícola da França em 153 bilhões de euros anuais, o que corresponderia a 9,5% do PIB agrícola mundial para alimentação humana, relativo aos preços das *commodites* agrícolas de 2005.[49] O estudo quantificou o impacto para os consumidores, em termos da diminuição da produção e o aumento dos preços dos alimentos. Ao mesmo tempo que esse tipo de cálculo pretende reforçar os argumentos demonstrativos do "valor" invisível da biodiversidade (a atividade dos polinizadores e o quanto isso significa para a agricultura) – uma "externalidade" não contabilizada no cálculo econômico atual –, faz isso necessariamente traduzindo o "valor" em um "preço", que (embora hipoteticamente) tem como referência um mercado, como a disposição de pagar para "conservar" esse serviço que os morcegos, pássaros e abelhas, entre outros, fazem "grátis".

Os "ativos ambientais" que compõem o capital natural, como o carbono, a água e a biodiversidade, são o *lastro* que garantirá essa nova etapa de acumulação, na qual sua incorporação na contabilização de valor e riqueza dos países é um processo *em curso*. As experiências locais e nacionais que desenvolvem e ampliam essa nova fronteira da lógica da mercadoria, assim como a perspectiva de constituição de um mercado global para esses "serviços", ilustram em termos

49 N. Gallai; J-M. Salles; J. Settele; B.Vaissière, "Economic valuation of the vulnerability of world agriculture confronted with pollinator decline" (*Ecological Economics*, ago. 2008, <http://www.international.inra.fr/research/some_examples/insect_pollination>).

atuais a elasticidade e a capacidade de usurpação e apropriação das forças produtivas que movem a acumulação, assim descrita pela filósofa e economista polaco-alemã Rosa Luxemburgo:

> *A produção capitalista tem sido calculada, em relação a suas formas de movimento e leis, desde o princípio, sobre a base da Terra inteira como se fosse depósito de forças produtivas. Em seu impulso em direção à apropriação das forças produtivas para viabilizar a exploração, o capital recorre ao mundo inteiro, tira meios de produção de todos os rincões da Terra, tomando-os ou adquirindo-os de todos os graus de cultura e formas sociais. A questão sobre os elementos materiais da acumulação do capital, longe de se encontrar resolvida pela forma material da mais-valia, produzida na forma capitalista, transforma-se em outra questão: para utilizar produtivamente a mais-valia realizada é necessário que o capital progressivo disponha cada vez em maior grau da Terra inteira para poder fazer uma seleção quantitativa e qualitativamente ilimitada de seus meios de produção. A apropriação súbita de novos territórios de matérias-primas em quantidade ilimitada, para fazer frente, assim, a todas as alternativas e interrupções eventuais de sua importação de antigas fontes, como a todos os aumentos súbitos da demanda social, é uma das condições prévias, imprescindíveis, do processo de acumulação em sua elasticidade.*[50]

A engenharia vai na direção de que esta nova "*riqueza das nações*", os ativos que conformam o capital natural, possa ser rapidamente monetarizada, registrada, transformada em títulos e negociado no mercado financeiro.

50 Rosa Luxemburgo, *La acumulación del capital* (1913), p.173.

A questão de como avaliar a existência do carbono em termos monetários e sua incorporação às contas nacionais é a tarefa que desenvolve atualmente o Sistema de Contabilidade Econômica Ambiental (*System of Environmental and Economic Accounting* ou SEEA), da Divisão de Estatística das Nações Unidas, e o *adjusted net savings methods* do Banco Mundial.[51]

A *Declaração sobre o Capital Natural*,[52] um dos pontos mais destacados da Rio+20, foi "uma declaração e chamado à ação do setor financeiro para trabalhar para a integração das considerações do capital natural nos nossos produtos e serviços financeiros no século XXI", e que inclui um "mapa do caminho para a indústria financeira para contabilizar a Natureza".[53] Trinta e nove bancos, investidores e seguradoras, junto a mais 60 países e mais de 90 corporações privadas, como Unilever, Puma e Dow Chemical, fizeram um chamado coletivo para a contabilização e valorização do capital natural.

O Banco Mundial também ajudou vários países a contabilizar seu capital natural nos sistemas nacionais de contas, por meio de uma iniciativa mundial chamada *Wealth Accounting and the Valuation of Ecosystem Services* (Waves, ou Contabilidade da riqueza e valoração de serviços ecossistêmicos, em tradução livre),[54] e o intercâmbio de experiências concretas a partir de sua plataforma *System of Environmental-Economic Accounting* (SEEA, ou Sistema de contabilidade econômico-ambiental, em tradução livre). Com este apoio,

51 *Where is the Wealth of Nations? Measuring Capital for the 21st Century* (Washington, D.C.: World Bank, 2006, p.123).

52 Cf. <http://www.naturalcapitaldeclaration.org/wpcontent/uploads/2012/04/natural_capital_declaration_es.pdf>.

53 Cf. <http://www.naturalcapitaldeclaration.org/wpcontent/uploads/2012/07/NCD _Roadmap.pdf>.

54 Cf. <http://www.wavespartnership.org/waves/>; <http://www.worldbank.org/en/news/2012/06/20/massive-show-support-action-natural-capital-accounting-rio-summit>.

na região latino-americana, Costa Rica e Colômbia já estão implementando a metodologia de valoração de seus "ativos ambientais".

Com a missão de assessorar os países na tarefa de contabilizar o capital natural em suas contas nacionais, a representante do Banco Mundial expressou que o

> *capital natural é algo fundamental ao que fazemos como Banco Mundial e ao que queremos ser, (...) trabalhar com o capital natural é voltar ao nosso negócio original (*our core business*). Depois da Segunda Guerra Mundial, nos anos 1950, fomos de país em país ajudando-os a colocar suas contas nacionais em ordem. Hoje, ajudar os países a colocar o capital natural em suas contas nacionais e fazer disso uma realidade é central à resposta para as múltiplas crises, das mudanças climáticas à volatilidade dos preços dos alimentos.*[55]

A modo de conclusão

A nova narrativa hegemônica "verde" obteve grande eficácia em dar legitimidade e alento necessários a um novo patamar de acumulação que repousa fundamentalmente no conceito de *capital natural* e no plano ambicioso de contabilizar, valorar e incorporar aos mercados – por meio da compra e venda dos serviços ambientais, como já apontam os mercados existentes de carbono, de biodiversidade e, progressivamente, de água – todo um portfólio de bens e serviços ambientais (incluindo os intangíveis, culturais etc.), assim como as

55 Comunicação pessoal. Evento paralelo (*side event*), "Mainstreaming Natural Capital and the CBD objectives", no COP 17, CBD, Hyderabad, India (2012).

"infraestruturas naturais" (como agora se denominam os rios, solos, bosques etc.),[56] os quais, até o momento, foram "gratuitamente" providos pela Natureza.

A economia verde, nesse sentido, é uma falsa solução às mudanças climáticas, já que não contraria a continuidade da atual economia "marrom", extrativista e intensiva em energia. Pelo contrário, *seus mecanismos "verdes" são concebidos de tal forma que a criação de valor sob sua lógica são complementários e interdependentes da economia atual, funcionando como uma forma de "economia espelho": é justamente a escassez e a contaminação dos recursos, produzidas pela economia atual, que geram valor aos "ativos ambientais" da economia verde*. Afinal, se a água fosse abundante e limpa, quem estaria disposto a pagar por ela? Se o ar fosse limpo, saudável e sem poluição, seria possível vender os serviços de sequestro de carbono das florestas?

Fazendo um paralelo à crítica que se construiu ao longo das últimas décadas na confrontação, resistência e criação de alternativas à globalização, ao livre-comércio, ao neoliberalismo e ao Consenso de Washington, é desafiador que hoje nos encontremos diante da cristalização de um novo consenso: um consenso "verde". Sob a nova hegemonia "verde", retornam as premissas do discurso de que somente através dos mecanismos econômicos e da generalização da racionalidade instrumental sobre decisões vitais (em relação ao clima, ao sistema alimentar, à água etc.) será possível fazermos a transição necessária que garantirá a continuidade da vida no planeta.

Se a Rio+20 mostrou-se um momento crucial no processo de cristalização desse novo consenso, isso não foi resultado do evento em si mesmo, mas sim de como, neste processo

56 Cf. por exemplo o *survey*: Corporate EcoForum, *The Business Logic of Investing in Natural Infraestructure* (2012, <http://corporateecoforum.com/assets/pdf/CEF%20Finance%20&%20Investment%20Summary.pdf>).

de construção de hegemonia, a conferência serviu como uma necessária parada midiática: um momento de "espetáculo" para tornar visível e para que os meios de comunicação cumprissem o papel de capturar e tornar públicas essas mudanças como sendo parte de uma história, de uma trajetória mais longa e duradoura. Afinal, como apontado anteriormente, *os atores hegemônicos nesse processo estão dando passos concretos e estruturais para incorporar de fato o capital natural à realidade econômica.*

Esta nova categoria que identifico como *métrica do carbono* vem operando profundas transformações nas mentalidades, com impactos lentos, mas que perpassam, legitimam-se e se consolidam em várias dimensões da vida em sociedade, como na criação de novos marcos legais e novos direitos de propriedade, mas também na vida cotidiana. Associado ao simples ato de comprar uma passagem aérea pela internet e escolher "neutralizar" as emissões da viagem pagando um valor a mais, estamos nos atrelando a um projeto de compensação de emissões que gera créditos, desenvolvido sobre algum território e que, em função de novos contratos e novas equações de valor (no qual se valoram os "ativos ambientais"), estão também criando novas equações de dependência.

08

Mario Rodríguez Ibáñez integra a equipe de Wayna Tambo – Rede da Diversidade da Bolívia. É educador com foco em temas como a interculturalidade, o urbano e o desenvolvimento moderno.

Ressignificando a cidade colonial e extrativista

*Bem Viver a partir de contextos urbanos**

Mario Rodriguez Ibáñez

Para poder se encontrar,
primeiro é preciso ter a coragem de se perder.
Grafite em La Paz, década de 1990

A cidade elevou-se, no simbólico dominante, ao lugar privilegiado de distanciamento da Natureza, ao lugar da civilização, ao lugar do sucesso moderno, à materialização do progresso e do desenvolvimento. A cidade identificou-se como distanciamento do camponês, e em nosso continente invadido isso significa, também, distanciamento do indígena, em oposição ao rural, relacionado com a "dependência" dos ciclos da Natureza. A cidade se fez, assim, o lugar privilegiado para não sermos nós mesmos, para deixarmos de nos olhar no espelho, e, ao contrário, para tentarmos viver uma farsa de imitações do que é externo, do "civilizado", do "desenvolvido", do moderno-colonial.

As cidades são o coração da reprodução dos modos de vida dominantes, coloniais, modernos, capitalistas.

* Publicado originalmente em *Alternativas al Capitalismo/Colonialismo del siglo XXI* (Quito: Fundação Rosa Luxemburgo; Abya Yala, 2013).

As cidades são o lugar onde são alimentadas as subjetividades que consolidam nosso histórico saque e o extrativismo primário ao qual a Colônia nos condenou. E, no entanto, nossas cidades não escapam de sua sina: não podem ser habitadas por nossos outros modos de vida profundamente indígenas ou originários, que disputam a partir do "popular" seus significados e suas configurações.

Sim, é preciso ter a coragem de se perder do que viemos normalizando como espaço e modos de vida urbanos: perder-se dessas características com as quais temos aceitado nossas vidas nas cidades, ou, pelo menos, com as quais temos acreditado que deveríamos urbanizar-nos, sinônimo de civilizar-nos. Não há outra maneira de nos encontrarmos, de nos reencontrarmos...

Este artigo tem como base as conversações e experiências que temos compartilhado na Rede da Diversidade da Bolívia,[1] complementadas pelo intercâmbio com outras experiências do país e do continente, entre elas, as de grupos da Venezuela,[2] especialmente do Movimento de Pobladores e Pobladoras, com quem, por meio de um cúmplice compartilhar, nasceu a ideia deste texto. Poderíamos, em princípio, haver colhido os resultados dos intercâmbios com a Venezuela. No entanto, decidimos que seria mais pertinente e coerente que o presente artigo se referisse ao que temos debatido e criado na Rede da Diversidade da Bolívia, e deixasse espaço para uma voz própria dos venezuelanos.

Assim, este texto não tenta ser um trabalho rigoroso sobre o tema urbano ou um relato histórico, e sim está situado

1 Rede da Diversidade da Bolívia, formada por Wayna Tambo, da cidade de El Alto; Yembatirenda, de Tarija; Sipas Tambo, de Sucre; Yaika Pox, de Santa Cruz; e Imillas-Kasa Kamasa, de Cochabamba.

2 Visitas de intercâmbio que incluíram, na Bolívia e na Venezuela, as seguintes organizações venezuelanas: Movimento de Pobladores e Pobladoras, Tiuna el Fuerte, Associação Nacional de Meios Comunitários, Livres e Alternativos (ANMCLA), Rede de Trocas e os Gabinetes Populares do Município de Sucre, do Estado de Barinas.

no lugar dos sentidos de ressignificação e reconfiguração da cidade, a partir desse horizonte que denominamos Bem Viver. Tem muito mais um caráter de buscas do que de verdades, mais de provocações do que receitas, mais de perguntas do que de respostas. A partir daí falamos, a partir daí compartilhamos estas palavras.

A configuração das cidades

Não realizaremos um relato histórico da configuração de nossas cidades, pelo menos daquelas que são as capitais dos departamentos[3]; e sim destacaremos, de maneira muito geral, três características-chave para compreendê-las a partir do imaginário dominante: seu caráter colonial, os processos de modernização e a aceleração contemporânea do consumo.

O colonial: marca de nascimento de nossas cidades

A invasão colonial fundou cidades. Estas foram cenário da penetração externa e da despossessão das populações locais e originárias. Nasceram coloniais, e essas características, assim como a colonialidade em nossas vidas, permanecem até hoje.

As cidades construíram-se como invasoras: penetraram um território, no geral, já habitado pelos indígenas, ergueram-se a partir da despossessão dos territórios dos habitantes originários, e consolidaram o externo por

3 Regiões administrativas equivalentes aos estados brasileiros. [N. E.]

meio da penetração violenta, que não estava disposta a conversar, mas a impor sua presença.

As cidades foram erguidas seguindo dois critérios básicos: primeiro, a proximidade de um "recurso natural" para ser explorado e saqueado em benefício dos invasores e da potência colonial; e, segundo, contar com fontes de água para resolver as necessidades básicas de sobrevivência. Essas cidades coloniais não podem ser compreendidas sem essas características fundantes, constitutivas de seu espírito. Ao se saberem invasoras de um território alheio, o que obrigava a despossessão dos povos originários, construíram-se a partir de uma lógica de proteção, de defesa militar diante desse inimigo que ia se constituindo no "outro" a ser batido pela dominação colonial: o indígena-rural. Essa foi a marca inicial de nossas cidades.

Quase todas que nasceram nesse período configuraram-se arquitetonicamente a partir de uma praça central que aglutinava o poder simbólico e real da época: a administração política, a igreja e o comércio, que depois seria substituído pelos bancos. Essa praça central era contornada pelas casas das famílias colonialistas invasoras. Atrás destas, o espaço militar de defesa, ao que devemos a denominação de "quadras", quando nos referimos à estrutura organizativa urbana: linguagem militar que habita nossa organização urbana. Depois desses quarteirões e sistemas de defesa, havia o espaço permitido para o acesso desses "outros" e "outras": as populações indígenas. Ali, por volta da quarta ou quinta quadra a partir da praça central, instalavam-se os mercados para a chegada dos camponeses-indígenas com seus produtos. Hoje, nesse lugar se encontram, quase sempre, os "mercados centrais" de nossas cidades, formados com base na sua herança colonial. As cidades bolivianas de Tarija, La Paz, Sucre, Cochabamba, Santa Cruz, Oruro ou Potosí evidenciam esse esquema.

Em Tarija, como em outras cidades, por exemplo, apenas a praça "central" recebe popularmente o nome de "praça" – as outras são "pracinhas". Tais expressões mostram precisamente a concentração do poder simbólico e real em torno das praças centrais, assim como a concentração do poder nas castas coloniais, que se converteram em elites locais. É tão significativo esse poder simbólico em torno das praças centrais – ou "praças de armas", como diriam em outros países – que já na época republicana as elites locais construiriam ali as sedes dos "clubes sociais", para acentuar o poder simbólico de uma estrutura colonial que une desigualdade de classe com estratificação étnica. Esses "clubes sociais" eram somente para a "sociedade", ou seja, para os setores portadores da colonialidade dominante: elites brancas e enriquecidas a partir da lógica do saque das riquezas do país e da apropriação do erário. As praças, até depois da Revolução Nacionalista ocorrida na Bolívia em 1952, eram territórios proibidos para índios e índias, que precisavam de permissões e autorizações para transitar por tais espaços. A cidade colonial nasceu segregadora.

Até hoje se encontra no átrio da igreja de San Francisco, em La Paz, uma placa que marca o limite entre a cidade espanhola e a cidade de índios. A fronteira interna estava definida e ainda permanece assim, com diferentes variantes. Recordemos, por exemplo, que a festa do Gran Poder, em La Paz, era indígena e nasceu em uma região de índios, a oeste da cidade. Essa festa só podia acontecer nesse território de índios. Somente na década de 1960 tal festividade – ligada ao ciclo ritual agrícola andino – pôde consolidar sua penetração no centro da cidade, território até então sagrado para as elites coloniais. A respeito disso, vale recordar o que aconteceu em 2001, quando, poucos dias antes do início do Gran Poder, faleceu Víctor Paz, ex-presidente da Bolívia em três ocasiões e fundador do Movimento Nacionalista Revolucionário. Diante da declaração de luto nacional, a prefeitura de La Paz, governada pela esquerda moderada de Juan del Granado, tentou impedir ou postergar a festa. Depois de longas negociações – que não detalharemos agora –, as fraternidades organizadoras conseguiram que a festividade fosse realizada, mas o acordo foi que não ingressasse no centro da cidade. A esquerda moderada que então ocupava a prefeitura de La Paz reproduzia as lógicas coloniais: os "índios" podiam dançar e beber, desde que não entrassem no centro colonial, para não manchar o luto. A festa não apenas foi realizada como excedeu a barreira de guardas municipais, tomou o centro e prolongou seu percurso. Simbolicamente, disputava-se o poder sobre a cidade: um poder que os setores aimarás já acompanhavam com crescente presença econômica.

Na atualidade, as praças centrais bolivianas continuam sendo um símbolo colonial, branco, dominante e anti-índio. Quando, em 2008, a ofensiva conservadora e oligárquica se viu derrotada no país, e setores camponeses e indígenas cercavam a cidade de Santa Cruz, ameaçando "tomar" a cidade, os dirigentes direitistas da sociedade civil e dos governos departamentais convocaram a defender a praça como seu último reduto, onde "nunca poderá entrar um índio". O mesmo aconteceu simbolicamente com a humilhação de indígenas na praça central de Sucre, em 24 de maio de 2008, ou em Cochabamba, um ano antes. Para finalizar os exemplos, cabe recordar o ocorrido durante a nona marcha indígena em defesa do Território Indígena Parque Nacional Isiboro Sécure (Tipnis). Nessa ocasião, os habitantes de San Ignacio de Moxos, opositores da marcha, decidiram que apenas permitiriam a passagem dos manifestantes se contornassem a cidade sem entrar na praça.

Na Bolívia, a praça continua sendo símbolo do poder colonial: continua causando estratificação e segregação.

O simbólico urbano do poder não é apenas colonial, como expressão da discriminação étnica e de classe, mas também patriarcal. As praças, já no período republicano, foram preenchidas com monumentos dos homens que fundaram tais cidades, de heróis da independência ou de "insignes" personagens intelectuais ou empreendedores, quase sempre masculinos, detentores de posses e guerreiros. As cidades foram construídas com base na dominação masculina. Basta observar como, desde seu nascimento, o espaço público urbano (ruas, praças e espaços esportivos) caracteriza-se por ser perigoso para as mulheres. O que hoje se denomina "insegurança cidadã" tem como vítimas principais as mulheres. O espaço urbano contribui para isso, porque sua organização está pensada a partir das necessidades e formas masculinas.

A cidade colonial – já se mencionou aqui – nasceu segmentando, fragmentando, estratificando a população em seu ordenamento urbano. Bairros para índios, para pobres, para ofícios considerados de pouco valor, quase sempre vinculados ao trabalho manual, que se aproxima mais à Natureza. Outros bairros, para ricos, para elites, para brancos. Essa característica persiste. Até agora são lembrados em Tarija os quatro bairros de sua origem, cada um para um segmento da população, claramente estratificada. Por isso, não é casual que o Clube Royal Operário, com sua camiseta com as cores dos sindicatos anarquistas, tenha sido fundado no bairro San Roque, destinado a operários e artesãos. Tampouco é casual que os planos de reordenamento urbano contemporâneos tendam a expulsar os setores populares das novas margens que são tomadas pelas elites, que abandonam os centros das cidades. Busca-se estratificar e segmentar. A convivência entre diferentes é malvista: não é "civilizada" para a cidade colonial que nos acolhe.

A cidade boliviana, herdeira dos burgos europeus, constituiu-se, a partir dessa lógica colonial, como o lugar privilegiado do consumo. Nesta, são consumidos os alimentos produzidos pelos outros: as famílias camponesas-indígenas. Mas, ao mesmo tempo, consome-se a riqueza que beneficia o centro urbano, a riqueza espoliada no território colonial: naquela época, minérios, principalmente, e madeira; hoje, também hidrocarbonetos e monoculturas. Como consumidora, a cidade se beneficia, de maneira estratificada por setores de classe – que, em nosso continente, associam-se também com setores étnicos –, do extrativismo primário e do saque de nossas riquezas e de seres humanos. A ordem mundial estabelecida desde a Colônia nos condenou a essas dinâmicas. Os setores dominantes das cidades e do país exigem a manutenção do extrativismo saqueador para ter acesso aos serviços e benefícios que a vida urbana oferece. Essa relação é fundamental para compreender como nossas elites reproduzem o extrativismo e a economia primária exportadora: é a partir daí que reproduzem as formas coloniais e extraem seus benefícios, à custa do que é despossuído, invadido, penetrado, saqueado.

A cidade colonial instaurou no imaginário coletivo a ideia de que a civilização, a superioridade, são vividas nas cidades. Embora em grande parte de nosso período colonial tenha havido uma forte presença da vida em *haciendas* (quando as pessoas foram mais obrigadas a conviver, ainda que de forma tensa, com os indígenas), a cidade passou a ser o referente de poder e dominação, o centro da noção de civilização e superioridade, em contraposição ao rural, ao camponês, ao indígena, ao atrasado.

As modernizações: os sentidos "modernos" das cidades

Entre o final do século XIX e o começo do XX, o continente inteiro – e a Bolívia, em particular – viveu uma euforia pela chegada do "progresso". A luz elétrica, o posterior advento dos automóveis, uma incipiente indústria, a atualização tecnológica na mineração e, pouco a pouco, o *boom* petrolífero, integraram esse cenário que entusiasmava os discursos de iluminação do novo século. Esse fervor emergia paralelamente ao declínio do sistema latifundiário e de *hacienda*, e a uma maior concentração urbana, com o respectivo auge de formas de vida associadas com esse progresso. As "luzes da cidade" encantavam, prometiam esse novo paraíso. As imagens das capitais europeias e norte-americanas consolidavam-se como o objetivo a ser alcançado. O século XX nascia junto com uma onda de crescimento urbano. Recordemos que, no período da Colônia, Potosí passou a ser uma das maiores cidades do mundo, com uma população maior do que Paris ou Nova York. Mas, durante o século XIX, no período republicano, Potosí diminuiu de tamanho por causa do enfraquecimento da mineração da prata. Em geral, as cidades estancaram-se ou tiveram um crescimento pouco significativo. O século XX estreou uma repotencialização das cidades vinculadas às noções de sucesso, convidadas pelo progresso.

Existe uma coincidência histórica que articula esse processo de urbanização e as tentativas de consolidar os Estados-nação no continente e em nosso país. Assume-se que nossos Estados republicanos não conseguiram construir uma nação forte, moderna, industrial, verdadeiramente independente. Nosso atraso já era considerado como algo constitutivo, medido a partir do "progresso" da Europa e dos Estados Unidos – uma vez que Washington já tinha na época uma forte presença hegemônica no continente. Vivia-se a transição da hegemonia inglesa-europeia para a norte-americana. Aliás, os debates urbanísticos se davam entre as tendências que seguiam os modelos de cidade norte-americanos e as que preferiam os europeus. No imaginário urbano, Paris continuava sendo o referente estético e de ordenamento – e, sem dúvida, o ideário colonial europeu dominou entre nossas elites senhoriais.[4] Duas construções-símbolo de nossa colonialidade foram erguidas no fim do século XIX: o castelo da Glorieta, em Sucre, e a Casa Dourada, em Tarija. Essas construções senhoriais não foram fruto da época colonial, mas sim das elites do republicanismo conservador do século XIX. As esperanças trazidas pelo progresso estavam carregadas de imitações coloniais.

O mesmo ocorria em âmbitos tão diversos como a educação, a economia, as artes ou os sistemas políticos. Na educação, por exemplo, discutia-se a criação de um sistema nacional que imitasse o "melhor" da Europa culta. Isso significava "civilizar" o índio camponês por meio da ação redentora da educação. Nesse sentido, a cidade assumia com maior força a centralidade do conhecimento: era sua portadora, porque estava mais próxima das imitações do Norte progressista, e a partir daí podia-se desenvolver

4 No presente artigo não nos aprofundaremos na noção de "modo de vida senhorial". De maneira resumida, trata-se das formas que as classes dominantes e as elites de nossos países republicanos adotaram, que mesclam complexamente ideários de modernização com um sentido colonial da imitação bastante grosseiro. Isso foi configurando modos de vida e estéticas muito peculiares, ancorados na colonialidade, no patriarcado e na estratificação social, fenômenos que estão acentuados em nossas sociedades e servem como cultura que reproduz nosso lugar primário exportador e extrativista na ordem econômica mundial. Tais modos de vida senhoriais das elites dominantes também penetraram em todas as camadas da sociedade e convivem com os outros modos de vida provenientes das culturas originárias, o que produz uma heterogeneidade que faz parte de nossa complexidade.

uma cruzada civilizatória em relação à zona rural. Na economia, o modelo industrializante urbano era o caminho a seguir. No entanto, esse modelo dependia da transferência de recursos do extrativismo extremo – a mineração –, já na época deslocada do eixo da prata para o do estanho, e da crescente produção petrolífera. O discurso era muito parecido com o contemporâneo: precisamos aumentar a extração e exportação de matérias-primas, uma vez que, graças a essa riqueza, poderemos obter excedentes suficientes para nos industrializar. O liberalismo, em suas diferentes vertentes e matizes, configurava o horizonte político correto.

As cidades concentraram esse imaginário modernizador-civilizador, profundamente colonial. O sucesso, o acesso ao conhecimento, as possibilidades ilimitadas das iniciativas econômicas, a criatividade artística, o contato com o "mundo" e a experimentação concentravam-se no espaço urbano. A possibilidade de ascensão e de civilização convergia na cidade, lugar de realização. A cidade distanciava-se ainda mais do rural, do indígena, embora tivesse que coabitar com esse "outro", essa "outra" indígena. No entanto, o indígena ia penetrando as cidades, recompondo-as e as disputando, embora nos discursos e imaginários persistisse a cidade como sinônimo de progresso e de "cultura civilizadora", por imitação do colonial.

O discurso modernizador, acrescentado em meados do século XX, no período posterior à Segunda Guerra Mundial e ao processo do nacionalismo revolucionário, vinculou-se à ideia que considerava o "cosmopolita" e o "mestiço" como superior ao indígena originário. Nossas elites coloniais e republicanas não conseguiram derrotar o índio e tiveram de aceitar sua presença, inclusive majoritária, nas cidades. Então, uma vez que não foi eliminado, era preciso ao menos integrá-lo ao carro do progresso, civilizá-lo ou, pelo menos, invisibilizá-lo, tanto pelo combate às suas tradições como pela folclorização de suas práticas culturais: era preciso esvaziá-las de sentido (do significado que possuem, como outros modos de vida) e integrá-las a uma noção amorfa que tudo abarca: a mestiçagem. As cidades eram carregadas de imaginários e modos de vida funcionais ao capitalismo e a uma versão moderna de progresso. A cidade se fazia cada vez mais capitalista, embora desde a Colônia já estivesse ligada a tal sistema – que então buscava expandir-se.

As cidades, desde o processo de modernização, também significaram uma ampliação das possibilidades de acesso, parte do discurso "democratizante" liberal: acesso mais simples e barato a serviços como água, esgoto, redes de energia elétrica ou transporte; acesso a sistemas de educação e saúde estatais que iam consolidando-se pouco a pouco, na segunda metade do século XX; acesso a fontes de emprego com relação salarial, o que permitia "desfrutar" do consumo mais livremente; acesso a espaços de "diversão", como o cinema e os campos esportivos. É preciso lembrar que muito dessa ampliação do acesso e do consumo teve melhores condições nos centros mineradores, durante várias décadas do século XX; mas o imaginário associado com essa "democratização" se identificava com a cidade, com os modos de vida urbanos modernos e, ao mesmo tempo, profundamente coloniais.

A produção industrial nunca terminou de decolar e os projetos para construir uma burguesia nacional fracassaram. Reproduziram-se as elites extrativistas, saqueadoras de matérias-primas para a exportação. Simón Patiño, imagem do sucesso minerador, vivia e se movia na Europa do progresso; construía seus palácios na Bolívia e imitava as formas imperiais desse "velho" continente, como reprodução senhorial de sua colonialidade. Não foi propriamente um burguês nem um industrial, mas sim um personagem senhorial que produzia um simbólico urbano na contramão da maioria da população dessas cidades, cada vez mais indígena. As cidades continuavam dependentes da apropriação do excedente que provinha da mineração e do petróleo, práticas extrativistas levadas a cabo fora da cidade; da apropriação do trabalho indígena camponês, pelo consumo barato dos alimentos; e de um sistema tributário que descansava na contribuição rural. As cidades se consolidavam como o lugar do consumo, cada vez mais acelerado e de mais bens, o que incrementava os critérios de necessidade. Mas não eram cidades produtoras, como até hoje não são.

As cidades afiançaram seus centros urbanos. As novas ondas migratórias em direção às cidades, especialmente nas décadas de 1950 (fruto da reforma agrária) e 1970 (como efeito do novo *boom* petrolífero e da crise provocada por essa reforma agrária), colocaram as novas populações urbanas nos cinturões pobres não planejados. Reafirmou-se a ideia do centro-periferia marginal: um modelo que logo entraria em crise, porque a periferia era cada vez maior, mais envolvente, mais penetrante dos centros, ameaçadora.

Nossas cidades começaram a pensar no "planejamento urbano", típico modelo da modernidade controladora. Mas tais critérios planificadores nunca conseguiram controlar os transbordamentos populares crescentes, desafiantes, atrevidos. As cidades se recompuseram e as elites foram abandonando os centros como local de moradia para se deslocarem para as margens; no processo, despossuíram, outra vez, os excluídos de sempre, os herdeiros dos povos indígenas que haviam sido expulsos desde o período colonial.

No entanto, essa decomposição e recomposição da noção de centro das cidades não desgastou em nada o ideário das cidades como o centro do progresso, do desenvolvimento e da modernização. As cidades continuaram sendo esse eixo imaginário do sucesso e da civilização. Para deixar de ser indígena, para deixar de ser excluído e humilhado, era preciso ser urbano, pelo menos para começar.

A aceleração contemporânea do consumo: a consolidação das cidades

A segunda metade do século XX é o cenário do acelerado crescimento das cidades. As populações, em sua maioria, rurais, chegam a ter boa parte de seus habitantes nas cidades. É a emersão de novas configurações urbanas, que não necessariamente reproduzem as formas coloniais-modernizadoras das capitais dos departamentos bolivianos. Sem dúvida, El Alto é o exemplo mais notável dessa outra cidade. Não nos deteremos nisso, mas mostraremos algumas características dessa explosão urbana baseada na lógica dominante capitalista e neoliberal e, em grande parte desse período, associada à aceleração dos processos de consumo.

As cidades abandonam o cidadão e se concentram no consumidor e na consumidora. Aceleram-se os modos de vida relacionados à cultura do descartável, do efêmero. A noção de comunicação se desloca da ideia de espaço de compartilhamento para a aceleração do deslocamento de maneira a facilitar os consumos e o efêmero, que já não comunica, e sim consome. As ruas deixam de ser meios de comunicação, no sentido de locais de convivência pública. Recordemos que as calçadas eram um espaço de encontro, com os bancos nos portões das casas, ou as pedras colocadas para se sentar e ver as pessoas. Agora as ruas passam a ser vias de "comunicação", na medida em que permitem acelerar o trânsito dos carros e pedestres. Não são mais um lugar para ficar, mas sim para passar de um lugar de consumo a outro. O mesmo acontece com o critério de praça, que, em seus modelos de construção, muda: de lugar de encontro, para dias de "campo de domingo", de lugar para estar, converte-se em espaço de passagem ou então de eventos. As praças de San Francisco e a praça do Bicentenário, em La Paz, são um exemplo dessa tendência. As praças não possuem sombras, por isso não é possível permanecer nelas, a menos que alguma instituição organize um evento e ponha sua infraestrutura para ser consumida. Assim, abandonam-se os bancos, busca-se expulsar os comerciantes informais, que impedem a circulação, e se organizam as ruas para facilitar o tráfego veicular.

A cidade acelerada em seus consumos não perde o caráter colonial e modernizador, e, ao mesmo tempo, senhorial e imitativo. Nossas cidades se parecem cada vez mais entre elas: as mesmas noções de viadutos, de mercados-modelo, de praças, de multicentros comerciais e de diversão, de sistemas de transporte. Vão se perdendo as singularidades e os pertencimentos ao que é originário entram em crise: são substituídos por modelos de consumo que geram a ilusão de espaço compartilhado por meio da compra.

Deseja-se eliminar as feiras e mercados populares – que não apenas são locais de transações mercantis, como também de relações complexas e ricas – para reconstruí-los com critérios de supermercado, sem deixar de ser mercados com dezenas de pequenos comerciantes. Levantam-se construções funcionais para o comércio acelerado, para a noção de mercadoria e consumidores em circulação e, no entanto, esses mercados se esvaziam ou são reabitados de outras maneiras, como veremos mais adiante.

Esse tipo de cidade sustenta e aprofunda aceleradamente a estratificação, a fragmentação e a segregação, ao provocar novas hierarquizações. A cidade contemporânea não precisa mais ser administrada com base em sua diversidade. Existem grandes territórios que não se relacionam com o resto. A cidade contemporânea perde esses lugares que eram inevitavelmente de convivência, embora tensa, com os outros diferentes: os centros históricos habitados e não apenas comerciais, os mercados populares e as feiras, os espaços de diversão familiar, entre outros. Privatiza-se e se aprisiona o "tempo livre", o que gera fragmentação pelo consumo. Apagam-se os locais de encontro, desabita-se a rua e se privatiza a reunião. Consolida-se o consumo por faixas etárias, fazendo romper as noções de comunidade que integram as relações intergeracionais.

A aceleração, o descarte crescente, o consumo multiplicado são as marcas dessa cidade contemporânea – que não abandona, mas, pelo contrário, ergue-se justamente com base em suas matrizes coloniais. A cidade concentra o consumo, mas também o lixo. Consome graças ao que apropria do extrativismo e da produção camponesa; e o que descarta é depositado de volta no campo, no rural. Não conseguimos sair desse modelo que identifica o urbano como o oposto ao rural, em enfrentamento com o camponês.

A população das cidades continua crescendo e é majoritária. As grandes cidades concentradas são as formas do mundo contemporâneo: maiorias crescentes, carregadas de imaginários de consumo capitalista, de desenvolvimento, de modernidade colonial, de modos de vida senhoriais.

Não é possível pensar em alternativas ao desenvolvimento se não desconstruirmos as cidades, não as reconfigurarmos, não as reabitarmos com base em outros modos de vida que convivem nelas.

Cidades em enfrentamento com o camponês-indígena: o urbano globalizado senhorial/colonialista modernista

Uma característica central das cidades, desde sua constituição colonial, é que compreendem a si mesmas a partir de sua diferenciação, sua distância, seu enfrentamento com o rural camponês e indígena. Em nosso continente, com muita força, e ainda mais na Bolívia, o rural camponês é indígena, e essa é uma característica-chave para compreender a configuração de nossas cidades.

Não existem critérios únicos e consensuais para definir as cidades no mundo. Fala-se de algumas características centrais, entre elas, populações concentradas, com alta densidade e um mínimo de 10 mil habitantes. No entanto, existe uma característica que chama a atenção no momento de definir as cidades nos fóruns internacionais: não mais de 25% de sua população se dedica a atividades agrícolas ou pecuárias. Esse é um exemplo claro de como a cidade é constituída, em seu imaginário, com base numa noção de distanciamento com o rural, com o camponês, que em nosso caso é indígena.

A cidade, assim, consolida alguns imaginários e mitos centrais do progresso e do desenvolvimento, como o crescimento infinito, ilimitado. A cidade é entendida como o lugar central da civilização, é o espaço que nos aproxima dos países e culturas mais "desenvolvidas" e "civilizadas". Por isso, inevitavelmente, reproduz o caráter colonial e adquire modos de vida senhoriais, porque modernizar-se significa sustentar a colonialidade, o desejo malsucedido de ser o outro dominante, externo. Exemplos grotescos encontramos em nossas cidades senhoriais, como as reproduções gigantes da Estátua da Liberdade instaladas em centros comerciais em Santa Cruz; casas com telhados inclinados, que servem para que a neve deslize facilmente, sem causar danos à estrutura, muito comuns no Norte europeu, mas que em cidades tropicais e amazônicas servem como concentradores de calor, por si só um grande incômodo; esculturas e bustos de quem nos invadiu e assassinou sem consideração instalados como adorno em nossas praças; shoppings com cinemas e praças de alimentação idênticos aos de qualquer cidade do mundo; ou ofertas de comida cada vez mais padronizadas e globais.

As cidades também concentram a noção de sucesso, de centralidade do poder e de acesso aos conhecimentos e à "cultura".[5] Essa centralidade se consolida na medida em que a vida urbana representa o distanciamento dos ciclos da Natureza: daí a importância de mostrar-se como oposta ao rural. São mais modernos e civilizados quanto mais urbanos os modos de vida. Isso causa impacto. Inclusive a vida rural se tinge de "urbanismos", porque esse é o sentido da ascensão social. Não há melhora possível se a vida se torna mais camponesa, rural e indígena.

5 Noção cultivada nos princípios da modernidade, para distinguir o conhecimento erudito, culto e universal do folclore e das tradições camponesas.

O imaginário do desenvolvimento ilimitado se associa ao consumo acelerado, e a cidade é o lugar das oportunidades: facilita a circulação do capital e dos imaginários vinculados ao capitalismo mercantil. Mas, para que se produza essa capacidade acelerada de consumo, determinados setores das cidades, os que sempre se apropriam do excedente coletivo, exigem o aprofundamento do extrativismo exportador de matéria-prima, ou seja, da despossessão de territórios de outros, fora da cidade. Por isso, nossos modelos de cidade – não produtivos, mas sim burocráticos e de serviços – são funcionais à cultura colonial exigida pela ordem econômica mundial dominante. Para piorar, a cidade de consumos crescentes e acelerados descarrega seus dejetos sobre esse mesmo mundo rural de onde a riqueza é extraída. O círculo se completa.

No entanto, nossas cidades não são apenas isso. Estão habitadas por outros modos de vida, ressignificam-se e se recontextualizam, reconfiguram-se de outras maneiras, também como continuidades entre campo e cidade.

As cidades heterogêneas e em disputa por seus sentidos

Conta-se que, quando chegou o primeiro batalhão colonial espanhol ao que hoje é a cidade de Tarija, o grupo mal superava o número de cinquenta homens. Com eles, chegava mais de uma centena de indígenas chichas que falavam o aimará. A cidade, fundada sob a mesma estratégia de invasão colonial que comentamos no início deste artigo, nascia com uma população majoritariamente indígena. Esse, seu destino; essa, sua marca inevitável.

As elites coloniais e republicanas em nosso país constituíram-se com a frustração de nunca terem podido derrotar o índio, com a inevitabilidade de ter de conviver com "eles" e "elas". Demarcaram territórios, estratificaram as cidades, puseram limites visíveis e simbólicos, segmentaram sua geografia e, no entanto, não conseguiram impedir a penetração do indígena nessa cidade, a reocupação dos espaços, nem, inclusive, a disputa pelo controle da economia urbana, especialmente a do comércio.

A zona sul de La Paz é considerada hoje a área residencial dos setores ricos, economicamente falando, das elites. Sua avenida principal é ocupada, a cada setembro, pelos aimarás que margeiam a região: populações migrantes da área rural encenam a tomada da cidade por meio das festas (as chamadas entradas); no caso desse bairro, a festa da Exaltação. Cada ano surgem queixas para que se mude a festa para outras ruas, para que deixe de passar pela avenida central – outra vez, a noção de centro como último refúgio de colonialidade urbana. Argumenta-se que o evento impede o tráfego de veículos e o livre fluxo das pessoas; que afeta a limpeza da área (um dos imaginários mais importantes da modernidade é a noção de limpeza, precisamente como distanciamento do pó, próprio da Natureza); que há muita bebedeira ou o que seja. Mas isso não é levado em conta. A festa continua e reabita o local das elites, ocupa-o e o disputa.

O mesmo acontece nas ruas, na forma de ocupar as praças, nos mercados e feiras, na paisagem urbana, nas maneiras de se construir as casas e organizar os bairros, nas formas de convivência, nas relações que se estabelecem. Nossas cidades são diversas, plurais, complexamente conviventes com distintos modos de vida que emergem a partir do que se denomina "popular" (indígena, no caso boliviano), com traços de sua matriz rural de nascimento. Nossas cidades são complexas e heterogêneas.

O indígena e popular é penetrado também pelas lógicas da colonialidade, dos imaginários de modernização, dos consumos acelerados e do capitalismo contemporâneo. Mas essas características dominantes, desse modo, são habitadas pelo "outro", pelo "popular", pelo indígena. Essa complexidade e essa heterogeneidade é o marco no qual podemos desconstruir nossas noções de cidade, e cultivar a possibilidade de alternativas ao desenvolvimento e ao modelo hegemônico de dominação capitalista.

Entende-se por campo cultural heterogêneo, da perspectiva de René Zavaleta Mercado, a reconstrução permanente de

> *uma diversidade múltipla: é diversidade de tempos históricos e diversidade de histórias; diversidade de formas políticas ou estruturas de autoridade que implica diversidade cultural ou, em um sentido mais geral, de civilização que, no entanto, coexistem ou formam parte do que hoje se reconhece como uma sociedade mais ou menos nacional ou país.*[6]

O campo cultural heterogêneo permite observar e compreender as singularidades culturais diferenciadas que, ao mesmo tempo, por meio da dissolução de fronteiras estáveis e demarcadas, reconstroem permanentemente configurações culturais em que é possível advertir as contribuições das fontes originais e a germinação do inédito. O heterogêneo aqui é um mosaico composto por múltiplas cores que se misturam entre si, que mantêm

6 Luis Tapia, *La producción del conocimiento local: historia y política en la obra de René Zavaleta* (La Paz: Muela del Diablo, 2002).

um quadro altamente diverso e variado, sem que por isso as cores originais se percam, mas no qual também se vão mesclando e dando lugar a novas cores.

Há conflito, mas também há convivência não necessariamente conflitiva. As relações são assimétricas e desniveladas, mas isso não significa que necessariamente sejam contraditórias. Há momentos de alta contradição, o que não implica que as culturas encontradas não tenham uma um pouco da outra. Há processos de intercâmbio, de empréstimo e de conjunção, e, ao mesmo tempo, espaços de continuidade da singularidade de cada cultura. Há espaços para a germinação de novas culturas simultaneamente a outros de fortalecimento das já existentes. Esse é o cenário de heterogeneidade cultural.

As diferentes matrizes culturais que se relacionam são portadoras de diferentes condições de poder. Os modos de vida coloniais modernizadores, senhoriais, gozam da aceitação oficial e de discursos que os associam ao desenvolvimento e ao crescimento. Por outro lado, as culturas indígenas e "populares" são vistas como expressões do atraso. Por isso, não se pode falar de heterogeneidade sem falar de relações de poder.

A pergunta que nos fazemos é se essa condição complexa, que habita nossas cidades e disputa seus sentidos configuradores, permite a germinação de alternativas ao desenvolvimento colonial-modernizador capitalista dominante no mundo, com base nesse horizonte que hoje denominamos Bem Viver, e que se faz presente por meio dos modos de vida dos setores indígenas e "populares" que habitam essas cidades. Não temos respostas definitivas, e sim algumas experiências e vivências que podem nos ajudar nesse debate.

Bem Viver a partir de contextos urbanos

Na Bolívia, costuma-se situar no ano 2000 o marco do início do chamado processo de transição[7] que colocou Evo Morales na Presidência da República e o Estado Plurinacional (inédito no mundo) como marca principal da nova Constituição, promulgada em 2009. Essa transição, no entanto, tem características peculiares em relação a outras crises e transições que o país viveu, e que vale a pena observar, já que uma espécie de simultaneidade de crises lhe dá essa singularidade.

O sistema político em crise foi a ponta do iceberg. A população perdeu confiança na chamada "classe política" e na capacidade do sistema político em encontrar soluções para os graves problemas do país. Os dirigentes perderam legitimidade, o que gerou um vácuo de representação. Essa deterioração do sistema político expressava o limite: não era mais possível buscar saídas com o que existia.

7 Fala-se do ano 2000 como um marco do início desse processo de transição por causa de dois eventos políticos fundamentais da história contemporânea da Bolívia. Por um lado, a chamada Guerra da Água, que provocou uma mobilização popular articulada entre setores urbanos e rurais contra as políticas das transnacional Bechtel, por meio de sua subsidiária "Aguas del Tunari". Depois de vários dias de duros enfrentamentos que paralisaram toda a cidade de Cochabamba, o conflito provocou a reversão dessa empresa para as mãos do Estado boliviano. Considera-se essa vitória como a primeira derrota das políticas neoliberais e a visibilização da crise desse modelo estatal. Por outro lado, nesse mesmo ano ocorreram grandes bloqueios de estradas nacionais liderados por camponeses e produtores de folha de coca. Esses fatos colocaram de maneira visível o questionamento sobre o sistema político e a articulação crescente entre a luta dessa etapa concreta com a memória histórica que questionava o Estado colonial republicano. Esses dois eventos de princípios de século expressam esse marco que costuma ser assinalado como a visibilização do início do processo de transição contemporâneo.

A crise do sistema político confluiu com a crise do modelo neoliberal: a rigor, neoliberal no econômico, mas neoconservador no político e cultural. Na Bolívia, o modelo de "ajuste estrutural" (eufemismo usado para dissimular a ortodoxia tecnocrática neoliberal) foi instaurado em 1985, mas só em 1994 foi consolidado, em seu caráter privatizador, com as denominadas reformas de segunda geração. A renda obtida com a venda (quase de graça) das empresas estatais à iniciativa privada, transnacionais, em sua maioria, durou pouco e não pôde suportar a pressão advinda da implementação de algumas políticas sociais compensatórias. Tampouco conseguiu fazer decolar uma sólida economia geradora de emprego.

As duas crises – a do sistema político e a do modelo econômico-político do Estado – estiveram sempre presentes nas transições ao longo da história boliviana. No entanto, a novidade do novo processo consiste em que estas duas crises coincidiram, no que podemos chamar de simultaneidade, com outras duas mais profundas: uma, profundamente interna, e outra, global. A interna questiona o Estado colonial que configurou um país de costas à maioria indígena – um Estado que, em seu afã imitador, terminou construindo um país ancorado no extrativismo primário, no saque da riqueza própria para o benefício externo e de alguns poucos no interior do próprio país; que necessitava de uma estrutura política e simbólica que encobrisse o nativo, que tratasse de despojá-lo de seus modos de vida, para que ganhasse roupagens folclóricas, que buscasse assimilá-lo funcionalmente às lógicas do capitalismo. Quanto à crise global ou mundial, ela é múltipla: ecológica, alimentar, energética, política, financeira etc. Condensa-se no que se denomina "crise civilizatória" ou dos modos de vida que se globalizaram hegemonicamente como "cultura ocidental moderna".

Essas múltiplas crises, que abriram passagem ao processo de transição na Bolívia – e sua simultaneidade –, permitiram estender o debate para além da mudança do modelo estatal, chegando ao horizonte civilizatório. Então, o Bem Viver constituiu-se em denominação alternativa. Existem múltiplas, às vezes complementares e outras vezes contraditórias, interpretações sobre o que é o Bem Viver. Não é o propósito deste texto explicar em detalhe essas tendências. No entanto, é pertinente assinalar algumas características mais ou menos comuns, que nos ajudaram a colocar o debate a partir dos contextos urbanos.

O Bem Viver é, sobretudo, um horizonte de sentido, um indicativo de que é possível transitar para outros modos de vida e formas civilizatórias que nos permitam sair da armadilha da modernidade e do desenvolvimento hegemônico, expressados, em sua forma mais radical, no capitalismo, embora não unicamente. Não se trata de um modelo ou um projeto claro, e sim de um sentido que exige capacidade de construir, inventar, criar e permitir a germinação do existente, que reconfigura a dominação de outros horizontes. Não é possível sem diversidade e pluralidade. Por isso, não permite falar de um modelo a ser seguido.

O Bem Viver nos desafia a repensar nossas maneiras de nos relacionar entre seres humanos e com a Natureza, de forma a favorecer uma vida que flua para todos e para todas, não somente para os seres humanos, mas também para outras formas de vida, com base em uma noção de redistribuição orientada à igualdade, equidade ou harmonia entre os diferentes. A relação entre seres humanos e Natureza é um dos dispositivos mais fortes para desconstruir as lógicas do desenvolvimento e do crescimento ilimitado. Nesse sentido, o Bem

Viver sublinha que as fontes para identificar modos de vida alternativos vêm dos povos indígenas originários: culturas nascidas com base na relação ancestral com os ciclos da Natureza, por meio de práticas agropecuárias ou de coleta, de alguma maneira agrocêntricas. Da vida rural desses povos são extraídas as fontes principais para pensar concretamente o Bem Viver.

Nessas perspectivas, as cidades quase não aparecem no horizonte. No entanto, a maioria da população habita centros urbanos – e outra grande parte considera esse estilo de vida como seu referente, ainda que more em localidades rurais. Além disso, boa parte da população – inclusive a maioria em muitas cidades bolivianas, por exemplo – é indígena. Por isso, torna-se inevitável e imperioso abordar algumas conversações sobre o Bem Viver a partir de contextos urbanos. E dizemos a partir de contextos urbanos porque não se trata de ressignificar a cidade com base na vida exclusiva das cidades, mas sim com base em estar na cidade de maneira conectada e articulada com o rural, não como separação e distância, mas como continuidades e reciprocidades complementares. O último censo realizado na Bolívia, em novembro de 2012, evidenciou que um número significativo de pessoas vive e habita simultaneamente vários contextos e relaciona permanentemente a cidade e o campo. Mas as perguntas do censo não captam o fenômeno: apenas olham, como fotografias, o deslocamento das pessoas, o movimento, as trajetórias e as cartografias. Muita gente que já habita vários espaços e territórios simultaneamente reproduz seus modos de vida e origem indígenas e rurais nas cidades. Reocupam a cidade com suas formas próprias. Mesmo os chamados "setores populares", que não mantêm fortemente suas identidades indígenas, constroem a cidade a partir de seu lugar econômico e social, mas também incorporam novas configurações que disputam a cidade senhorial, colonial e modernizadora. Fazem-no com base em uma heterogeneidade complexa, não como alternativas separadas do existente e hegemônico, mas complexamente inter-relacionadas com isso e, ao mesmo tempo, como possibilidade de saída do dominante.

Com base em nossa experiência, só é possível pensar nas alternativas a partir do existente, assim heterogêneo e complexo. O horizonte de sentido a que chamamos Bem Viver não é um modelo a conquistar: é criação e germinação daquilo que difere do dominante e hegemônico, mas com base no que existe nas práticas e modos de vida que possibilitem alternativas ao desenvolvimento e à modernidade dominantes. A partir daí, compartilhamos algumas intuições, assombros e dúvidas: com base no que existe, que nos ajuda a fortalecer esse horizonte de sentido diante do modo de vida e da civilização globalizada e em crise. A isso denominamos Bem Viver.

Outras cidades são possíveis? A experiência de nossas culturas indígenas originárias e do "popular" na reconfiguração urbana contemporânea, com base no horizonte do Bem Viver

A seguir, compartilhamos algumas intuições, experiências, convivências e maneiras de estar que, com base no que existe hoje, acreditamos que contribuem com os debates sobre o Bem Viver a partir de contextos urbanos. Não expressam uma totalidade, mas campos que vão emergindo e provocam nossos debates, assim como a construção de propostas. Os seguintes pontos são, apenas, um esboço de trabalho, um convite à conversação.

O território, o solo e o habitat urbano

Nos últimos anos estamos vivendo um processo acelerado de recomposição do território e do solo urbano. Além da especulação imobiliária, busca-se outra vez expulsar os setores "populares" para beneficiar as lógicas do capital e a reocupação pelas elites urbanas de espaços antes desprezados. Esse é um cenário comum na maioria de nossas cidades, onde o solo e o reordenamento territorial também estão em disputa.

Os setores "populares" reocupam os territórios segregados, seja por meio de atividades – econômicas, por exemplo –, pela festa que irrompe na rua proibida, ou então pela disputa da propriedade do solo. Na Venezuela, é significativo o movimento de acampamentos de pioneiros, que ocupam terrenos baldios, produtos da especulação imobiliária, e a partir daí projetam novos modos de vida, no meio do centro da cidade e de bairros acomodados. Não aceitam a segregação e propõem novas convivências e relações. Trata-se do exercício do direito à cidade – a outra cidade. Não se trata simplesmente de incursionar no modelo dominante de urbe, mas pensar outros modos de vida e de convivência.

Na Bolívia, não temos grandes movimentos que se dediquem ao tema do solo urbano. Há algumas associações ou sindicatos de inquilinos, mas ainda não se manifestaram fortemente como propostas de disputa da propriedade urbana que alterem a estratificação e segregação que consolidam o modelo colonial de cidade. As propostas para organizar os territórios e a moradia, a partir de um enfoque diferente dos modos de vida e das relações, tampouco são fortes – embora existam alguns casos em Cochabamba, como a comunidade María Auxiliadora, ou o que tentou ser o bairro Luís Espinal, em Tarija.

No entanto, apesar de a temática ainda ser incipiente na Bolívia, ela adquire relevância no contexto latino-americano, e é um dos debates que pode levar-nos a uma discussão mais global do tema urbano e da configuração das cidades.

A cidade como circulação para facilitar a mercantilização das relações ou como território plural de encontros e convivências

As cidades contemporâneas se organizam, em grande parte, para facilitar a aceleração do tráfego de veículos e de pessoas. Com isso, conseguem apressar os consumos e despersonalizar as relações. Esse é o modelo dominante, e na Bolívia mostra-se claramente nos projetos de modernização urbanística. La Paz é o exemplo mais evidente desse processo. Corta-se o centro histórico, onde confluíam todos os setores sociais da cidade, e se habilita esse espaço para o fluxo acelerado do veículo, quebrando o espaço de encontro. A mesma lógica sustenta a reconstrução dos mercados históricos do centro urbano; isola, encerra, acelera a circulação e impede a relação: a reorganização dos postos de venda produz a reclusão de cada vendedor ou vendedora e seus clientes; perde-se o espaço compartilhado da conversação e do encontro, próprio do mercado antigo.

No entanto, a maioria das pessoas recompõe e transgride esses espaços. Para os setores "populares" e indígenas, o lugar relacional tem preeminência sobre o da circulação acelerada. Os "mercados-modelo" saem de seus limites e recompõem as feiras, não diárias, mas com seus momentos, quase de ciclos. Nas feiras fluem os sentidos de fregueses e freguesas, as fidelidades e cumplicidades. As vendedoras e vendedores retomam suas formas comunitárias de cuidado coletivo dos filhos, de convivência familiar no "posto de trabalho".

Em El Alto, a mais aimará das cidades da Bolívia, uma praça de alimentação foi construída dentro de um centro hoteleiro e de diversões, de acordo com os padrões de homogeneização de qualquer cidade. Esses espaços estão vazios, enquanto no mesmo momento a rua se enche de comidas diversas, os "agachadinhos", como se diz na Bolívia. Não há mesas e se come em bancos baixinhos, com o prato entre as pernas, agachando-se para aproximar a colher da boca. Essas barracas estão cheias. Em parte, por causa do preço, mas também – de acordo com algumas entrevistas que realizamos – pela convivência, o estabelecimento de lógicas de freguesia, a possibilidade de se relacionar com as pessoas que passam, o fato de não se estar num ambiente fechado.

Poderíamos citar dezenas de exemplos. Em todo caso, tentamos visibilizar essas formas de habitar a cidade que, no imaginário dominante, aparecem como práticas pouco "urbanas", que precisam ser civilizadas e ordenadas. No interior destas, não há apenas situações de pobreza e marginalidade, mas também outros modos de vida que, à sua maneira, reinterpretam as relações e convivências e questionam os modelos de aceleração da circulação para o consumo padronizado: não escapam deste, mas pelo menos apresentam outras opções. É interessante observar como setores aimarás que ascenderam economicamente não modificam radicalmente suas formas de conviver e se relacionar na cidade, e como disputam o uso do espaço público, com outros fins que não necessariamente os da aceleração da circulação. Aí há algo que acontece, que resiste, que reconfigura.

Os consumos urbanos e os modos de vida

A cidade é, sem dúvida, o lugar privilegiado do consumo. Um dos temas com o qual trabalhamos na Rede da Diversidade da Bolívia é o consumo de alimentos e bebidas. A padronização desses consumos desencadeou um processo acelerado de industrialização, que afeta a produção camponesa local e mina significativamente a diversidade e a variabilidade do que se come e se bebe. A indústria de alimentos e bebidas situa-se entre os negócios mais rentáveis no mundo contemporâneo.

A partir de nossas observações, identificamos que, embora as tendências gerais consolidem a deterioração da qualidade alimentar e a padronização dos consumos, ainda existem bolsões da população boliviana que preferem a diversificação e a variabilidade dos consumos tradicionais, como a quinua, o amaranto, a cevada, a alfafa, diversos peixes locais, os refrescos de *pitos*,[8] os refrescos de frutas e outros. Para nossa surpresa, encontramos que o consumo desses produtos – sob formas de oferta artesanal e em pequena escala, que costuma ocupar as calçadas e mercados populares – está em crescimento e tem um público juvenil importante. Essa maior demanda não tem gerado processos de monopólio ou de modificação das formas artesanais da oferta. Pelo contrário, regem fortes critérios de relacionalidade, expressados na noção de fregueses e freguesas.

O consumo de alimentos e bebidas diversificadas e tradicionais continua sendo muito extenso, e, ao mesmo tempo, permite a convivência com as noções de ciclo. Os alimentos e bebidas artesanais têm seu tempo, associam-se a festas rituais ligadas ao calendário agrícola;

8 *Pito* é qualquer cereal após ser tostado e moído. Misturado com água, torna-se refresco. [N. T.]

rompem com o tempo linear ou de consumo padronizado. Isso é muito importante no horizonte do Bem Viver, pois restitui maneiras de compartilhar com os ciclos da Natureza.

Os consumos de alimentos e bebidas nas cidades da Bolívia ainda constituem um campo de disputa, que deixa entrever outros modos de vida, de se alimentar e de conviver. Isso, segundo nossas observações, ocorre em cidades tão díspares como El Alto, Santa Cruz ou Tarija, com diferentes modalidades, mas com as mesmas tendências. Podemos citar como exemplo os cafés da manhã em carrinhos ambulantes, mates terapêuticos nas manhãs e noites, refrescos em mercados e feiras, comidas de rua e mercados. Em meio à padronização, a diversificação e a qualidade alimentar – embora precária – continuam presentes e, com elas, as formas próprias e as relações que se estabelecem em torno desses consumos.

Economia de mercado capitalista e "outras economias"

A economia mercantil capitalista domina as cidades. Suas formas e mecanismos nos inundam. No entanto, aparecem outros mecanismos que nos permitem intuir relações diferentes. Não se trata de economias paralelas, que não se tocam, e tampouco são formas marginais de relação econômica.

As convivências urbanas de setores "populares" estão inundadas de mecanismos de reciprocidade que desmonetarizam os intercâmbios, estabelecem a circulação do excedente e contribuem para a redistribuição, mais ou menos equilibrada, entre pares. São sistemas de *ayni*, que possibilitam a circulação do lucro. Um exemplo disso é o *pasanaku*, um mecanismo que incentiva a poupança coletiva, com contribuições iguais de toda a rede de reciprocidade. O *pasanaku* permite que, mensalmente, uma pessoa por vez se beneficie do total arrecadado. Isso ajuda a gerar um "capital" de investimento ou a cobrir um gasto alto, sem ter de recorrer a empréstimos nos bancos. O *pasanaku* é amplamente difundido em setores "populares" e, embora não produza outra economia, estabelece formas de convivência um tanto diferentes nas relações econômicas.

Os sistemas de escambo estão se fortalecendo novamente nas vidas urbanas, e entre estas e os espaços rurais. Na Venezuela, há uma crescente rede de escambo com moedas próprias. No Brasil existe uma rede extensa de escambo entre grupos musicais urbanos, que tem gerado uma notável movimentação de dinheiro próprio. Na Bolívia, muitas feiras ainda têm sua seção de escambo bastante ativa. O escambo não se restringe às mercadorias: é também de serviços.

Ainda que os exemplos anteriores não alterem a economia capitalista dominante, eles ressignificam as relações econômicas. Ao mesmo tempo, propõem que caso se conectem com outros aspectos dos modos de vida diversos e plurais que coexistem nas cidades, podem contribuir para desgastar o imaginário dominante e globalizado, e permitir a busca real de alternativas.

Maneiras de habitar os espaços públicos urbanos: o caso das praças

Na Bolívia, nos últimos anos, adverte-se uma tendência a associar as praças públicas à insegurança. O discurso é dirigido contra a presença de jovens que, durante as noites, bebem e formam bandos. Isso tem desencadeado um processo de gradeamento das praças. Muitas delas têm ficado bloqueadas para a circulação diária; outras, somente durante as noites.

Ao anteriormente mencionado, é preciso acrescentar que há muitos anos as praças são entendidas como um elemento ornamental da paisagem urbana – por isso, os jardins são uma parte importante de sua estética. Cuida-se para que os jardins não sejam tocados, apenas olhados. Isso obriga as prefeituras a destinar muitos recursos para conservar as praças e afastar as pessoas do seu mau uso.

No entanto, as pessoas reocupam as praças com base em outros sentidos. Entram nos jardins e fazem piqueniques, convivem em família, comem, brincam, namoram, fazem grupos. Nas culturas indígenas, os objetos e as coisas não têm fins ornamentais em si: podem ser esteticamente bonitos, mas devem ter uma utilidade prática para ser verdadeiramente "lindos". A beleza é uma espécie de conjunção entre sentido estético e sentido de utilidade. A praça é linda se permite conviver; o jardim é lindo se permite ser usado para essas convivências e relações.

Apesar das múltiplas tentativas de "civilizar" o uso das praças, estas continuam sendo um campo de disputa de modos de vida diversos. Emergem outras maneiras de habitar as praças que, possivelmente, contribuem com o brotar do Bem Viver, como horizonte reorganizador de nosso conviver.

Pluralidade e diversidade: a reconfiguração dos imaginários urbanos

Apesar de a pluralidade emergir como parte dos discursos contemporâneos – na Bolívia, constitucionalizamos o Estado Plurinacional –, até agora essa diversidade e pluralidade não terminaram de irromper com força quando conversamos sobre a cidade. Somente com base na pluralidade poderemos questionar o imaginário dominante sobre o espaço urbano.

Dizem que prosperidade vem do latim *pro espere*, que significa "viver de acordo com a esperança". Se observarmos esses modos de vida diversos, que habitam a cidade e a disputam, poderemos advertir a existência de muitas "prosperidades" que formam os imaginários sobre as cidades. A maioria delas não aparece no campo discursivo, inclusive dos setores que vivem de outras maneiras, porque há uma espécie de "pensamento único" sobre a cidade. Se conseguirmos abrir melhor nossas sensibilidades, poderemos identificar a pluralidade que habita a cidade. A partir dela poderemos reestruturar os imaginários sobre a cidade e propor alternativas.

Mas a pluralidade não é suficiente: ela exige outro debate que relacione pluralidade e igualdade, porque as cidades não são apenas dominantemente monoculturais: também são injustas na distribuição dos bens e riquezas. O desafio está em aprofundar esse debate, articulá-lo e compatibilizá-lo. E isso somente será possível se formos capazes de incidir sobre o cotidiano das convivências urbanas e suas continuidades com o rural, no tecido organizativo e institucional e, claro, também nas políticas públicas.

À maneira de conclusão

Este artigo é apenas um pretexto para conversar sobre Bem Viver a partir de contextos urbanos. É apenas um esboço para provocar. Os exemplos compartilhados somente ganham sentido se, em sua articulação, ajudarem-nos a sair da "maldição" do extrativismo e do saque incessante de nossas riquezas, nossos bens comuns, nossa Mãe Terra. Isso exige desmontar os imaginários dominantes sobre a cidade, ressignificar a vida urbana, recontextualizá-la, reconfigurar nossas vidas e convivências. As cidades produzem imaginários funcionais à nossa colonialidade, à nossa modernização senhorial, à nossa aceleração do consumo, sob lógicas mercantis do capitalismo contemporâneo.

As cidades aprofundam a artificialização da vida e o distanciamento dos ciclos da Natureza. No entanto, essas cidades também são reabitadas com base em outros modos de viver e conviver. Sem a população dessas cidades e suas continuidades com o rural, não é possível pensar alternativas viáveis a partir do horizonte do Bem Viver que nos permitam sair do desenvolvimento moderno dominante e hegemônico. Por isso, trabalhar sobre a cidade parece um desafio urgente: não o único nem o central, mas simultâneo com tantos outros temas que emergem, frutos de crises simultâneas e complexas.

Deixemos que sejam as vozes urbanas que terminem este artigo. Trata-se de Nina Uma, uma irmã que interpreta hip hop, da equipe de Wayna Tambo, Rede da Diversidade, que nos diz, em um fragmento de uma de suas canções:

Cidade se apaixona pelo progresso
E como típica apaixonada
Está cega
Não pensa em nada mais do que nele
Não importa quem
Lhe dá de comer
Que fazemos com cidade?
Será que pode ser repensada?

Use-o e o jogue fora
O céu é moderno
Use-o e o jogue fora
Cidades casos da vida real
Progresso é um cara muito racista
A muitas comunidades ele tirou de sua lista
Ele é muito interesseiro
As notas verdes são seu sonho dourado
Sua mãe, a ambição, não o ensinou
Sobre o coração

Cidade ama o progresso
Ele não lhe é fiel
Tem muitas atrás dele
Pai Inti e Mãe Terra
Os observam
No fundo uma esperança conservam
Que termine esse romance
E assim a paz finalmente nos chegue

Esta história aqui não termina
Todos a germinam
Cada um lhe põe seu final
Qual você quer criar?
O destino de seus filhos está em suas mãos
Agora me diz: para onde vamos?

09

Klaus Meschkat é sociólogo alemão, estuda a história do socialismo real, centrando sua obra nas instituições e na relação com a esquerda colombiana.

Os governos progressistas e as consequências do neoextrativismo

Interesse geral da nação versus *interesses particulares*[*]

Klaus Meschkat

Marxistas da América Latina já alimentaram o debate internacional sobre as relações globais de repressão e exploração – por meio da teoria da dependência, por exemplo. Há quarenta anos, Dieter Senghaas a socializou na República Federal da Alemanha, por meio de compilações de autoras e autores latino-americanos, como Aníbal Quijano. Hoje, a América Latina novamente parece ser fonte de impulsos similares. É provável que o conceito do Bem Viver, emprestado das línguas indígenas e presente nos debates sobre as novas constituições do Equador e da Bolívia, ajude-nos a superar noções de progresso e desenvolvimento, baseadas na exploração ilimitada da Natureza.

Nesse contexto, uma das conquistas mais importantes do pensamento latino-americano foi concretizar a crítica

* Publicado originalmente em *¿Cómo transformar? Instituciones y cambio social en América Latina y Europa* (Fundação Rosa Luxemburgo; Abya Yala, 2013).

ao "extrativismo" e o consequente surgimento do conceito de "neoextrativismo", que caracteriza as políticas econômicas de alguns regimes da região. Dessa maneira, pesquisadoras e pesquisadores das Ciências Sociais da América Latina vêm dotando de sólidos fundamentos teóricos a crescente resistência contra a destruição da Natureza em todo o continente. Seus estudos e análises reforçam essa posição.[1]

Depois de vencer as eleições presidenciais venezuelanas em 1998, Hugo Chávez proclamou uma ruptura com os regimes anteriores. Seu fundamento econômico foi a passagem do extrativismo ao neoextrativismo, assim denominado e explicado em todas suas dimensões por intérpretes posteriores.[2] No campo político, uma nova Constituição marcou também uma ruptura: ampliou a democracia representativa com muitos elementos de democracia direta e garantiu maiores direitos às minorias étnicas da Venezuela. Depois, alguns países latino-americanos tomaram um rumo parecido: novos líderes chegaram ao poder pela via eleitoral e iniciaram seu governo com novas

1 Refiro-me, entre outras pessoas, a Eduardo Gudynas (Uruguai), Maristella Svampa (Argentina), Edgardo Lander (Venezuela), Esperanza Martínez e Alberto Acosta (Equador); e, também, a Boaventura de Sousa Santos (Portugal), que colaborou nos processos constitucionais no Equador e na Bolívia e que, com seus trabalhos, quer construir uma ponte entre Ernst Bloch e o Bem Viver.

2 Um compêndio excelente sobre "extrativismos" é o livro mais recente de Eduardo Gudynas, *Extractivismos: ecología, economía y política de un modo de entender el desarrollo y la Naturaleza* (Cochabamba: Cedib, 2015). Especificamente sobre Venezuela, ver Víctor Álvarez, "La transición al socialismo de la revolución bolivariana: transiciones logradas y transiciones pendientes" (In: Edgardo Lander, Carlos Arze, Javier Gómez, Pablo Ospina Peralta e Víctor Álvarez, *Promesas en su laberinto: cambios y continuidades en los gobiernos progresistas de América Latina*. La Paz, Quito e Caracas: Cedla/IEE/CIM, 2013) e Víctor Álvarez, "Claves para salir de las trampas del rentismo: Venezuela, post-extractivismo e inserción en el mercado mundial" (In: Miriam Lang et al. [orgs.], *La osadia de lo nuevo: alternativas de política económica*. Quito: Fundação Rosa Luxemburgo; Abya Yala, 2015).

constituições, que romperam com as "partidocracias" dos regimes anteriores.[3]

Em seu propósito de dar um nome às implicações dessa mudança de governo, Hugo Chávez optou, primeiro, por um olhar para o passado, e reivindicou a herança de Simón Bolívar. Sua luta contra o regime colonial e sua advertência sobre o perigo de uma nova dependência dos Estados Unidos foram as razões para usar como exemplo a figura do libertador e se referir à República da Venezuela como "bolivariana". O termo "bolivariano" podia também ser aplicado aos novos governos do Equador e da Bolívia, por seus vínculos históricos com o libertador e por sua proximidade com o "chavismo". A vagueza do conceito foi útil, porque permitia encontrar um denominador comum para governos e correntes afins, sem fixações dogmáticas prematuras.

No entanto, em 2005, depois de novas vitórias eleitorais, Hugo Chávez decidiu definir seu movimento não apenas pela herança de Simón Bolívar, mas também como um olhar para o futuro e passou a falar, desde então, em "socialismo do século XXI".[4] Por distintas razões, nem todos os partidários ou simpatizantes do chavismo queriam seguir Hugo Chávez nessa nova terminologia, demasiadamente ambiciosa. Talvez por isso tenha surgido um novo termo para denominar os

3 Falamos, neste ensaio, de Bolívia e Equador depois da vitória eleitoral de Evo Morales (2005) e Rafael Correa (2006).

4 Não houve debate prévio que culminou no lema do socialismo do século XXI. Foi uma decisão de Hugo Chávez que chegou como surpresa inclusive para seus seguidores. Tenho recordações pessoais de conversas com militantes destacados do Partido Comunista da Venezuela (PCV) no momento em que o novo lema surgiu: os membros do PCV mostraram-se muito contentes porque se falava outra vez do socialismo, mas preocupados porque se poderia esquecer que o socialismo real do século XX também foi muito bom. Não será possível aprofundar a problemática do socialismo do século XXI neste breve ensaio.

governos pós-neoliberais que se incorporaram à guinada à esquerda na América Latina: "progressistas".

O "progressismo" é um conceito tão pouco preciso como os anteriores, mas indica que se trata de regimes *sui generis*, que dificilmente podem ser chamados de socialistas ou que estão a caminho do socialismo. Uma fenomenologia do atual "progressismo" na América Latina mostra suas contradições internas e deixa entender sua ambiguidade[5].

Nesse contexto, surge a pergunta: por que os governos chamados progressistas contrariam os postulados de suas novas constituições e priorizam o extrativismo em suas políticas econômicas? Nesse aspecto, em nada se distinguem de seus vizinhos menos progressistas, ainda que sua política se diferencie em relação à apropriação e distribuição da renda gerada pelo extrativismo. Neste texto, tento contribuir com uma melhor compreensão das condições e consequências políticas do neoextrativismo.

Centralização do poder político

Graças a amplas coalizões, os líderes dos países bolivarianos conseguiram recuperar o controle sobre o setor extrativista da economia ou, pelo menos, assegurar que a parte dos lucros que fica no país seja consideravelmente maior do que antes. Assim, monitoram o acesso direto às principais fontes de riqueza e, por conseguinte, têm a possibilidade de distribuir essa riqueza de cima para baixo. Fazem-no, em primeiro lugar, por meio de programas bastante amplos de assistência social, de educação e de saúde, mas também

5 Devemos a Eduardo Gudynas ensaios muito sugestivos sobre a problemática, com uma justaposição do "progressismo" aos princípios anteriores de uma esquerda latino-americana. Ver Eduardo Gudynas, "10 tesis sobre el 'divorcio' entre izquierda y progresismo en América Latina" (In: *Ideas, suplemento de Página 7*, La Paz, 2014).

de infraestrutura, que produzem melhorias visíveis e palpáveis para a grande maioria da população. A isso se acrescenta o alto nível dos preços do petróleo e demais *commodities* nos últimos anos. Tudo isso fez com que, com os vigentes mecanismos de democracia representativa, os mandatários eleitos, até há pouco tempo, não tenham tido maiores dificuldades para assegurar sua reeleição, com maiorias cômodas e convincentes. No entanto, esse panorama mudou depois da morte de Hugo Chávez, em 2013, e da drástica queda dos preços das matérias-primas, no final de 2014.

Contudo, o acesso a uma importante fonte de dinheiro implicou o fortalecimento do Executivo em detrimento das instâncias de controle. Em vários casos, os partidos governistas contam com maiorias de mais de dois terços nos parlamentos, o que tem minado a função de fiscalização do Legislativo. Tribunais constitucionais, eleitorais e as instâncias que em constituições representativas liberais supervisionam o uso dos recursos públicos igualmente estão ocupados por pessoas politicamente afins. Assim, a lealdade ao projeto político passa para o primeiro plano.

Enquanto as instâncias de controle estabelecidas permanecerem enfraquecidas e um novo controle no estilo da democracia de conselhos operários – como foi discutido em algum momento, no caso venezuelano – não cobrir todos os níveis, desde o mais baixo até

o mais alto, a corrupção continuará sendo a mais íntima companheira do extrativismo.

O desaparecimento de US$ 20 bilhões na Venezuela, em 2014, assim como as denúncias relacionadas ao uso de fundos provenientes do extrativismo no marco do Fundo Indígena da Bolívia são apenas dois exemplos.

O acesso direto a essas fontes de riqueza do país e os altos preços consolidados durante muitos anos também liberaram os governantes da obrigação de elevar de maneira significativa a carga de impostos. Historicamente, até os governos absolutistas tinham de encontrar uma forma de se entenderem com seus súditos burgueses quando precisavam de mais tributos. Nos primórdios da Rússia soviética, não restava outra opção aos bolcheviques, se quisessem sobreviver e, mais ainda, se quisessem realizar seus pretensiosos projetos de industrialização, a não ser confiscar parte da colheita dos agricultores. Por outro lado, os governantes bolivarianos, pelo menos até a recente queda de preços, não precisaram recorrer a medidas desse tipo: puderam melhorar a situação da maioria da população e, ao mesmo tempo, beneficiar as classes privilegiadas de sempre.

Um dos efeitos secundários irremediáveis do neoextrativismo parece ser a tendência ao "hiperpresidencialismo", um fenômeno já conhecido na América Latina, observado não apenas em épocas de ditaduras de direita, como também em tempos de governos progressistas. De fato, é uma tradição bastante ambivalente, e é inevitável nos perguntarmos como semelhante concentração de poder político no Executivo pode ser conciliável com o fortalecimento da democracia exigido pelas novas constituições. O que tem acontecido depois da morte de Hugo Chávez demonstra, com muita clareza, como é problemático que um movimento se fundamente e dependa tanto da existência física de uma só pessoa.

Além do caudilhismo, existe outra tradição que perdura nos regimes progressistas: trata-se de um eurocentrismo muito particular, que nada tem a ver com a imitação do neoliberalismo introduzido na Europa pela premiê britânica Margaret Thatcher. Se consideramos que Moscou – como centro do que era o comunismo global – também está localizado na Europa, a adoção da doutrina leninista pode ser qualificada como "eurocêntrica".[6] Assim, observamos um modelo parecido com certos tipos de organização que poderíamos descrever como uma espécie de eurocentrismo "esquerdista". Nesse contexto, é necessário analisar com maior detalhe o nascimento e o desenvolvimento dos partidos políticos que atualmente estão no poder nos países bolivarianos.

Novamente o partido?

No princípio, para Hugo Chávez, Rafael Correa e Evo Morales, a criação de formações políticas próprias foi uma medida necessária para estabelecer alianças políticas e chegar ao poder por meio de eleições democráticas. Em sua campanha eleitoral, Correa criticava com dureza a "partidocracia" e convidava a população a votar na Alianza País para supostamente superar e deixar para trás o excessivo império dos partidos políticos. Na Bolívia, o Movimento ao Socialismo insistia em não

6 É preciso lembrar que Lênin escreveu a maioria de seus textos importantes sobre problemas da organização em seu exílio na Suíça, Alemanha e Inglaterra, no contexto dos debates dos marxistas europeus.

ser um partido tradicional, mas um instrumento de diversos movimentos sociais. Também Chávez havia formado um partido político próprio, principalmente com fins eleitorais. No princípio, esse partido, o Movimento Quinta República, desempenhou um papel secundário, mas, em 2006, Chávez optou por um novo começo: proclamou o socialismo do século XXI e constituiu o Partido Socialista Unido da Venezuela (PSUV) com o objetivo de unir todas as forças que simpatizavam com o chavismo. No entanto, havia vários partidos de esquerda pequenos, por exemplo, o Partido Comunista, que insistiam em continuar sendo organizações e partidos independentes, de maneira que não restou a Chávez outra opção senão respeitar sua autonomia. De todo modo, em poucos meses o Partido Socialista Unido da Venezuela acumulou mais de 5 milhões de membros.

Múltiplos estudos e análises das mudanças políticas nos países bolivarianos não dão maior importância aos partidos como instrumentos de domínio. No caso da Venezuela, as considerações costumam focar nos conselhos comunais e nas comunas, que, provavelmente, constituem a essência do conceito revolucionário esboçado por Hugo Chávez. Para muitos, os conselhos e as comunas são a semente de uma transformação do sistema político venezuelano em direção a uma democracia de modelo de "conselhos operários".[7]

7 Sobre as experiências latino-americanas, ver o artigo de María Eugenia Fréitez e Alexandra Martínez, "Venezuela: consejos comunales y comunas, entre la autonomia y el centralismo" (In: *¿Cómo transformar?: Instituciones y cambio social en América Latina y Europa*. Quito: Fundação Rosa Luxemburgo; Abya Yala, 2015). Uma obra pró-chavista mais extensa é o livro de Dario Azzelini, *Partizipation, Arbeiterkontrolle und die Commune* (Hamburgo: VSA, 2010). Convém confrontar esses estudos com os artigos críticos das sociólogas venezuelanas María Pilar García-Guadilla, "La praxis de los consejos comunales en Venezuela: ¿Poder popular o instancia clientelar?" (*Revista Venezolana de Economía y Ciencias*, Caracas, v.14, n.1, abr. 2008) e Margarita López Maya, "Hacia el socialismo del siglo XXI: los consejos comunales, sus cambios conceptuales y las percepciones de los participantes en Caracas" (In: *Ciudanía y legitimidad democrática en América Latina*. Buenos Aires: Prometeo, 2011).

Mas quem invoca a democracia de conselhos e se apoia em sua história não deve deixar de lado o problema da inter-relação entre partido(s) e conselhos. O exemplo que aqui deve servir como advertência é a eliminação do poder dos conselhos pelo Partido Comunista nos primórdios da Rússia soviética. É bom saber que um dos mais conhecidos políticos chavistas destaca a necessidade de conhecer e estudar esses exemplos e debates históricos. Em um destacado artigo, Reinaldo Iturriza López, ex-ministro do Poder Popular para as Comunas, e depois ministro da Cultura, fez referência à crítica de Rosa Luxemburgo à Revolução Russa, e a Christian Rakowski, um crítico de primeira hora da burocracia na União Soviética e, depois, vítima do terror estalinista. Iturriza sublinhou a necessidade de conhecer a extensa literatura sobre revoluções populares:

> *Ela [a bibliografia] constitui parte substancial do acervo da humanidade. Não há melhor forma de preservá-lo do que dispor de tempo para seu estudo, de modo a sermos capazes de corrigir erros que, em seu momento, também foram cometidos por povos tão dignos e aguerridos como o nosso. Essa mesma bibliografia tende a coincidir no entendimento de que a crise terminal das revoluções populares guarda relação direta com o fechamento dos espaços de participação popular e com a ascensão de uma casta burocrática ou, como disse John William Cooke, com o predomínio de um "estilo" burocrático.*[8]

Na União Soviética e em seus países-satélites, a ascensão dessa casta burocrática aconteceu também – e sobretudo – no interior do partido único. Segundo Dieter Klein, no caso dos soviéticos, a "ditadura do

8 Reinaldo Iturriza López, *La vitalidad de la revolución* (2014, <http://www.rebelion.org/noticia.php?id=189140>).

partido no socialismo estatal" ficou selada com a repressão da rebelião de Kronstad, em 1921.[9] É evidente que, até agora, os partidos dominantes nos regimes bolivarianos não alcançaram níveis de burocratização similares aos que caracterizavam o Partido Comunista da União Soviética ou o Partido Socialista Unificado da Alemanha, que praticamente dominavam toda a vida da sociedade e estavam acima do aparato estatal.

Mas o neoextrativismo reforça as tendências que vão nessa direção e fomenta a imitação acrítica de modelos organizativos e rituais do socialismo supostamente real, cuja função era demonstrar seu poder e fortaleza, mas que, na realidade, foram os causadores de sua decadência.

Um exemplo é esse simbolismo que, à primeira vista, parece inocente: a uniformização dos seguidores, por exemplo, com camisas de uma determinada cor como expressão de sua militância. Recordemos que também no "socialismo real" reproduziam-se os procedimentos ritualizados dos congressos do partido, nos quais não havia nenhum debate entre defensores de diferentes tendências, nem se recebiam propostas verdadeiramente divergentes. Em vez disso, celebrava-se a "unidade", com resoluções pré-fabricadas, enquanto o

9 Dieter Klein, *Das Morgen tanzt im Heute*: *Transformation im Kapitalismus und über ihn hinaus* (Hamburgo: Fundação Rosa Luxemburgo; VSA, 2013), p.112.

congresso do partido mantinha-se como um mero fórum de aclamação. Tudo estava em franco contraste com a riqueza de debates controversos que eram desencadeados nos congressos dos bolcheviques até 1921; ou seja, até seu 10º Congresso, no qual foram proibidas as frações ou tendências dentro do partido.

Vale a pena recordar a história da proibição da formação de "frações" dentro do partido bolchevique. Lênin e Trotsky justificaram essa novidade na vida interna de seu partido com a situação excepcional da guerra civil e os perigos internos para a nova ordem soviética. Depois de proibir os demais partidos da esquerda, vistos como potenciais cúmplices de uma contrarrevolução armada, temia-se que qualquer fração reconhecida dentro do próprio partido bolchevique pudesse funcionar como um partido de fato e servir como porta de entrada para forças contrarrevolucionárias. A resolução contra o fracionalismo era entendida como uma medida de emergência em uma situação particular, que eliminava temporariamente o direito dos membros do partido de se agruparem para elaborar e apresentar plataformas políticas. Com isso, proibiu-se a formação de grupos que tivessem a finalidade de influenciar a linha do partido, em oposição a determinadas políticas da cúpula. Depois de 1921, os comunistas não recuperaram mais essa possibilidade de elaborar suas divergências para promover um debate aberto e estruturado dentro do partido. Ao contrário, Stálin fez da luta contra o fracionalismo um instrumento para sua própria ascensão e, mais adiante, para a eliminação física de seus adversários.

O exposto acima nos ensina que existem muitas boas razões para se ter um olhar crítico sobre a vida interior dos partidos que presumem liderar o caminho em direção ao socialismo. Mas, como analisar as estruturas políticas de regimes que se dizem revolucionários, se o partido é um ente intocável? É necessário levar em conta a influência manipulativa de instâncias que funcionam como uma ordem secreta. Sem recorrer a uma análise do impacto do partido, têm valor limitado relatar e enumerar os êxitos alcançados pelo poder popular nas bases. É lamentável, mas devemos admitir que muitos estudos sobre os regimes progressistas latino-americanos fazem precisamente isso. Não é que não existam instrumentos para investigar a sociologia partidária. Existem em suficiente quantidade e, de fato, não existe motivo para que a ciência crítica não utilize esses instrumentos justamente quando se trata de explorar de maneira empírica e crítica a democracia partidária interna.

Interesse geral da nação *versus* interesses particulares?

Com frequência, os defensores da política dos governos progressistas assinalam que, em alguns momentos, os interesses particulares e corporativos vão contra os interesses de toda a população. É uma afirmação muito geral e, à primeira vista, não há nada a se objetar. Somente devemos saber onde estão situados os interesses particulares e quem determina quais são as demandas da população. Para os líderes dos regimes progressistas, a resposta está claríssima: eles chegaram ao poder com maiorias amplas, em eleições livres e dirigem o Estado em sua totalidade, de forma que se consideram legitimados para determinar e representar o interesse geral, sem nenhuma limitação.

No entanto, analisando o debate entre os líderes progressistas e as organizações sociais a que devem sua ascensão, observamos que, nos últimos tempos, houve uma mudança. As novas constituições enfatizam a necessidade de complementar a democracia representativa, que se baseia em eleições gerais, com a participação democrática em todas as áreas da sociedade. Entretanto, na atualidade, a tendência é que os líderes do Estado que foram eleitos com amplas maiorias tenham um poder quase ilimitado. Um dos sintomas desse fenômeno é negar algumas consultas populares sobre temas de interesse nacional e o recurso de recorrer, para evitá-las, aos votos de uma maioria parlamentar que é leal ao Executivo. As forças sociais autônomas devem se submeter ao poder central, porque supostamente só representam interesses particulares.

Então, pensando bem, é muito possível que o suposto interesse geral corresponda mais a interesses particulares de uma cúpula de políticos que não são submetidos ao escrutínio da população. De fato, os meritórios líderes que iniciaram a transição do extrativismo, imposto por terceiros, para o neoextrativismo, como forma de conseguir, assim, melhorar as condições materiais de vida das grandes maiorias das pessoas, também se veem expostos a pressões.

Se as decisões sobre o modelo econômico e a dependência crescente da exportação de matérias-primas não são submetidas a um debate amplo com a sociedade organizada, nem sequer podemos esperar transitar para um extrativismo restrito ou "sensato", nos termos do sociólogo uruguaio Eduardo Gudynas,[10] pois qualquer concessão que se faz é anulada rapidamente. Os governantes optaram pelo extrativismo, mas esse caminho os obrigará a incrementar cada vez mais a exploração de todos os recursos naturais anda disponíveis – custe o que custar e contrariamente à sua própria convicção. A recente queda de preços no mercado

10 Eduardo Gudynas, "Sentidos, opciones y ámbitos de las transiciones al postextractivismo" (In: *Más allá del desarrollo*. Quito: Fundação Rosa Luxemburgo; Abya Yala, 2011).

mundial induz, além disso, a ampliar drasticamente o volume da extração, caso se queira manter os níveis de investimento social. Isso, desse modo, ampliaria exponencialmente as consequências socioambientais.

Levando-se em conta essas conjunções, os permanentes conflitos internos são uma característica inevitável dos "regimes progressistas". Além disso, os problemas internos ainda aumentaram, depois de terem conseguido contra-atacar com sucesso as investidas da direita reacionária, na maioria dos países. É inevitável que, ao propagar a resistência aos excessos dos projetos extrativistas, descritos, por exemplo, para o caso das mulheres,[11] muitos aliados e defensores dos governos progressistas se convertam em adversários.

A pergunta sobre se é possível e como criar um extrativismo "sensato", no sentido das transições propostas por Eduardo Gudynas, é decisiva para o futuro dos Estados bolivarianos. De fato, as perguntas são várias: como influir em, ou como controlar, um governo que, segundo nos mostra toda experiência, sempre tenderá a priorizar a habilitação de novas fontes de renda por meio da extensão do extrativismo, subestimando os riscos e perigos que isso implica para a Natureza e a população diretamente afetada? Como decidir se um novo projeto extrativista previsto pelo Executivo será implementado ou abandonado? Mediante consulta popular dos diretamente afetados, com um plebiscito em escala nacional ou por meio de um debate e conseguinte votação no parlamento? Ou simplesmente por decreto executivo? E como são formadas as opiniões no partido majoritário? Haverá efetivamente novas formas de democracia de base, que vão mais além dos partidos e parlamentos, e que sejam

11 Confira Dunia Mokrani, Claudia López e Belén Cevallos, "¿Instituciones patriarcales?: reflexiones desde la región andina" (In: *¿Cómo transformar?: Instituciones y cambio social en América Latina y Europa*. Quito: Fundação Rosa Luxemburgo; Abya Yala, 2015).

capazes de atenuar os excessos extrativistas e, talvez, inclusive, engendrar novos enfoques para uma economia? Os regimes progressistas estão se aproximando de um modelo de democracia que Guillermo O'Donnell[12] denominou de "delegatória", muito centrado em uma pessoa que, depois de ganhar eleições, assume praticamente todos os poderes durante seu mandato: controla e debilita as instituições de controle da democracia.

12 "Delegative democracy?" (In: *Kellogg Institute Working*. Documento, 1993).

10

Alexandra Martínez é ativista em distintos processos de fortalecimento e articulação do Poder Popular na Venezuela e estudou Sociologia na Universidade Central da Venezuela.

Sandra Rátiva é socióloga, ambientalista e ativista do movimento social e político Congresso dos Povos.

Belén Cevallos é comunicadora, mestra em Ciências Sociais com ênfase em Gênero e Desenvolvimento. Trabalha próxima aos movimentos sociais do Equador.

Dunia Mokrani Chávez é cientista política e mestranda da Universidade Maior de San Andrés (Cides-Umsa) em Filosofia e Ciência Política. Ativista do Coletivo de Mulheres Samka Sawuri – Tecedoras de Sonhos. Coordenadora de Projetos para a Bolívia da Fundação Rosa Luxemburgo, escritório região andina.

O Estado como instrumento, o Estado como impedimento

Contribuições ao debate sobre a transformação social *

Alexandra Martínez
Sandra Rátiva
Belén Cevallos
Dunia Mokrani Chávez

Este texto procura refletir, com base na experiência concreta, os debates, tensões, contradições e possibilidades em torno da transformação social a partir do Estado ou do exercício de governo. Para tal, realizamos dez entrevistas e duas rodas de conversa com grupos focais de mulheres e homens na Bolívia, na Colômbia, no Equador e na Venezuela. Os resultados foram apresentados em uma sessão do Grupo Permanente de Trabalho Alternativas ao Desenvolvimento, realizada em Puembo, Equador, em outubro de 2014. As pessoas entrevistadas são oriundas dos três países que iniciaram processos de refundação a partir de assembleias constituintes. No caso da Colômbia, entrevistamos atores-chave do governo distrital de Bogotá. Em suma, os quatro casos tratam de experiências progressistas, impulsionadas por uma clara vontade de transformação social.

É importante assinalar que, para essa aproximação, não partimos de uma ideia maniqueísta do Estado.

* Publicado originalmente em *¿Cómo transformar? Instituciones y cambio social en América Latina y Europa* (Quito: Fundação Rosa Luxemburgo; Abya Yala, 2013).

Pelo contrário, nós o entendemos como uma construção histórica. Não quisemos basear-nos na ideia de que "conquistar" o Estado é a única maneira de pensar a mudança social na América Latina, nem tampouco no princípio de que nenhuma transformação é possível a partir da vinculação com o aparato estatal. Quisemos, sim, aprofundar o tema a partir de suas dobras, fissuras, tensões e contradições; a partir de tudo o que permite e, ao mesmo tempo, impossibilita; o que potencializa e, igualmente, restringe ou coopta. E, sobretudo, pensá-lo a partir dos sujeitos que forjam e encarnam essas possibilidades, às vezes de "dentro" do Estado, às vezes de "fora", e em algumas ocasiões como elemento articulador entre um e outro espaço.

Nosso exercício é uma contribuição empírica acerca do funcionamento do Estado, partindo de experiências muito concretas e de uma reflexão coletiva das autoras deste texto. Portanto, não estão no centro deste olhar elementos fundamentais que definem o funcionamento concreto de nossos Estados, como o capitalismo global, as relações geopolíticas e a subsistência de um bloco latino-americano em um marco de confrontações militares mundialmente crescentes e funcionais ao capitalismo. Tais temas não são menos importantes, ou menos definidores, mas decidimos nos concentrar nas lógicas de construção e reprodução das experiências estatais, em suas apostas desafiantes e inovadoras, em termos de transformações políticas, econômicas e sociais, e seus mecanismos de ancoragem e cristalização. Quisemos centrar essa contribuição no debate da democracia, a relação com as organizações sociais, e a institucionalidade existente, predominantemente a estatal.

Assim, partimos das experiências de pessoas entrevistadas e de participantes dos grupos focais. Essas pessoas trabalham, ou trabalharam, no Poder Executivo, Legislativo ou Judiciário dos governos dos países e do governo local mencionados, no marco de processos de mudança. Aproximamo-nos de sujeitos cuja motivação de vinculação com o Estado era a transformação social a partir de distintos processos de luta (governos progressistas, esquerdas, indigenismo, trabalho comunitário-popular). Entrevistamos mulheres e homens militantes de organizações sociais, diversos em relação à composição etária, étnica (indígenas), provenientes de setores populares. Algumas dessas pessoas pertenceram ou pertencem a partidos políticos.

Não pretendemos apresentar um diagnóstico acabado, e sim compartilhar algumas reflexões realizadas com base na experiência de sujeitos concretos. Nessa busca, encontramos elementos comuns, mas também particularidades. Para chegar a resultados mais objetivos, que transcendem o contexto concreto – e que se repetem nas quatro experiências de governos progressistas –, suprimimos os nomes das pessoas, das instituições onde trabalham ou trabalharam e de seus países. Não é nosso desejo criticar um ou vários governos, e sim evidenciar as condições adversas e fendas que existem para a transformação social a partir dessa institucionalidade que se tenta habitar.

O objetivo deste texto é analisar os limites e as possibilidades de transformação social na institucionalidade estatal, a partir da sistematização de experiências que permitem dar visibilidade às disputas presentes no Estado, sua relação com as organizações sociais e seus horizontes de luta. Desse modo, tenta identificar algumas chaves do que poderia ser uma institucionalidade alternativa.

É importante destacar que todas e cada uma das pessoas que depositaram sua confiança nas autoras, para conversar, mas também para refletir sobre sua própria passagem pelo Estado, são uma mostra de que os processos sociais de transformações nunca estarão acabados, mas sempre contarão com os corações e as mentes de quem põe a vida a serviço das utopias.

O Estado realmente existente: limites, relacionamentos, perspectivas e possibilidades

Começamos por pensar o Estado como um espaço em constante disputa, um lugar em que se desenvolvem lutas políticas não apenas entre blocos classistas, mas também entre projetos políticos diferentes, entre variadas teias de opressão que se articulam, imbricam, normalizam e disciplinam. E pensamos o Estado, além disso, como um constante fluxo de dobras, possíveis rupturas, fissuras e pontos de fuga que possibilitam resistências e alternativas.

Assim, a noção de Estado latino-americano que sustenta essa indagação tem uma dupla dimensão: por um lado, sua construção histórica, que, além de ser colonial e patriarcal, é um conjunto de aparatos burocrático-administrativos, militares, policialescos e jurídico-normativos cuja finalidade é garantir as condições de reprodução e acumulação do capital; por outro lado, porém, os Estados de hoje também são produtos de lutas pela democratização, por meio das quais as sociedades impõem limites a essa concentração do poder mediante a abertura de espaços de participação, mecanismos de descentralização e conquista de direitos. Nesse sentido, a experiência da América Latina dos últimos quinze anos constitui um exemplo das possibilidades de experimentação na transformação democrática do Estado, que tenta ultrapassar seus limites modernos, mas utiliza seus próprios dispositivos normativos. Precisamente aí reside parte de sua grande contradição. As formas de

Estado plurinacional, multiétnico, pluricultural, ancoradas a formas de democracia – como o são as definições derivadas dos processos constituintes das últimas duas décadas: participativas, protagonistas, comunitárias –, são expressões das buscas fomentadas pelos sujeitos populares e diversos em suas lutas pela inclusão, pela existência de suas identidades e pela conjunção de horizontes de transformação.

Assim, as experiências que serviram como insumos para essa análise têm a ver, em grande parte, com essa dimensão de democratização, que na região supõe a participação no Estado de sujeitos historicamente excluídos; também têm a ver com momentos de democratização por meio dos processos constituintes, que se prefiguraram como momentos políticos de projeção desse novo tipo de institucionalidade estatal (plurinacional, comunal, descentralizada, popular etc.), e com momentos conjunturais em que se apresentaram projetos políticos de transformação, orientados a desmontar as estruturas de poder, em suas expressões patriarcal, classista, colonialista e depredadora da Natureza.

Esses momentos de abertura e democratização coexistem, ao mesmo tempo, com correntes políticas conservadoras, setores de poderes políticos e econômicos, e setores sociais nos dois sentidos: atores que estiveram tradicionalmente no poder e resistem às mudanças, e novos atores que reproduzem essas lógicas para manter os espaços de poder recentemente alcançados. Mas, por outra parte, também entraram em tensão com a presença de grupos, sujeitos, coletivos e organizações que disputam os sentidos em chave de transformação. Estudar o "Estado realmente existente" requer descrevê-lo em suas complexidades e contradições e nas relações de poder que o atravessam;

os mecanismos burocráticos que produz; as miragens de poder que gera; os exercícios de poder concreto que expressa; e as cotidianidades que reproduz.

Nas entrevistas realizadas, foram constatadas muitas tensões e contradições que existem no interior das instituições dos governos objetos de estudo, no marco da estrutura estatal a partir de onde operam. Tensões relacionadas à tomada de decisões e a quem tem a possibilidade de fazê-lo; tensões relacionadas à compreensão da democracia (se representativa ou participativa); tensões entre os interesses do capital e as políticas sociais; tensões entre as lógicas dos aparatos de Estado e as agendas das organizações sociais; tensões quanto ao cumprimento da normativa institucional *versus* a eficiência e rapidez das ações; tensões entre o centralismo e a administração mais autônoma das instituições nos territórios.

As entrevistas também revelaram que muitas dessas tensões e contradições, dessas batalhas que diversas pessoas decidiram travar ao se incorporarem ao trabalho na função pública, em alguns casos, resolveram-se em favor das estruturas pré-existentes e contra a transformação.

A seguir, propomos um percurso pelas tensões que se resolveram em favor do *status quo* e que limitam a possibilidade de uma institucionalidade estatal alternativa.

Entre a partidarização e a construção coletiva

Movimentos e partidos de esquerda chegaram aos governos nacionais ou ao governo local com o desejo de empreender transformações profundas, com uma agenda progressista. Como os princípios desses partidos ou movimentos de esquerda dialogam com a institucionalidade pública? Para uma das pessoas entrevistadas, os princípios de esquerda se refletem apenas nas palavras: "O discurso de esquerda é um escudo, porque as práticas tomam outro rumo totalmente distinto".

Da perspectiva de um grupo de entrevistados, um dos maiores problemas no interior da institucionalidade é que se tenta construir legitimidade por meio das instituições do Estado, funcionalizadas aos interesses do partido, e se reproduzem práticas como as trocas de favores e a criação e manutenção de relações clientelistas. O partido, ao exercer as funções de governo, apaga as fronteiras entre instrumento ou organização política e institucionalidade. Assim, as instituições do Estado substituem o papel do partido ou do movimento em relação ao trabalho de base. Essa relação instituição-"massas" se exacerba nos períodos eleitorais, quando, por meio das instituições estatais, mobilizam-se as bases sociais dos territórios. A imagem se repete em vários países da região e, nas palavras de um entrevistado, trata-se de uma "visão tecnocrática funcionalizada a uma política clientelista eleitoral".

Em outros casos, o partido ou o movimento que assumiu o poder do governo assume também o papel de vanguarda:

> *Um dos maiores riscos da instituição é pensar (...) o partido como um sujeito central de condução de vanguarda e todo um povo que é uma massa que você opera por meio de relações clientelistas e assistenciais. Essa lógica no fim das contas é funcional ao modelo de acumulação do capital.*

Desse modo, observa-se uma tensão evidente entre os que acreditam que a partir das instituições do Estado é preciso "orientar as massas" e as correntes que acreditam na possibilidade de fortalecer sujeitos políticos autônomos. Essa segunda postura, infelizmente, não é majoritária:

Quantos setores podem compartilhá-la (a tendência de fortalecer os sujeitos políticos) dentro do processo? Isso, para valer, é compartilhado por poucos, por meio de sujeitos dentro da instituição em que nos encontramos (...) e em alguns níveis do movimento popular, mas não há força política, orgânica, que impulsione isso com força, em termos de articulação de unidades.

A dinâmica de partidarização prioriza lógicas eleitorais baseadas na concentração de poder, por meio da potencialização da ideia de um caudilho que se apresenta como a garantia da continuidade dos processos de transformação. Isso chegou a justificar práticas ilegais e ilegítimas concentradas na figura de líderes, mais do que na própria proposta política dos partidos, ou a tergiversação das tarefas do partido como tarefas do Estado. "O que se tem feito é ganhar as eleições. Tudo ficou concentrado em uma pessoa só e se construiu um caudilho, e assim um processo revolucionário é impossível". Essas lógicas, além disso, dão conta das dificuldades encontradas na condução dos processos: por um lado, dirigidos com base na figura de um líder e, por outro, com um partido de governo que burocratiza e funcionaliza, mas não conduz politicamente.

Essa lógica, claro, leva a práticas que não apenas vão na contramão da função pública como também tensionam ao máximo a possibilidade de transformação a partir do Estado ao mostrar o lado mais perverso da sua utilização sob uma lógica vanguardista:

Minha tarefa era de coordenação entre atores sociais e atores políticos, ou seja, a cogestão (pelo menos era nisso que eu acreditava). Ao contrário, meu trabalho se traduziu em organizar marchas para a vaidade do líder. (...) Fiquei quatro meses, senti que entrava em um sistema mafioso. Era preciso desviar fundos do orçamento de fortalecimento institucional para as marchas (...).

Há funcionários que se dedicam apenas a recolher assinaturas para justificar os gastos para a Controladoria.

A tecnocracia ou fazer política com estatísticas

Uma série de discursos tecnocráticos foi construída no Estado e no interior das instituições. Há um manejo do saber-poder baseado em uma intelectualidade orgânica estatal, ou em uma hiperespecialização acrítica, sem vinculação com o projeto político de mudança. Esse saber é transmitido por meio de planos de governo e documentos com análises quantitativas. É um saber acadêmico que desenha uma realidade: a tecnocracia.

Nos âmbitos ministeriais, a tecnocracia ganhou muita importância. A aspiração dos atores no Estado é manter cifras, e essa é uma mostra clara de imaturidade política. A burocracia instalada no Estado não vai fazer mudanças profundas nem revolucionárias. A única coisa que vai fazer é manter seu status quo.

Outra pessoa se refere assim a esse tema:

Entrar no Estado foi começar a disputa sobre quem tinha mais trajetória para ocupar cargos. Vai-se perdendo a consciência de entrar no Estado para transformá-lo, predominando a consciência de entrar para fazê-lo funcionar. Dessa maneira, deu-se espaço à ideia de que funcionaria melhor com melhores lógicas tecnocratas do que as do passado. Pouco a pouco, o discurso dos tecnocratas instalou-se no poder. As lideranças políticas se enfraqueceram porque o horizonte político não estava claro.

A realidade é interpretada com dados, cifras, porcentagens, e as decisões são tomadas com base nesse saber-poder. Não há espaço para considerar um horizonte político, os argumentos das organizações que vivem em um território ou simplesmente de sujeitos políticos organizados:

> *Tudo é quantificado, análises econômicas, cifras, e se distanciam da realidade social, operam sem lógica por essa abstração numérica e falta de contato. A realidade é mais complexa do que lógica. (...) Nas instituições há pressões políticas, ruptura entre o técnico e o político.*

Essas rupturas não respondem a uma neutralidade burocrática, e sim a uma intencionalidade de controle com base em uma única perspectiva de saber quantificado, numérico, com predomínio das maiorias, que não reúne outras expressões ou saberes não técnicos, certificados ou especializados.

Existe uma espécie de inércia própria de um aparato burocrático que atua como um corpo de funcionários públicos, cuja existência parece justificar-se por si própria, mais do que por objetivos da instituição a que pertencem. Seguramente essa dinâmica quase corporativa dos funcionários estatais funciona como uma trava na hora de pensar na transformação em dois níveis: com o corpo de funcionários herdados e com os novos que vão entrando nessa dinâmica e reproduzindo velhas práticas burocráticas.

O peso colonial

> *O Estado é racista. Os governos locais e os povos indígenas não recebiam nada. As entregas eram pontuais: duas escrivaninhas e duzentas cadeiras, e essa política era contrária à luta do movimento indígena e à dívida histórica que existe.*

O movimento indígena acreditava que o Estado colonial deveria reverter essa dívida (...) O Estado acredita que se deve dar migalhas ao povo, e os povos se acomodam ao pouco que se pode conseguir – isso é clientelismo. Como exercemos direitos e como conceber o Estado plurinacional com recursos, sem clientelismo e caudilhismo? Porque esse é o Estado colonial.

Com a supremacia da tecnocracia sobre a política, é difícil que certos princípios da esquerda progressista latino-americana – como o reconhecimento das diversidades, o pagamento da dívida histórica do colonialismo e o desmantelamento da produção capitalista que expulsa camponeses e camponesas de seus territórios – convertam-se em decisões concretas e gerem transformações estruturais. Os horizontes de transformação defendidos pelos movimentos sociais remetem à longa memória das lutas para alterar as relações de dominação colonial, reforçadas pelas relações capitalistas. O Estado republicano é, em boa medida, uma resistência a essas lutas, e sua tecnocracia, formada ao longo da história, converte-se geralmente em obstáculo para pensar em outras formas de institucionalidade, ainda mais em um contexto em que as práticas tecnocráticas prevalecem sobre as decisões políticas.

Uma das reflexões que se deve fazer nessa conjuntura é sobre o sistema de Estado colonial em que se vive com as estruturas normativas. O Estado plurinacional é folclore, porque perdeu o projeto político que propôs. Não há nenhuma proposta e o governo tem se encarregado de dividir as organizações.

A herança e a composição colonial da sociedade e sua expressão no Estado são uma característica comum nas distintas experiências abordadas. Embora as lógicas coloniais atravessem toda a sociedade, no Estado podemos ver como é uma "razão" que se cristaliza e pode derivar em políticas, programas e formas de fazer que reproduzem a colonialidade. Por exemplo, começa-se com o olhar sobre os povos indígenas como "objetos carentes" a serem "impactados" por políticas públicas, facilmente objetos de clientelismo, a quem o Estado deve "modernizar". "Os limites na institucionalidade são a incompreensão (...) e a subvalorização dos povos e nacionalidades; valoriza-se somente a episteme ocidental. Esse tem sido o maior obstáculo."

A institucionalidade costuma gerar mecanismos hegemônicos que não reconhecem outras formas de gerir e de fazer. Em um dos casos analisados, por exemplo, não se permitiu executar um projeto em uma comunidade indígena porque não poderiam ser realizadas volumetrias nas encostas de um rio. No entanto, essa comunidade propunha a gestão das chuvas e do leito do rio com base em um saber prático que não foi reconhecido:

> *Esse tipo de coisa impacta muitíssimo e é muito complicado. Não foi possível fazer porque você parte do ponto de vista de um Estado moderno, da concepção de que isso está ao lado de um rio, que vai inundar e cair. Mas, para os indígenas nesse caso não era nada e nos fazia refletir, diziam: "Gostaríamos que fosse ao lado de um rio porque nós guiamos as cheias"; então são coisas que você diz [a partir da institucionalidade existente]: como fazemos?*

Desse modo, apareceram olhares depreciativos em relação ao indígena vindos de setores de esquerda que estão no Estado. "Uma ministra chegou a dizer: 'Para que ensinamos matemáticas aos índios se não nos ouvem?'" A mesma desqualificação é constatada quando se debate com as lideranças indígenas. Essas manifestações, como já apontamos, não são uma exclusividade do Estado: estão presentes nas igrejas, partidos, organizações, meios de comunicação e sociedade civil. Mas o que tentamos aqui é dar conta de como o racismo colonial expressado no Estado é uma realidade, um desafio a mais ao pensar a transformação a partir dessas estruturas que têm dispositivos e sujeitos que reproduzem as lógicas de dominação mascaradas de institucionalidade.

Não é possível ser de esquerda na região andina sem olhar o indígena e a ruralidade. No entanto,

> *o aparato do Estado não tem intencionalidade de olhar a ruralidade, a produção camponesa, e se alia a uma visão agroindustrial, em que é preciso empregar os camponeses para que saiam da pobreza. Não se trata de distribuir terras, e aqueles que fazem propostas dessa natureza, também dentro do governo, são desqualificados (...) Viraram o timão em direção à agroindústria, e não em favor da agricultura familiar camponesa.*

O Estado é uma instituição ocidental e sua gestão se orienta historicamente a homogeneizar as políticas sem se importar com as culturas diversas que habitam os territórios nacionais, sem incorporar outras formas de ser, pensar e habitar os territórios. Assim o aponta uma ex-funcionária:

> *Não existem mecanismos diferenciados. Por exemplo, os programas de alimentação escolar consistem em papinhas totalmente distantes da alimentação disponível nas regiões. Não existem políticas pensadas para eles [os indígenas]. As parteiras se escondem para ajudar as mulheres a dar à luz. Anula-se a diferença.*

Essa anulação expressa também a inclinação patriarcal das práticas dentro do Estado, que, de igual forma, não é inerente a ele: não existe nem se expressa somente nele, mas também está presente e se reproduz como lógica de dominação:

Não estão resolvidas a cadeia administrativa e as práticas patriarcais. As mulheres operacionalizam, os homens pensam. Tudo que era chato e operativo era meu trabalho – e isso continua assim. Os homens não operacionalizavam e diziam "Nunca fiz isso", e então minha tarefa era fazer e fazer.

No entanto, algumas pessoas entrevistadas sustentam que, apesar desse caráter colonial e patriarcal, é possível fomentar políticas públicas que possibilitem extirpar o machismo e o racismo, e que pouco a pouco permitam fortalecer e reconhecer material e simbolicamente os atores, e transformar práticas e formas de fazer.

Entre o império da norma e a (des)ordem burocrática

Existem instituições, como a Controladoria, que desempenham um papel de vigilância para o cumprimento das normas do Estado, por exemplo, na contratação pública. E a tensão entre o velho e o transformador novamente se manifesta nesse órgão de controle. Para algumas pessoas entrevistadas, a Controladoria detém ações e planificações mais democráticas, como se aponta a seguir:

Há inflexibilidades institucionais que são como são [e] resta cumprir a jurisprudência. Se um juiz diz que se cumpra algo, ainda que não se esteja de acordo, ainda que não case com o programa de governo, só resta cumpri-lo. Os organismos de controle, como a personería[1] *ou a Controladoria, muitas vezes obrigam a tomar decisões [diferentes] do que o que foi trabalhado com as comunidades. (...) São inflexibilidades.*

De acordo com a experiência de outras pessoas, o papel da Controladoria é essencial para evitar a má gestão dos fundos do Estado, ou a aprovação de decretos que pretendem agilizar as ações ignorando o marco legal existente e que são descritos como perigosos, porque abrem caminho para contratos que não buscam o bem comum, e sim o lucro de determinadas empresas:

A contradição é tremenda, porque se ignora processos para o desenvolvimento de infraestrutura, tecnologia e materiais com declarações de emergência; o excepcional se converte em regra e o problema é a perda de controle.

Evitar atalhos da burocracia parece louvável para enfrentar a crise, mas "esse atalho justamente não permite construir outro tipo de instituições eficientes e ágeis".

As pessoas entrevistadas começaram a trabalhar na institucionalidade pública porque pensaram que era uma oportunidade para fazer mudanças. Em alguns casos, para iniciar uma instituição do zero, como relata este testemunho:

O mais interessante era que uma nova instituição estava sendo criada; muita expectativa, substituir a velha instituição. Eu não tinha experiência no setor público e era interessante. Era a oportunidade de construir tudo desde o

1 Organismo do Ministério Público da Colômbia que atua fiscalizando a gestão de prefeituras e assuntos relacionados aos municípios. [N. E.]

começo: práticas, equipe, tamanho [pequeno, eficiente, ágil]. Quando uma instituição existe há anos, há um lastro, há funcionários dos quais não é possível se desfazer; há uma cultura institucional que se herda.

No entanto, todas essas pessoas apontam que se depararam com travas burocráticas. As novas instituições foram imediatamente burocratizadas: construíram-se aparatos grandes, pesados, difíceis de gerir. Recordando Max Weber,[2] a burocracia tem um funcionamento racional, e é quase a forma em que a institucionalidade ocidental se materializa. Corpos burocráticos que se ocupam dos assuntos públicos por meio de papéis escritos e arquivos.

Mas o que significa que a burocracia funcione? O que as pessoas entrevistadas encontraram? Uma delas apontou que, quando se propõem mudanças e um modelo de governo alternativo, geram-se resistências entre os funcionários remanescentes da antiga vinculação com o Estado:

A inércia sempre irá em direção ao cômodo, ou seja, temos muito medo da mudança; isso é um limitador, a inércia burocrática é muito grande. (...) Quando você propõe um modelo, ou então uma alternativa diferente de governo, as resistências são muito grandes. E chega uma equipe de governo, mas todos os funcionários estão lá; a questão da mudança sempre gera resistência.

Além da forma burocrática de funcionamento do Estado, também se aprofunda um fenômeno que ocorre com as equipes que trabalham nas instituições, com suas práticas:

Há problemas de alta rotação de pessoal. Não existe carreira administrativa. A média de tempo em uma instituição é de

2 Max Weber, *O que é burocracia?*.

um ano. Mudam. Vão a outras instituições públicas. Há competição entre funcionários das próprias instituições. Tenta-se selecionar com base no mérito. Os jovens começam a aprender e vão embora. Não se constrói carreira administrativa.

Por outro lado, também se destacou a construção problemática das funções de intermediação burocráticas a partir da institucionalidade:

Constroem-se interesses e códigos que não se encontram com as pessoas (...) Não existe diálogo. [Há aqueles] que tentam construir papéis de intermediação entre as pessoas e a instituição (...) com base em uma estrutura que não conhecem.

Como pensar nessas transições entre o herdado e o novo? Para as pessoas entrevistadas, há caminhos possíveis: "rupturas e continuidades" com pessoal qualificado, "carreira administrativa", com memória institucional, com gente jovem e ideias novas; o controle popular e o compromisso. Assim o aponta um ex-funcionário:

A burocracia, seu ritmo e sua inércia, é difícil de ser alterada. A burocracia pode ser controlada com o controle popular e enorme transparência. [É preciso] mudar a lógica da burocracia em função de demandas da sociedade, não apenas uma burocracia tecnocrática, mas comprometida. Deve haver gente que aja por consciência.

Também se fala em mudar os métodos, as práticas e os procedimentos:

É muito difícil que uma administração que se acredite transformadora tenha eficácia se os procedimentos de rotina são mantidos, se são mantidas as práticas que não estão de acordo com a necessidade de conseguir avanços significativos em curto prazo.

O lugar das decisões: quem pode tomá-las?[3]

A possibilidade de tomar decisões parece escapar às pessoas, inclusive a quem ocupa altos cargos diretivos (ministros, vice-ministros, secretários de Estado). O Estado e suas instituições são os lugares onde as decisões são tomadas? Quem as toma? Na resposta de várias das pessoas entrevistadas, pode-se ler que a tomada de decisões está dentro dos governos e também fora deles. "O [presidente] tampouco tem a totalidade do poder. Sabe como mover os recursos, mas não é só ele. É um grupo que não está articulado, mas está presente." As tensões entre a ação de governo e as aspirações dos coletivos organizados sobre o que deveria ser a ação do Estado se refletem no dia a dia institucional.

O exercício do poder político que se procura alcançar uma vez que se "toma" o Estado é um dos elementos mais problematizados e problemáticos que foram discutidos nos debates. No interior do Estado nem sempre existe a margem de decisão desejada nem a possibilidade de incidir, como em princípio se tenha aspirado. Isso acontece por causa da própria estrutura do Estado, a debilidade e a falta de mecanismos de participação democrática, de instâncias deliberativas e de tomada de decisões (para além dos

3 Utilizamos neste artigo a definição liberal de poder, do "sentido comum", porque é a que foi utilizada pelas pessoas entrevistadas. Portanto, não introduzimos um conceito de poder mais complexo que abarque, por exemplo, Michel Foucault ou o que vem da América Latina, com as contribuições feitas por Aníbal Quijano a partir da perspectiva da colonialidade.

poderes formais e dos processos eleitorais), mas também pela presença de poderes associados aos grupos políticos ou partidos que administram as instituições.

> *Há um círculo de poder gerido pelo partido de governo. As pessoas o identificam e tentam entrar. É a única forma de ter um pouco mais de poder. Quem não entra nesse círculo termina isolado. Há micropoderes. Não é possível fazer coisas. Faz-se o trabalho da melhor forma possível, mas sou operadora [ainda que tenha um cargo diretivo], não tenho margem de ação. Não tomei nenhuma decisão.*

Essa sensação de "estar no poder" em função do cargo que se ocupa e não ter margem de manobra, apesar de estar em um "alto cargo", está presente nas pessoas entrevistadas, que foram ministros/as, vice-ministros/as ou diretores/as de instituições. A negociação com setores, a alta carga burocrática, as ordens "de cima" e a carência de mecanismo de construção de políticas com e de orientação dos setores de fora do Estado fazem essa possibilidade de decidir diluir-se nas lógicas do "real" funcionamento cotidiano do Estado, como um aparato que reproduz sua própria sustentação, mas que não necessariamente dialoga, constrói nem transforma.

> *Há cargos de governo [como ser ministro] que, de fora, acredita-se ter um enorme poder, mas na realidade gere uma fração desse poder; o poder está muito limitado. (...) Como ministro, eu podia definir políticas mas tinha uma margem pequena de ação. Para fazer coisas era necessário ter uma série de estratégias de negociação com diversos setores: mineradores, empresários, cidadania. O poder está em outros âmbitos: nos grupos econômicos, por exemplo,*

nas Forças Armadas, no círculo de confiança, no caudilho. Nessas instâncias compartilha-se frações de poder.

É preciso mais do que ocupar um cargo diretivo em uma instituição do Estado para tomar decisões. A tomada de decisões escapa e parece também ter uma corda muito curta. Margens pequenas de ação são permitidas a quem está a cargo de uma instituição. As decisões escorrem para espaços institucionais de menor patamar, onde funcionários que respondem aos interesses dos grupos dominantes a quem favorecem realizam alguns trabalhos que, apesar de parecerem "operativos", são decisivos em um esquema de burocracia generalizada.

Respondendo por uma secretaria de Estado, percebia que as coisas eram feitas por baixo. Os burocratas queriam estar em comissões que, por exemplo, discutiam as instruções de uma regulamentação. As instruções são para colocar os pés na terra, e eles pediam essas comissões mesmo que tivessem de trabalhar mais horas. Pois ali se resolviam muitas questões.

Inclusive se fala de formas mafiosas incrustadas nas instituições:

Essas estruturas de poder político que eram os partidos, que eram as controladorias, toda a aparelhagem institucional, é um poder que está cooptado pelas máfias, e na cidade estava cooptado pelo carrossel da contratação.

Quando alguns funcionários progressistas pretendem tomar decisões por fora dos interesses das classes dominantes, sofrem múltiplas pressões, por exemplo, "de setores privados [que] não permitem outro tipo de políticas que favoreçam as economias menores. Assim o Estado acaba favorecendo o grande capital".

É impossível, no marco do capitalismo, propor reformas ou políticas públicas sem considerar as empresas e os capitais que monopolizam certas áreas da economia.

Parte da caracterização revela como o Estado permite e é condição de possibilidade para a reprodução de capital, para sua circulação e para a apropriação de riqueza por setores específicos da sociedade. Basta pensar na infraestrutura viária e de transporte, de moradia, de energia, de saúde, e, claro, de armas.

As relações entre empreiteiros privados, empresários e Estado, e suas formas de captação da renda, são um elemento comum que acaba definindo planos, políticas e agendas em função dos interesses do capital privado. Um dos exemplos está localizado no setor da construção: os planos de desenvolvimento urbano e como estes podem estar sujeitos aos interesses individuais do setor privado:

> *Quatro ou cinco operantes empresários, a quem só importa o lucro e que determinavam a agenda em relação à moradia da cidade, então a aposta era (...) mudar isso e (...) enfrentar um fator de poder como é o setor da construção.*

No caso citado, além disso, estavam em jogo as rivalidades políticas, as futuras eleições:

> *Então, você se dá conta como uma decisão como essa, que é transcendental para uma cidade, que é o ordenamento territorial e como conseguimos que a cidade se torne mais densa, acaba sendo suspensa, simplesmente por um capricho*

pessoal (...) Como os capitais travam a coisa, como atuam em contradição com o cumprimento de direitos básicos.

Esses fatores de poder implicam mecanismos de controle para a tomada de decisões dos funcionários que "decidem". As entidades e os grupos de capital têm influência em setores da institucionalidade que podem aplicar sanções, e, a partir disso, tentam pressionar, controlar e definir:

> *Mobilizam os organismos de controle (...), então, enviam para você o controle de advertências. Você já leva um susto como um funcionário que pode ser inabilitado; então, por causa desse susto, acaba não tomando a decisão (...) Ativam isso, e você já sabe que é um controle político (...) Se ativam o aparato sancionador do Estado, [é] para mantê-lo na linha. Eu, por exemplo, tenho duas sanções: uma da Controladoria e outra da* personería, *e fazem isso para assustar.*

No caso de um governo local, implementar uma política pública de construção de moradias populares passa por chegar a um acordo com quem fornece o material de construção:

> *Há decisões que você toma que podem afetar efetivamente a dinâmica de emprego em um setor completo de uma cidade, que podem fazer subir e baixar os preços dos materiais, como no transporte público. Como nós fazemos para transformar todo o transporte público em elétrico, para que haja menos poluição? Precisamos dos quatro ou cinco operadores da empresa privada de transporte, porque o Estado não tem a capacidade nem o dinheiro para fazer sozinho.*

Os mecanismos que garantem o *status quo*, a prevalência dos eixos de dominação sobre outras posturas mais progressistas, estão presentes na burocracia estatal. Uma pessoa entrevistada assinala que "existem correntes que simplesmente lucram a partir do Estado: as que sempre lucraram com o negócio da redistribuição da renda do petróleo".

Outro dos entrevistados disse que um dos limites das instituições está na personalização. Há fatores políticos, mas também interesses pessoais – e, inclusive, egos.

> *Há pressões que ocorrem por conta dos debates sobre o controle político ou por querer pressionar certas decisões que alguém tenha de tomar. Essa é a principal [limitação] do fator político. (...) Você acaba administrando os egos de todos os companheiros de trabalho para que a coisa ande, porque as instituições acabam se personalizando.*

As escalas são importantes para se ter maior ou menor margem de ação. "Acho que há mais poder em cargos de menor representatividade, mas, claro, esse poder é circunscrito e está restrito ao cargo." Em escala local, as mobilizações, o poder cidadão e administrar em união com movimentos sociais podem ser estratégias para acumular maior poder e tomar decisões.

As constituições e as instituições

Na região andina, houve um ponto de ruptura com as novas constituições, com avanços importantes em matéria de direitos, de fomento à economia social e solidária e de espaços de construção de poder popular. Em um dos países, a participação social foi incorporada como quinto poder, através do Conselho de Participação Cidadã.

Foram fomentados alguns direitos sociais, educação, saúde. Para efetivar esses direitos, não é preciso necessariamente aumentar o investimento, mas ter melhores instituições, porque do contrário pode até ser contraditório: direitos sociais com institucionalidade ineficiente.

As novas instituições são centrais no cumprimento das normas constitucionais. Mas todas essas Constituições endossaram o presidencialismo, o que em matéria institucional implica uma concentração de poder no Executivo, além do controle piramidal a partir de cima. Por que controlar? Um entrevistado interpreta assim:

As instituições estão nessa linha presidencialista que implica controle. O controle dessas instituições está relacionado a um sentido de eficiência, de estar livre de obstáculos. É um pseudopragmatismo, evita travas vindas de juízes, de controladorias, porque supostamente com isso não se pode avançar. Mas em uma nova institucionalidade, se as instituições não fazem o que devem fazer, então o que fazem?

As novas Constituições foram construídas em Assembleias Constituintes – ou seja, em espaços deliberativos onde várias forças políticas tinham representantes – e com uma ampla participação das organizações sociais. Havia uma institucionalidade amplamente democrática na aparência. "A constituinte foi esse acontecimento intercultural. Pela primeira vez, o país se encontrava com sua diversidade, olhando-se nos olhos e nos rostos e escutando-se em diversas línguas."

No entanto, para alguns entrevistados, o governo "não entendia o que estava ocorrendo na Assembleia Constituinte, e o que fez foi desmantelar todas as capacidades e possibilidades que havia, incluindo a deliberação".

Recuperou-se também o puxa-e-afrouxa dos setores poderosos, suas disputas: "Atores que estiveram tradicionalmente no poder resistem às mudanças e à presença de novos atores no poder e geram novos mecanismos de concentração na tomada de decisões".

"As práticas de debater e entrar em acordos sobre certos temas e depois encontrar-se com documentos diferentes tornaram-se cotidianas, sob o argumento de conseguir uma narrativa adequada para o texto." Em suma, velhas práticas em novas instituições.

Os limites da institucionalidade estão marcados pelas tensões entre as rupturas e as continuidades, em que as posições que propõem rupturas parecem ter perdido força. Essa característica do Estado burguês continua mantendo instituições que não conseguem romper com essa velha história da burocracia centralista, lenta, ineficiente: instituições que acabam se homogeneizando, sem participação social:

> *Em todo esse processo não houve uma pausa no Estado para refletir sobre o modelo. O único lugar onde isso foi feito foi na Assembleia Constituinte. Entrou-se numa espécie de corrida para executar o que já estava funcionando, para melhorar o que já estava sendo feito; então, é claramente dar continuidade ao velho modelo de Estado.*

Nas rodas de conversa realizadas, os participantes fazem referência a dinâmicas diferenciadas, segundo os cenários e momentos políticos. Adverte-se que em cenários como as Assembleias Constituintes, de natureza mais deliberativa, as possibilidades de fortalecimento das capacidades coletivas das organizações sociais foram maiores, enquanto a relação com os níveis executivos dos governos parece privilegiar o objetivo de manter-se no poder, em detrimento da possibilidade de diálogo com as organizações. Isso significa que, nos cenários das Assembleias Constituintes, existe a tendência de que a brecha entre governantes e governados se estreite, e as próprias organizações são capazes de transcender seus particularismos para produzir um nível de radicalidade que leva a pensar em um tipo de relação que não se limita à solução de demandas setoriais.

Isso talvez poderia ser explicado pelo fato de que a própria natureza das constituintes convoca diversos atores a projetar com maior liberdade suas aspirações de transformação, e existe uma disponibilidade e abertura maiores para esse tipo de exercício dialógico, enquanto os desafios próprios de uma gestão burocrática cotidiana limitam essas possibilidades. No entanto, em algumas das rodas de conversa, essa diferença é atribuída às dinâmicas políticas produzidas em um cenário constituinte, contrapostas àquelas próprias de um cenário constituído (Executivo), onde as aspirações partidárias de conservar o poder se fazem mais evidentes:

> *Na Assembleia Constituinte, as organizações empurram seus representantes a uma maior radicalidade, enquanto no marco do Executivo os dirigentes pressionam para que as organizações rebaixem suas demandas, pois o objetivo de preservar o poder prevalece em relação à demanda das organizações. Depois da Constituinte, a luta tinha de ter continuado com as bases, com as comunidades, fosse de direita, de esquerda ou do que fosse. Então, as possibilidades de transformação são limitadas.*
> *A Assembleia Constituinte foi um lugar de aprendizagem pela diversidade de atores presentes, onde uns aprenderam sobre a realidade do outro, a realidade do rural e do urbano, discutindo os artigos e entrando em consenso sobre os assuntos. (...) O limite dos governos progressistas e sua condenação é a reprodução do*

poder, na restauração do Estado-nação, na recolonização. Ficam nisso, embora seus discursos sejam diferentes, porque não podem sair de certas estruturas de poder.

Relações entre o Estado e as organizações sociais

Dado que nos propusemos o desafio de pensar o Estado com base nas reflexões produzidas por atoras e atores políticos que chegaram ao exercício da função pública, em um contexto de execução de projetos de transformação, em muitos casos precedidos ou empurrados por ondas de mobilização social, consideramos fundamental analisar como se produz – ou não – um novo tipo de relação entre o Estado e as organizações sociais. Os chamados governos progressistas, constituídos em níveis nacionais, regionais ou locais, produzem um discurso de legitimação baseado justamente em sua relação, sempre complexa, com as organizações sociais. Está claro que, na América Latina, muitas das forças sociais que produziram as condições para frear os projetos neoliberais que se apresentavam como irreversíveis respaldaram ou respaldam as gestões de tais governos. No entanto, depois de aproximadamente uma década de exercício no poder do Estado, estes não constituem necessariamente a continuidade das lutas travadas pelos movimentos sociais.

As lutas sociais que caminham por horizontes políticos de transformação baseados no desmonte das estruturas de

desigualdade de origem colonial, classista e patriarcal, entre outras, expuseram a necessidade de aprofundar a democracia.

Ocupar o Estado, nessa perspectiva, supunha colocar em prática formas de planificação participativa transformadoras, que, segundo algumas das pessoas entrevistadas, não foram implementadas, em vários casos, por falta de vontade política:

> *Fazia-se necessário discutir sobre o que é planificação, e pensar em uma planificação participativa, integral, com enfoque territorial, com controle social, com uma execução com controle social, com retroalimentação. Era um projeto interessante, que era reformista e de transição, cujas chaves conceituais eram a participação e a transformação pluralista do Estado, a transformação comunitária do Estado. Uma vez que o documento chegou para ser discutido em gabinete, não o discutiram. Então nos demos conta de que a mudança não é desejada.*

Nesse ponto se explica que, dentro da dinâmica de ocupação do Estado, existem diferentes posturas entre os próprios novos atores políticos: tensões e diferenças sobre como produzir transformações. Enquanto para alguns o mencionado documento de planificação constituía um documento político orientado a radicalizar as mudanças, outros pensavam que "o documento lhes serviria para melhorar a gestão pública e [reverter] a baixa execução". Ou seja, enquanto alguns pensam em transformar, outros querem tornar mais eficiente a gestão do próprio aparato, com o objetivo de conquistar maior estabilidade.

Então, parece importante refletir sobre os riscos de manter as velhas práticas políticas, por meio das quais, em alguns casos, incluem-se líderes sociais na gestão governamental com base na negociação de cotas de poder com as organizações, alianças setoriais e pactos corporativos, suscetíveis de reproduzir relações clientelistas. Mais ainda, que a relação direta de líderes com o Estado propicie o distanciamento de suas bases, para preservar seus novos privilégios. Em ambos os casos, existe um risco real de debilitação das próprias organizações, não apenas no Estado, como também para além dele. Esse tipo de dinâmica também pode incorporar novos atores sociais nas instituições estatais – por exemplo, mulheres ou indígenas –, sem que isso se traduza na transformação da institucionalidade herdada.

Tanto para os sujeitos que ingressaram no Estado com a finalidade de transformá-lo como para as organizações sociais que respaldam essas gestões governamentais, é um desafio produzir um tipo de relação do Estado com as organizações sociais que não se limite a formular demandas e facilitar soluções a conflitos setoriais. Um tipo de relação na qual sejam produzidos cenários que levem a potencializar as capacidades deliberativas e de produção de alternativas políticas totalizantes e que configure institucionalidades alternativas que favoreçam dinâmicas de interação diferentes, nas quais as organizações sociais não sejam concebidas nem se concebam como setores com os quais se negocie somente demandas particulares, mas como atores capazes de produzir projetos políticos de transformação social para o conjunto da sociedade.

No entanto, a relação entre o Estado e os movimentos sociais também passa por uma espécie de drenagem de energia individual e coletiva. Essa energia acaba se rendendo à lógica do funcionamento do aparato burocrático, e não ao fortalecimento das lideranças políticas autônomas, ou ao próprio empoderamento dos processos e organizações sociais que dão vida à mobilização social e à construção de um projeto político:

> *As organizações se dissolvem e muitos dirigentes são cooptados, ocupando vice-ministérios, direções, ministérios. Queimou-se toda uma linha de dirigentes na gestão pública. Instalou-se uma elite burocrática. Muita gente valiosa foi perdida e o medo tem imperado, e por essa razão se continua fazendo com que o aparato funcione.*

Quando se fala do medo, faz-se referência principalmente a mecanismo por meio dos quais se limita a possibilidade de autocrítica e, pior ainda, de crítica aberta às decisões que são assumidas de maneira hierárquica no Executivo. Isso, claro, implica até pesadas consequências pessoais que afetam e dissolvem a militância política, como exercício e experiência individual. Na mesma linha, algumas pessoas entrevistadas apontam e chamam a atenção para o fato de que há certas lógicas de poder individual que prevalecem sobre o objetivo político de desmontar certas estruturas que produzem desigualdade, provavelmente porque quem exerce o poder goza de privilégios que tendem a resguardar, apesar de suas posturas ideológicas.

Em alguns dos casos apresentados, entendeu-se hegemonia como monopólio ou controle de todas as instâncias de autoridade, representação e tomada de decisões em nível não apenas do Estado, como também da sociedade civil. O que se fez, em determinadas ocasiões, é incorporar dirigentes de organizações sociais a cargos no Estado, mas não necessariamente para fomentar, a partir do Estado, a capacidade das organizações de projetar formas alternativas de organização e seu potencial de mobilização de forças. Na verdade, apostou-se por desorganizar as capacidades das organizações sociais de se articularem de maneira autônoma, uma vez que no governo se pensa que essa síntese deve ser produzida a partir do projeto estatal.

A revisão das entrevistas e rodas de conversa nos permite estabelecer, pelo menos, dois tipos diferentes de relação entre um governo progressista e as organizações sociais do respectivo país na região andina, que descreveremos a seguir.

No primeiro tipo, apostou-se – segundo as pessoas que participaram das rodas de conversa – em uma estratégia de poder baseada no controle da vida política das organizações sociais, às quais se exige uma espécie de militância acrítica e funcional às decisões assumidas por uma elite burocrática. A dinâmica de relacionamento entre o Estado e as organizações sociais, com frequência, está mediada por mecanismos de cooptação por meio da realização de favores e do clientelismo; inclusive, são produzidas mediações repressivas. Ou seja, os mediadores ou representantes não levam a voz de suas organizações e suas propostas a processos deliberativos mais amplos de tomada de decisões, e sim se convertem em transmissores das decisões e da linha política traçada pelas cúpulas do Executivo:

> *O governo absorveu as organizações sociais e indígenas. Acredita-se que a crítica supõe estar contra o processo e nas comunidades rurais existe uma forte pressão. Ao se tornarem parte do Estado, os líderes deixam de lado o debate político. Na atualidade, as organizações sociais perderam sua capacidade de proposta, de iniciativa, de mobilização, de condução a partir de baixo. Nesse marco, a recondução da mudança acontece por meio de uma mudança das bases, não do governo.*

No segundo tipo de relacionamento, a partir do Estado são produzidos, sim, importantes espaços de deliberação, construção e articulação de iniciativas oriundas do campo popular, e são criados novos espaços estatais de participação e mediação com organizações sociais até mesmo na forma de inovações institucionais, como ministérios, secretarias, conselhos, entre outras. Nesse caso, as críticas apontam para a maneira pela qual alguns atores, tanto estatais quanto sociais, assumem essa relação. Aponta-se, por exemplo, que tem sido difícil romper as práticas vanguardistas próprias de alguns setores. Fala-se, ainda, de uma lógica de expropriação do sujeito político popular:

> *Uma vanguarda que conduz essa massa e lhe dá a linha de mobilização em função dos objetivos conjunturais do processo político que, no meu modo de ver, até para isso eram ruins. As vanguardas costumam estar descoladas. Como sentem que são grupos ilustres, elites, estão descolados da realidade, têm pouca capacidade para ler e interpretar a realidade de maneira executiva e construir a linha política, e expropriam o sujeito político que efetivamente tem de impulsionar o processo de transformação. A instituição expropria o sujeito político em benefício de uma classe que se apropria do poder, uma classe dominante que evidentemente não é a classe que padece as contradições. As transformações, então, orientam políticas a partir de outro nível, que é pequeno-burguês, independentemente de possuir um discurso revolucionário. Converte-se em uma lógica expropriadora do popular, que tenta ser o que interpreta a classe popular e simplesmente é outra classe de política dominante e, portanto, assemelha-se muito aos setores mais burocráticos ou mais corruptos dentro do Estado.*

Talvez um dos assuntos mais complexos dessa relação entre Estado e movimentos sociais é a ideia do financiamento estatal como estratégia de fortalecimento dos processos sociais, o que tensiona as possibilidades de transformação nas relações sociais de produção e de tomada de decisões. Quando essa perspectiva se limita a um financiamento de política social, o risco é a reprodução acrítica do assistencialismo, o que implica um desconhecimento das potencialidades de transformação a partir do campo popular e uma visão cada vez menos crítica da lógica burocrática e tecnocrática:

> *Outra expressão de não reconhecimento do sujeito é a concepção do gasto social para os projetos comunais e comunitários. Isso é uma clara demonstração da leitura que se continua tendo, ou seja, a economia comunal é uma coisa subsidiada, não uma alternativa econômica em emergência, em construção. É algo sem importância que está dentro do gasto, mas que você sempre terá de financiar, não é vista majoritariamente como a alternativa. O objetivo, por exemplo, dos Conselhos Comunais, então, é fazer 100 mil casas em um ano, não gerar um novo modo de produção comunal dessas casas. E aí é onde há, por exemplo, um terreno de disputa central, ou seja, a possibilidade de que o apoio institucional, em termos de financiamento, deva ser no território, para abrir novas relações de produção, entre outras coisas.*

No entanto, a possibilidade de fomentar políticas públicas, como um campo de redistribuição dos bens comuns geridos pelo Estado, significa também o reconhecimento da capacidade de concretização de ação política institucional a partir dos setores organizados da sociedade, e, mais especialmente, do campo popular.

Por fim, apesar dessas críticas, esse segundo tipo de relacionamento entre Estado e organizações sociais permite certa apropriação a partir de baixo. Existem espaços dinâmicos e autônomos das organizações que se desenvolvem apesar das práticas clientelistas:

> *Há espaços organizativos populares e comunitários que levam a sério o discurso de que são sujeito central para a construção da transformação, levam a sério a questão de que devem controlar o poder para gerir o novo esquema de governo e a nova sociedade que se deseja. E isso tem ocorrido apesar de todas as lógicas clientelistas que são impostas nas eleições, em que além disso são disputados os diferentes territórios onde ocorrem. Essas tensões acontecem de maneiras diferentes com as pessoas que constroem, digamos, a partir do campo popular, e também com as pessoas que estão dentro das instituições.*

Ensaiam-se então algumas propostas de ação que têm como base as experiências anteriormente descritas, que propõem a corresponsabilidade do Estado e das organizações na construção de um projeto político de transformação social real:

> *É preciso que sejam construídas novas formas de relação política, que permitam que se alimentem exercícios políticos territoriais do sujeito que os vive de outra forma, (...) que disputam coisas com o Estado. (...) [Esse sujeito] tem de controlar o Estado para ver se este faz o que lhe corresponde, mas diferenciar e começar a pensar (...) quais são as coisas que correspondem ao Estado, quais são as coisas que correspondem aos sujeitos, para pensar em uma forma que o retire dessa lógica, da forma de assessoramento do Estado.*

E, claro, propõe-se a necessidade de as organizações recuperarem *a capacidade de mobilização, a capacidade de fazer concretamente, de controlar as ordens da vida, de garantir a produção. A capacidade é, por exemplo, dizer que o Estado administra mal a questão do lixo. Eu vou fazer isso e tenho de fazer não apenas porque, além disso, por força das circunstâncias, temos feito em diferentes momentos e fazemos melhor.*

Trata-se de buscar formas de gestão coletiva do público que sejam construídas longe da dupla Estado-mercado, entendida como os dois únicos espaços possíveis de gestão dos serviços públicos. Apela-se à necessidade de encontrar formas criativas de enfrentar os problemas cotidianos das pessoas, com propostas ancoradas em soluções pensadas pelas próprias pessoas e com maiores níveis de participação coletiva nos assuntos públicos, sem, no entanto, tirar a responsabilidade do Estado sobre o que lhe corresponde.

Da necessidade de pensar possibilidades e caminhos de transformação

Apesar dos limites e tensões já apresentados, consolida-se a necessidade imperativa de transformar a partir do existente, com o realmente existente, e não em territórios "vazios" ou com pessoas "novas", ou com sociedades "sem história". Isso torna imprescindível projetar possibilidades de mudanças com o que temos e, sobretudo, com o que já foi conquistado pelos setores populares ou de esquerda.

Chegar à cúpula do Estado por meio de votações populares foi um objetivo desejado e difícil de alcançar pela esquerda latino-americana durante todo o século XX.

As organizações e movimentos sacrificaram homens e mulheres de altíssimas qualidades no sonho de "tomar o poder" para mudar a sociedade. De forma que não devemos, e não pretendemos, minimizar as conquistas ocorridas nos últimos anos. Pelo contrário, é urgente reconhecer os avanços diante do neoliberalismo e do imperialismo norte-americano, mas é igualmente urgente reconhecer as limitações que a acumulação de capital e o Estado impuseram aos ventos de transformação na região, sem esquecer as preocupantes e nunca abordadas implicações subjetivas do poder nas personalidades dos que assumem funções de Estado.

Somente esse balanço – e uma recuperação radical do discurso, da prática da organização e da criatividade social em torno da transformação da ordem hegemônica – podem nos tirar do maniqueísmo aliado/adversário político que polariza hoje os debates sobre o horizonte de transformação.

Os participantes deste exercício contribuíram para caracterizar as limitações institucionais do Estado para o fomento de alternativas, mas também deram visibilidade a pistas de análise e trabalho de reconstrução institucional que é preciso e possível operar a partir do e com o Estado. Para algumas vozes, existe uma notável clareza sobre a distância e a impossibilidade de atuar a partir do Estado. Mas, em outros casos, também se adverte a persistente necessidade de continuar seu papel dentro da institucionalidade e, mais ainda, a confiança de que é possível operar a partir do Estado uma transformação institucional. Porque "não é possível começar uma instituição do zero. O zero absoluto não existe, não se começa resetando tudo. É preciso pensar nas transições".

Nesse sentido, é vital apontar que as autoras retomamos as afirmações das pessoas participantes para construir este texto, e que, fiéis ao espírito deste artigo, não pretendemos concluir ou dar respostas às contradições que emanam da participação política, burocrática e administrativa dentro dos Estados, o que têm feito mulheres e homens do campo popular, crítico ou de esquerda na região durante os últimos anos. No entanto, celebramos a possibilidade de expressar esse debate.

Em primeiro lugar, é evidente que se exige romper com a lógica da eficiência e eficácia que favorecem a dinâmica de acumulação de capital e de poder. É preciso questionar e transformar a lógica de quantificação e maximização de todos os recursos públicos e comuns, que levam a uma justificação de políticas econômicas para a acumulação dentro do Estado que não coincidem com esquemas democráticos, de inclusão e de cumprimento da função social do Estado. Essa lógica neoliberal de eficiência, eficácia e maximização só pode ser operada em um Estado disposto a "acumular para investir".

Por outro lado, a partir de uma perspectiva alternativa, seria preciso desenvolver muito mais a ideia de um Estado que ativa a criatividade social autônoma e gere conjuntamente com a sociedade organizada bens comuns em um espaço público-comunitário e público-estatal. Nesse cenário, os bens comuns devem ser redistribuídos ou administrados sob critérios plurais, com temporalidades diversas e com uma gestão social comunitária ou pública que não apenas quantifique, e que seja claramente suscetível ao controle institucional e social. Isto é, sem dúvida, uma tensão no permanente marco eleitoral, o que nos leva a pensar as relações entre eficácia, vitórias eleitorais e, ao mesmo tempo, a garantia de processos e condições políticas para aprofundar as transformações:

> *Se você consegue desbaratar e tirar todo o poder de decisão dessas grandes entidades, ou seja, do capital, que é quem realmente detém o poder, e o entregar aos movimentos*

sociais, mesmo que as decisões sobre investimento sejam muito pequenas, estas vão gerar uma mudança institucional – e também no modelo de Estado.

Dentro dessas possibilidades concretas de transformação da lógica da eficiência e da acumulação, encontramos vários referentes da cultura popular, como o *randi randi* (reciprocidade), o *ayni* (solidariedade), o *maki pukarina* (mutirão), no caso das culturas indígenas andinas. Mas também encontramos

> *as lógicas de gestão comunitária da água e cogestão por meio de conselhos/juntas de água e aquedutos comunitários em setores camponeses e urbano-populares de todo o continente, e lógicas de trabalho e gestão do território com as* mingas[4] *e os* convites,[5] *que resolvem de outras formas o aproveitamento de bens comuns escassos, como o tempo de trabalho ou a própria água.*
> *O autogoverno, que implica o controle social sobre o território específico, está relacionado à questão formativa, de educação, de saúde; de tudo o que implica nas dinâmicas sociais dos espaços. Ter a capacidade de autogovernar com base na organização popular, e, a partir daí, disputar políticas e gestão com o Estado.*

Essas dinâmicas têm conseguido existir por vários séculos à margem – ou com uma presença mínima – do Estado. Contudo, é relevante projetá-las, não como formas folclóricas ou residuais de reciprocidade, mas sim como "formas de fazer" que têm correlatos no interior do "Estado modelo". Ou seja, são viáveis em termos operativos, são legítimas em termos administrativos e são definições políticas

4 Palavra em quéchua que significa o trabalho coletivo realizado em prol da comunidade. [N. T.]

5 Grupo de trabalhadores que trabalham em troca de comida e bebida. [N. T.]

que respondem aos critérios público-comunitários dentro do Estado. Por exemplo, é evidente que a segregação socioespacial que caracteriza nossas cidades é resultado da lógica de exclusão, do preço do solo que busca maximizar o lucro para as construtoras que o Estado contrata por causa de sua capacidade técnica (ou seja, de endividamento e de produção de infraestrutura em grande escala). Nesse caso, a lógica de "mais casas ao menor custo" impede abrir o debate sobre os critérios de qualidade de vida e de adaptação cultural da moradia e do habitat. Algumas experiências fomentadas – ou pelo menos não atacadas – por governos progressistas descrevem processos em que, mesmo apesar do "custo de mercado" ou da pressão de setores de classe ou entidades da construção, fomentam a planificação participativa ou comunitária e planificam, constroem e avaliam com critérios qualitativos alheios à lógica de acumulação. Ou seja, implementam o trabalho coletivo, não monetizado, organizado com critérios próprios e com lógicas de mutirão, de *convite* ou de *minga*, em que o Estado contribui com aquilo que é decidido por assembleias ou espaços de definição própria.

> *Não vamos deixar grandes transformações em toda a cidade, mas sim projetos que vão gerar reflexão na cidade, reflexões em relação a como queremos o modelo de cidade, porque nossos projetos são de pequena escala. Não são mais conjuntos residenciais de 10 mil casas, e sim conjuntos residenciais de 500 casas no centro da cidade, com toda a oferta institucional e, digamos, social que uma administração deve ter. E não apenas isso, como também creches, que é o mínimo para as mulheres que lá vão viver.*

Claro que os limites difusos entre conseguir o cumprimento dos deveres mínimos do Estado e uma transformação a partir do interior das instituições são um desafio constante e nunca claro. Atrevemo-nos a afirmar que uma recuperação política e simbólica do "público", estatal e não estatal, como aquilo que deve convocar o interesse comum – seja em pequena escala (aquilo que responde ao comunitário ou popular), seja em escala macrossocial – é fundamental para devolver ao Estado a responsabilidade de funções sociais mínimas, mas também para transitar rumo a novas instâncias de institucionalidade que minimizem o poder do capital dentro do Estado, assim como os males da corrupção e da burocratização.

No entanto, uma segunda pista que esse exercício de diálogo nos deu é que é necessário e possível uma mudança institucional na estrutura de tomada de decisões e de construção de projetos, mas também de políticas públicas. Talvez o elemento mais importante dessa mudança seja a necessidade do pluralismo institucional e de gestão.

> *Começar a pensar em um Estado plurinacional de verdade não pode se desprender do pluralismo institucional, não apenas pluralismo jurídico, mas também pluralismo administrativo, de gestão. Os diferentes processos constituintes do continente mostraram uma maravilhosa capacidade de enunciação sobre a diversidade, a pluralidade e o reconhecimento da diferença nos vínculos jurídicos. No entanto, e como vimos amplamente, existe uma resistência rançosa a incluir esquemas plurais de justiça, economia, papéis e mecanismos de tomada de decisão dentro dos esquemas institucionais. Mas é fundamental, e sobretudo possível, potencializar essas mudanças. A descentralização, a desconcentração dos poderes centrais e o reconhecimento das instituições próprias de nações, etnias, comunidades, grupos e outras expressões organizadas da vida plural de nosso continente,*

são fundamentais para esse propósito. Assim, por exemplo, para o movimento indígena, institucionalidade é ter direitos e recursos. Não se trata de um Estado centralista nem privatizador, mas sim de princípios de coordenação para a convivência, e de incorporar o comunitário, prestando contas, claro, mas com outras considerações. Isso exige um desenho institucional de outro corte, diferente, que não é a inclusão de indígenas, mas dar mobilidade econômica, orçamentária.

A maior parte das pessoas entrevistadas coincidem em afirmar que essa é uma possibilidade real de transformação institucional, porque as chamadas reformas administrativas do Estado poderiam aplicar esse critério de pluralismo na operação e administração dos bens públicos:

A institucionalidade e o institucional como novas formas que tentem frear as relações burocráticas e clientelistas, e que contribuam para fortalecer os sujeitos.
As bases de uma nova institucionalidade: redistribuição que exige outro tipo de burocracia: desconcentração do poder, repensar o Estado e o mercado.

O que alguns exemplos concretos mostram é que isso é possível, por enquanto, nas escalas locais e em pequenos empreendimentos estatais, mas é possível. Claro que a tática reivindicativa e a exigência direta para o cumprimento dos direitos conquistados nos planos jurídicos e normativos mantêm-se como uma forma de relacionamentos com a institucionalidade estatal. Não poderíamos negar que o Estado tem sido uma ferramenta histórica de disputa e que continua sendo um espaço de luta. O interessante, como pista de transformações, é que foram conquistadas possibilidades de ação dentro do Estado em suas escalas locais.

Dois exemplos. O primeiro: uma comunidade solicitou formalmente uma casa comunal, realizou *mingas* ou *cayapas*[6] de maneira simultânea, pediu apoio do governo, ao fazerem as contas do trabalho comunitário e de tudo o que a comunidade fez, evidenciaram que, como comunidade, contribuíram três vezes mais do que o Estado com seu financiamento, e que era possível combinar a lógica de trabalho coletivo com o "apoio" estatal em um propósito concreto e superar a lógica burocrática e de assistencialismo. O segundo exemplo:

> *Nós tivemos uma experiência muito bonita com um achado arqueológico de grande importância em um terreno na cidade apto para urbanização. (...) Foi um exercício em vários conselhos [indígenas urbanos] e com a comunidade dos bairros. Decidiu-se como se queria o ordenamento e como se queria a área do achado. No fim, essa decisão foi tomada pela comunidade. O que nós fizemos a partir da instituição foi colocá-la em uma resolução (...). Nós o pusemos nesses termos burocráticos do Estado, para garantir que essa decisão pelo menos se faça efetiva.*

Nesse sentido, é fundamental assinalar que os diálogos abertos entre setores do Estado e do movimento social também contribuem para fortalecer esse caminho. Essa é, sem sombra de dúvidas, a terceira pista de transformação da institucionalidade: superar o esquema dual Estado-sociedade civil, em que o Estado "ouve" os interesses da sociedade civil, aparece como instância plenipotenciária

6 Termo utilizado por indígenas, em especial na Venezuela, que significa o trabalho coletivo em uma comunidade para satisfazer uma necessidade individual ou coletiva. [N. T.]

e definidora, e os outros são considerados instâncias meramente consultivas – ou os movimentos sociais, que conquistaram as "constituintes" como momentos de transformação do Estado, são vistos como objeto de assistencialismo. Segundo a experiência de alguns entrevistados,

> *os espaços de corresponsabilidade, de diálogo, de construção e de mandato entre os espaços coletivos fora do Estado e as instituições devem ser considerados legítimos para aplicar sanções, construir e gerar obrigações.*
> *Está-se ingressando em uma etapa em que se põe em risco o projeto constitucional. Põe em risco no sentido de que se quer reverter as mudanças consagradas na Constituição, o que representa o Estado plurinacional, porque torna inviável o Estado-nação, que permite que se exerça um poder absoluto. Nesse contexto, uma das experiências propõe que se deve apostar em trabalhar projetos políticos de base. Os processos de transformação não vão sair do Estado. É preciso fortalecer contrapoderes. Como chave, a necessidade de que os espaços institucionais sejam orientados a partir de espaços fora do Estado. Que seja um fio-terra e que as políticas orientadas deem conta dessa relação.*

Romper essa dicotomia e reconhecer o caráter definidor dos movimentos sociais e populares em relação às políticas públicas e à chamada "reforma do Estado" implica o "fortalecimento da comunidade como sujeito de autogoverno". Porque alguns tendem somente a interpelar o Estado e a cobrar-lhe tarefas sem pensar em fazer governo, sem pensar em ser sujeito em disputa.

Esse fortalecimento da comunidade organizada implica, também, romper a concepção assistencialista da redistribuição da renda do Estado. As bolsas e as políticas de subsídio reparam dívidas históricas com populações vulneráveis, mas não resolvem o problema da redistribuição dos meios de produção nem o da gestão democrática da economia. Nesse sentido, o Estado e seus funcionários, assim como os governantes de turno, deveriam assumir a transformação. Isso implica "não defender gestões, e sim fomentar políticas, e que isso seja um princípio orientador: os movimentos sociais, as organizações populares e todos os espaços de definição autônoma deveriam ser instâncias de concertação política e de definição social".

Por fim, e como uma quarta pista de transformação, é importante fazer uma reflexão mais profunda sobre as mudanças nas práticas pessoais e na cultura institucional. Em alguns casos, esse debate é evidenciado como um problema de vontade política, de acumulação de poder pessoal, de concentração de decisões e de responsabilidade pessoal. Mas, em outros casos, surge como um problema de operacionalização do poder. Claro que as escalas e as magnitudes que os presidencialismos, os caudilhismos e os personalismos nos impõem são diferentes da execução cotidiana a partir do Estado local. No entanto, consideramos que a reflexão deve ser orientada para a construção de novos referentes sobre o que fazer dentro do Estado, em chave de alternativa e de transição. Poderíamos ressaltar que

> *é preciso um esforço sério para a racionalização da gestão administrativa, uma discussão política muito definida. É preciso ganhar mais do que uma função burocrática. O que está se desenvolvendo é um compromisso político, uma disputa política. Então, isso implica um funcionamento coletivo em um espaço institucional político. Implica a análise da situação com o conjunto dos funcionários e um coletivo na gestão de um projeto que é coletivo, e não simplesmente em função do contrato.*

Linhas não conclusivas: reflexões, perguntas e percursos a serem percorridos

> *O problema com o Estado é que o Estado é um dos campos de disputa. É uma das personificações centrais da acumulação de capital. O problema está em pensar que isso é igual ou confundir isso, e misturar com um ponto no qual se supõe que o Estado é um instrumento de transformação. Claro que não é indiferente. É um campo onde você tem de operar e de diferentes maneiras e diferentes perspectivas. Mas isso não significa necessariamente que o ministério "xis" é o novo instrumento político de transformação revolucionária. Isso não é verdade. É um dos campos onde a transformação se dá, e é um dos campos da disputa.*

A ideia anterior, expressada em uma das rodas de conversa, condensa uma das reflexões que nos parece central para tentar ler e entender o que significa, e continua significando, configurar os Estados na região e sua relação com os governos. Identificá-lo como condensação de relações de forças na sociedade, que sempre gera os equilíbrios necessários para garantir a acumulação de capital, e entender o quão problemático e limitado é assumi-lo como uma equação linear, cujo resultado seria "tomar o poder do Estado = transformação".

Nessas discussões foram expressas com profundidade e abertura as dificuldades concretas, as lógicas objetivas, materiais e também subjetivas com as quais se encontrou sujeitos que acreditaram (ou ainda acreditam) que, a partir do Estado, seja possível fomentar políticas de transformação social em chave revolucionária ou emancipatória.

Embora a partir do Estado se acumule capital, capte-se a renda no marco do modelo extrativista, redistribua-se principalmente a circuitos de poder econômico (com os matizes que implicam os processos de democratização do acesso à renda, para setores historicamente excluídos em alguns países da região); embora a partir do Estado se reproduzam as lógicas de dominação coloniais e patriarcais e continue-se com práticas depredadoras da Natureza em nome do "desenvolvimento", apesar de tudo isso, o Estado também é um campo de luta, de disputa, a partir do qual a dominação se perpetua, mas a partir do qual também haveria possibilidade de rompê-la.

Assim o entendem organizações sociais que se mantêm à margem do Estado, mas que tentam disputar políticas e direitos. Também os sujeitos que decidiram entrar nos espaços burocráticos definidos pela institucionalidade – e que, em alguns casos, conseguiram gerar rupturas, brechas e fissuras de transformação, e que, outras vezes, acabaram cooptados e envolvidos no turbilhão das lógicas burocráticas do poder. E também as expressões organizadas que de fora do Estado constroem alternativas próprias, territorializadas e autônomas.

Em processos nos quais a chegada ao governo tenha sido precedida e impulsionada por formas de articulação política democrática, que têm se caracterizado por gerar amplos espaços de deliberação coletiva, a construção de hegemonia suporia fortalecer, ampliar e articular esses espaços e processos políticos produzidos pela crise dos governos neoliberais e pelas possibilidades de transformação social. A tarefa de construir uma nova hegemonia condizente com o momento histórico, então, consistiria em articular um bloco histórico em torno de um projeto político que inclua, de maneira articulada, os diferentes horizontes de luta propostos pela ação coletiva.

As perguntas realizadas no texto (A partir de onde os poderes hegemônicos são disputados? Onde o poder reside?) não são retóricas nem se dirimem unicamente no terreno das Ciências Sociais ou da reflexão teórica. As respostas estão sendo construídas a partir dos processos, dos sujeitos concretos e de suas lutas.

Pensar que poderiam ser sujeitos isolados aqueles que do governo conseguem as transformações seria, além de ingênuo, uma expressão de desconhecimento dos longos anos de organização e mobilização percorridos por nosso continente. As novas formas de governo, que poderiam ser disputadas a partir das velhas formas do Estado, vêm empurradas pelo diverso, pelo indígena, pelo popular, pelo camponês, pelo urbano, pelo feminista; pelas reivindicações específicas, mas também pelo impulso do "queremos tudo"; por colocar no centro do debate as discussões sobre formas inéditas de pensar a sociedade, pelo resgate e pela visibilização de práticas existentes, que estão exigindo novas instâncias, que nem sempre são entendidas nem desejadas por essas formas constituídas do Estado.

Como transformar a sociedade com instâncias de tomada de decisões cada vez mais transparentes e mais participativas? Como o poder se democratiza radicalmente? Como os processos de mudança deixam de ser impulsionados por vanguardas em governos e se materializam cada vez mais nas lutas dos muitos? Esses *como?* são parte dos caminhos em construção.

11

Verena Glass é jornalista especializada em temas sociais, ambientais e agrários, e coordenadora de projetos da Fundação Rosa Luxemburgo no Brasil. Desde 2010 é integrante do Movimento Xingu Vivo para Sempre.

O desenvolvimento e a banalização da ilegalidade

A história de Belo Monte

Verena Glass

Os ninguéns: os filhos de ninguém, os dono de nada.
Os ninguéns: os nenhuns, correndo soltos, morrendo
a vida, lascados e mal pagos:
Que não são, embora sejam.
Que não falam idiomas, falam dialetos.
Que não praticam religiões, praticam superstições.
Que não fazem arte, fazem artesanato.
Que não são seres humanos, são recursos humanos.
Que não têm cultura, têm folclore.
Que não têm cara, têm braços.
Que não têm nome, têm número.
Que não aparecem na história universal, aparecem
nas páginas policiais da imprensa local.
Os ninguéns, que custam menos do que a bala que os mata.
Eduardo Galeano

Em março de 2014, desencadeou-se no Brasil uma devassa de proporções inéditas nas relações entre agentes públicos e privados, cunhada pelo Ministério Público Federal como "a maior investigação de corrupção e lavagem de dinheiro" da história do país. A chamada Operação Lava Jato, nascida a partir do monitoramento de transações financeiras ilegais que envolviam uma casa de câmbio localizada em um posto de gasolina em Brasília – daí seu nome –, desvendou um complexo esquema de corrupção, lavagem de dinheiro e pagamentos de propina envolvendo a estatal Petrobras, grandes empreiteiras e políticos de ao menos seis partidos.

De acordo com a Polícia Federal e o Ministério Público Federal, esquemas de superfaturamento e suborno em contratos da Petrobras – com pagamento de propinas a altos funcionários da estatal, a partidos, a políticos e ministros de governo – envolveram em quinze anos mais de 700 obras de infraestrutura e 170 empresas, entre as quais todas as grandes empreiteiras brasileiras. As investigações acabaram abarcando também empreendimentos energéticos executados pelas mesmas corporações, como a hidrelétrica de Belo Monte e a usina nuclear de Angra 3, bem como projetos na América Latina e na África.

Do ponto de vista político, o emaranhado público--privado de crimes e desvios cívicos, éticos e financeiros desvelados pela Lava Jato teve um profundo impacto sobre a democracia brasileira. Instigou, por um lado, manifestações escancaradas de um reacionarismo brutal por parte da direita, ao mesmo tempo que levou parte das esquerdas a adotar uma postura leniente com a violação de princípios até então estruturantes de sua ideologia e horizonte políticos. Essas tendências se evidenciaram e se aprofundaram com a aprovação, em abril de 2016, da abertura do processo de *impeachment* da presidenta Dilma Rousseff, reeleita com uma estreita margem de votos em 2014, por atos de irresponsabilidade fiscal, e com a constituição de um novo governo com profundo viés de direita, sob comando do vice-presidente Michel Temer.

Já na perspectiva do projeto de país, o processo evidenciou um profundo descompasso no modelo de desenvolvimento adotado pelos últimos governos. Por atingir frontalmente os atores e o *modus operandi* do projeto desenvolvimentista brasileiro – calcado no aprofundamento da exploração dos bens naturais e em investimentos sem precedentes na engenharia logística que a tornaria possível –, a Lava Jato expôs um sistema gangrenado.

Ou seja, ao se revestir de uma ortodoxia capitalista ordinária, disposta a lançar mão de velhos instrumentos como a corrupção, o autoritarismo e, quando necessária, a repressão, o "desenvolvimentismo progressista" do governo brasileiro falhou. A indolência ética que se apoderou da operacionalização desta política pressupôs uma leniência com desvios legais, o que nos leva a questionar se seria viável sem ela. Sugere também uma urgência no aprofundamento da análise acerca da relação entre a debilitação do Estado democrático de direito e o modelo de desenvolvimento em curso, bem como as consequências do perspectivismo econômico como paradigma único das políticas estruturantes da nação. A que país se referem os clichês "o Brasil precisa crescer", "os interesses do Brasil", "em nome do desenvolvimento nacional"? Quem é "o Brasil" e quem são os incluídos e excluídos deste sujeito? Em tempos de reconfiguração global da leitura sobre os limites do planeta, qual o peso dos direitos e quais seus beneficiários? É o que nos propomos a discutir a seguir.

Mania de megalomania

O Brasil é um país de superlativos. Calcado no imaginário de uma superioridade extrínseca à sua extensão territorial, o culto à grandiosidade é um traço característico do povo e da política brasileiros que se expressa nos mais diversos âmbitos da vida do país: temos o melhor futebol do mundo (numa perspectiva histórica, importante frisar), a maior festa popular (o carnaval), a maior cidade da América Latina (São Paulo), a maior floresta tropical, a maior biodiversidade, o maior reservatório de água doce (Amazônia).

A satisfação em estar relacionado ao *grande*, independentemente se há participação, mérito ou vantagem em sua existência – e ainda, independentemente se é real ou mito –, tem sido explorada em benefício do projeto desenvolvimentista de diversos governos ao longo da história recente do país. Nesse sentido, realizações de setores da economia tendem a incorporar um certo fetichismo nacionalista que lhes garante benevolências supraideológicas e que, não raro, abafam ou desacreditam críticas estruturalmente divergentes. Ou seja, com maior ou menor aceitação, são incorporados pelo senso comum como "motivo de orgulho" fatos como sermos os maiores produtores de soja e cana do mundo; sermos os maiores exportadores de carne vermelha e termos o segundo maior rebanho bovino; termos a segunda maior hidrelétrica (Itaipu) e estarmos construindo a terceira (Belo Monte); ser brasileira a maior mineradora (Vale) e a maior mina de ferro (Carajás); termos um banco de fomento (BNDES) com mais desembolsos que o Banco Mundial; termos e estarmos explorando uma das maiores reservas oceânicas de petróleo (pré-sal). Uma mitificação do externo ao sujeito que cria a curiosa premissa, fortemente incentivada pelo discurso governamental, de "não sei quanto ao resto, mas nisso somos realmente bons".

A performance da indústria agrário-extrativista tem, na lógica do desenvolvimentismo, um mérito inegável, ao mesmo tempo que reflete a tendência de uma inexorável reprimarização da economia. O desempenho do setor produtivo primário de fato vem sendo vital para a balança comercial brasileira, apesar da participação regressiva das exportações

– em que as *commodities* são hegemônicas – no PIB nacional.[1] Também é fato que as atividades agropecuárias, o setor petrolífero e a mineração têm um peso significativo no fluxo de geração de riquezas[2] (e, de forma associada, de empregos, se considerarmos os investimentos em infraestrutura de suporte, como vias de escoamento, refinarias, portos, hidrelétricas etc., cerne do Programa de Aceleração do Crescimento criado pelo governo Lula em 2007). Mas a priorização dessas atividades no arcabouço das políticas públicas e na definição do "modelo de país" tende tanto a invisibilizar realidades, possibilidades e futuros diversos, como a anular obstáculos ao seu desenvolvimento, sejam eles territoriais, culturais, sociais ou, em última instância, legais. E aí mora o perigo.

O massacre da Carta Magna

Com a reabertura democrática pós-ditadura e a promulgação da nova Constituição em 1988, o Brasil passou a ser considerado um dos mais avançados do mundo em termos de legislação ambiental. De acordo com a Carta Magna, é obrigação do poder público "proteger

1 De acordo com o Ministério do Desenvolvimento, Indústria e Comércio Exterior, a participação das exportações no PIB nacional caiu de 14,5% em 2004 para 10,8% em 2013. No caso das *commodities* primárias, em 2014 as exportações do complexo soja chegaram a US$ 31,4 bilhões, de minérios a US$ 28,4 bilhões e de petróleo e combustível a US$ 25,1 bilhões. Por outro lado, as importações de combustível e lubrificantes atingiram US$ 45 bilhões, e as de cereais e farinhas, US$ 3,8 bilhões.

2 No PIB do primeiro trimestre de 2015, de acordo com o Instituto Brasileiro de Geografia e Estatística, a agropecuária e a indústria extrativa mineral, que inclui os setores da mineração e do petróleo, tiveram os maiores crescimentos em relação ao mesmo período do ano anterior (<http://saladeimprensa.ibge.gov.br/noticias?view=noticia&id=1&idnoticia=2897&busca=1&t=pib-recua-0-2-chega-r-1-408-trilhao-1%C2%BA-trimestre-2015>).

a fauna e a flora, vedadas, na forma da lei, as práticas que coloquem em risco sua função ecológica".

Da mesma forma, o novo texto constitucional incluiu um capítulo exclusivo sobre os direitos indígenas (artigo 231). A bem da verdade, o direito ao território, reafirmado e detalhado na Constituição de 1988, já era assegurado nas Constituições de 1934 e 1937 como "a posse das terras em que se achem localizados em caráter permanente". Na Carta de 1967, adicionou-se a esse direito o usufruto exclusivo dos bens naturais nelas contidas. Mas é em 1988 que passam a ser reconhecidos aos índios "sua organização social, costumes, línguas, crenças e tradições, e os direitos originários sobre as terras que tradicionalmente ocupam, competindo à União demarcá-las, proteger e fazer respeitar todos os seus bens".

Pontuar as disposições constitucionais nos contextos socioambientais é relevante para analisarmos como, ao longo das últimas cinco décadas, elas foram sistematicamente violadas. Tomando como referência o período a partir de meados do século XX, a política de domesticação dos territórios para aplainar o terreno a ser ocupado pelo setor produtivo primário transparece desde a década de 1940 com a "Marcha para o Oeste" de Getúlio Vargas e, posteriormente, com o Plano de Metas de Juscelino Kubitschek – cujo lema "cinquenta anos de progresso em cinco de realizações" permeou os primeiros grandes investimentos em infraestrutura no país. Mas foi durante o regime militar que se consolidaram as bases de um desenvolvimentismo intrinsecamente violador de direitos e marcos legais, sobretudo dos que se referem aos povos indígenas. Nesse sentido, um dos documentos mais atuais que resume parte deste processo é o relatório da Comissão Nacional da Verdade, finalizado em dezembro de 2014, e que analisou violações de Direitos Humanos ocorridas entre 1946 e 1988.[3]

3 Comissão Nacional da Verdade, Texto 5, "Violação de Direitos

A despeito dos direitos territoriais constitucionais das populações indígenas, o esbulho sistemático de suas áreas em favor de empreendimentos agropecuários remonta à década de 1930, aponta a Comissão. A partir de 1968 e da promulgação do Ato Institucional nº 5, porém, além da intensificação dos processos de tomada de terras por grandes empresas, políticos e assentamentos de colonos não índios, as ocorrências de genocídio, remoção forçada, encarceramento e demais violações de Direitos Humanos básicos das populações indígenas, aliadas a um violento processo de desintegração ambiental, toma proporções sem precedentes com a implantação de obras como as hidrelétricas de Itaipu, no Paraná, Balbina, no Amazonas, e Tucuruí, no Pará; a criação do Projeto Grande Carajás (mineração de ferro) e da Estrada de Ferro Carajás, ambos no Pará; da então estatal Vale do Rio Doce (hoje Vale, privatizada), e rodovias como a Transamazônica, a BR-163 (Cuiabá-Santarém), a BR-174 (Manaus-Boa Vista) e a BR-210 (Perimetral Norte, que liga os estados do Amazonas, Pará, Amapá e Roraima). No processo de abrir as fronteira do Brasil ao setor produtivo, conclui a Comissão da Verdade, no período analisado mais de 8 mil indígenas foram mortos em nome do "desenvolvimento": 3.500 membros da etnia cinta-larga, em Rondônia; 2.650 waimiri-atroari, no Amazonas; 1.180 tapayuna, no Mato Grosso; 354 yanomami, entre Amazonas e Roraima; 192 xetá, no Paraná; 176 panará, no Mato Grosso; 118 parakanã, no Pará; 85 xavante da terra Marãiwatsédé, no Mato Grosso; 72 araweté, no Pará; e mais de 14 arara, no Pará.[4]

Humanos dos povos indígenas" (<http://200.144.182.130/cesta/images/stories/CAPITULO _ INDIGENA _Pages_from_Relatorio_Final_CNV _Volume_II.pdf>).

4 *Amazônia Real: Comissão da Verdade: Ao menos 8,3 mil índios foram mortos na ditadura militar* (<http://amazoniareal.com.br/

Do ponto de vista legal, as violações dos direitos territoriais indígenas pelas grandes obras da ditadura, quando não cometidas simplesmente ao arrepio das previsões constitucionais, foram em parte legitimadas por procedimentos jurídicos complementares e arbitrários. É o caso da construção da hidrelétrica de Balbina, processo no qual o desmembramento de uma área de aproximadamente 526.800 hectares da então reserva indígena waimiri-atroari foi autorizado por decreto presidencial[5]; ou da remoção forçada dos indígenas akrãtikatêjê (gavião da montanha) na implantação de Tucuruí, por vias da assinatura forçada de uma Escritura Pública de Cessão e Transferência de Direitos de seu território a favor da Eletronorte. Esses casos, como exemplos do *modus operandi* da estruturação do desenvolvimentismo extrativista como base da economia nacional, merecem menção neste contexto por sua importância na formulação de dois aspectos que se perenizaram no arcabouço da política de Estado do país: um malabarismo legal intrinsecamente fragilizador do Estado democrático de direito e um brutal colonialismo interno.

Belo Monte: meios escabrosos, fins duvidosos

Cerca de 63% da matriz energética brasileira se baseia em hidrelétricas, dentre as quais 202 são de grande porte.[6] Para além da função de conferir motricidade ao crescimento econômico do país por meio da produção de energia, no entanto,

comissao-da-verdade-ao-menos-83-mil-indios-foram-mortos-na-ditadura-militar>).

5 Stephen G. Baines, *A Usina Hidrelétrica de Balbina e o deslocamento compulsório dos Waimiri-Atroari* (<http://br.monografias.com/trabalhos/deslocamento-compulsorio-waimiri-atroari-usina/deslocamento-compulsorio-waimiri-atroari-usina.shtml>).

6 Aneel, Capacidade de geração em 2014 chega a 133,9 mil megawatts (20/1/2015<http://www.aneel.gov.br/aplicacoes/noticias/Output_Noticias.cfm?Identidade=8349&id_area=90>).

essas estruturas também desempenham um papel essencial no fortalecimento de dois setores em especial: a construção civil (grandes empreiteiras) e o setor primário-exportador. Nesse sentido, as hidrelétricas podem tanto estar diretamente ligadas a projetos extrativos – como no caso de Tucuruí, construída como parte do Projeto Grande Carajás – ou integrar complexos infraestruturais, como eclusas, hidrovias, rodovias e portos, para fins de escoamento de *commodities* agrícolas e minerais.[7]

Apontar esses elementos é importante para uma leitura mais ampla da política de infraestrutura do setor energético, principalmente quando restam questionamentos sobre a eficiência energética de projetos de grande porte e grandes custos. Ou quando a sua implementação é viabilizada ou se torna possível exclusivamente por meio do descumprimento sistemático das legislações sociais e ambientais – ou, mais além, de condutas criminosas –, como é o caso da usina hidrelétrica de Belo Monte, no rio Xingu, no Pará.

No universo dos vários elementos aqui abordados que apontam para uma crônica "dependência da ilegalidade" nas práxis que estruturam o desenvolvimentismo extrativista, Belo Monte, o mais caro entre os projetos do governo brasileiro e possivelmente o mais questionado juridicamente pelo Ministério Público Federal, parece-nos um objeto adequado para análise. A começar, numa cronologia reversa dos eventos críticos que a envolvem, pela investigação, no marco da Operação Lava Jato, do pagamento de propinas milionárias, por parte das empreiteiras

7 A exemplo do projeto Arco Norte, composto por corredores logísticos como as BR-163, BR-364 e BR-158, por estruturas portuárias nos estados do Amazonas, Pará, Maranhão e Bahia, a construção da hidrovia Tapajós-Teles Pires, quatro eclusas no rio Tapajós e seis no Teles Pires, além de terminais portuários em Santarém, Miritituba e Itaituba, no Pará (<http://rosaluxspba.org/planejamento-energetico-os-brics-e-uma-igreja-que-sangrou>).

construtoras, a políticos integrantes e partidos da base do governo para viabilizar sua participação em uma obra de cerca de R$ 30 bilhões.

As inconsistências e irregularidades que fizeram de Belo Monte o mais polêmico projeto infraestrutural brasileiro do início do século XXI têm caráter diverso e tempos distintos.

A exemplo da hidrelétrica de Balbina, considerada hoje o maior desastre socioambiental e econômico da matriz energética nacional por seu enorme impacto e baixa eficiência energética (produz cerca de 64 MW de energia firme, dos 250 MW de potência instalada), o barramento do rio Xingu, igualmente gestado no período da ditadura militar (primeiramente sob o nome de Kararaô, rebatizado posteriormente de Belo Monte), tem uma eficiência energética de apenas 39% (a energia firme deve se resumir a 4 mil MW dos 11 mil MW de potência instalada). Ainda assim, R$ 22,5 bilhões dos R$ 30 bilhões gastos na construção de Belo Monte foram financiados com recursos públicos pelo BNDES, a despeito das mais de vinte ações do Ministério Público Federal por infrações de premissas constitucionais, da legislação socioambiental e de obrigações referentes ao licenciamento ambiental, bem como ao posterior descumprimento de condicionantes da obra.

Iniciados em 1975, os estudos do potencial energético da bacia do Xingu apontaram para a viabilidade técnica de construção de sete grandes hidrelétricas no rio, cuja execução causaria o alagamento de mais de 18 mil km² e impactos diretos em doze terras indígenas. O trabalho de mapeamento foi realizado pelo Consórcio Nacional de Engenheiros Consultores S.A., integrante do grupo Camargo Corrêa.[8] Um intenso processo de resistência e mobilização social interno e internacional durante a década de 1980, aliado à então dependência brasileira de financiamento do Banco Mundial, levaram o governo a reestruturar o projeto e restringir o aproveitamento hidrelétrico do Xingu inicialmente a uma única usina (Belo Monte), remodelada tecnicamente para reduzir os impactos derivados do alagamento de seu reservatório.

Apesar de desacelerar o ritmo de implantação do barramento do Xingu na década de 1990 – principalmente depois do histórico encontro indígena em Altamira contra o projeto, quando a foto da índia Tuira Kayapó encostando a lâmina de seu facão no rosto do então diretor da Eletrobrás, Muniz Lopes, ganhou o mundo –, o governo federal nunca deixou de dar andamento aos estudos de viabilidade, que adquiriram consistência no governo de Fernando Henrique Cardoso, do PSDB.

Em 2002, o PT, com chances cada vez maiores no pleito presidencial daquele ano, inclui em seu programa de governo um capítulo sobre a Amazônia – "O lugar da Amazônia no desenvolvimento do Brasil"[9] – no qual faz uma crítica contundente aos projetos hidrelétricos:

> *Dois projetos vêm sendo objeto de intensos debates na região: a Usina Hidrelétrica de Belo Monte, no Pará, e o Gás de Urucu, no Amazonas (...). Considerando as*

8 O mais completo histórico do projeto da usina hidrelétrica de Belo Monte foi elaborado pelo Instituto Socioambiental, que acompanhou o processo desde os primórdios do Complexo Kararaô.

9 Programa de governo do Partido dos Trabalhadores 2002 (<http://www.fpabramo.org.br/uploads/olugardaamazonianodesenvolvimento.pdf>).

especificidades da Amazônia, e o conhecimento fragmentado e insuficiente que se acumulou sobre as diversas formas de reação da Natureza em relação ao represamento em suas bacias, não é recomendável a reprodução cega da receita de barragens que vem sendo colocada em prática pela Eletronorte.

E continua:

Usinas hidrelétricas como Tucuruí foram construídas para fornecer energia subsidiada para grandes projetos de exploração mineral que não internalizam o desenvolvimento. A ineficiência desse tipo de obra foi duramente revelada com a construção de Balbina, que alagou 3 mil km² de florestas e não tem força para abastecer Manaus nos verões mais rigorosos. Balbina se revelou um documento da insanidade na tomada de decisão sem atenção aos interesses coletivos.

Após vencer as eleições, no entanto, a leitura do PT sobre o anacronismo do modelo de desenvolvimento amazônida dá lugar a um pragmatismo ordinário. Já em maio de 2003, o governo Lula anuncia a retomada dos estudos de impacto ambiental para a construção de Belo Monte.

A partir de então, o que se segue é uma inobservância patológica dos regramentos e legislações ambientais aplicáveis a uma obra desse porte – processo que pode ser visualizado nas dezenas de ações judiciais do Ministério Público Federa no Pará contra o empreendimento.[10] Exemplar, nesse sentido, são as ações civis públicas do ano de 2009 sobre o licenciamento do projeto. A lista de irregularidades questionadas e medidas exigidas inclui a ausência de avaliação ambiental integrada do rio; nulidade do inventário hidrelétrico do rio;

10 *Belo Monte: os problemas do projeto e a atuação do MPF* <http://www.prpa.mpf.mp.br/news/2010/noticias/belo-monte-os-problemas-do-projeto-e-a-atuacao-do-mpf/?searchterm=belo%20monte>.

nulidade da aprovação do Estudo e do Relatório de Impacto Ambiental, porque incompleto; violação dos princípios da participação popular, da publicidade, da razoabilidade, da finalidade, da motivação, da legalidade; violação do direito de informação e participação da população nos processos decisórios sobre o projeto; metodologia falha de audiências públicas; número de audiências insuficiente para atender os atingidos, entre outros.

O primeiro grande delito do governo em relação à população ameaçada pela usina, e que reproduziu as práticas autoritárias da ditadura, foi a ignorância consciente do direito à consulta prévia, livre e informada, prevista pela Constituição Federal (artigo 231, parágrafo 3º) nestes termos:

> *O aproveitamento dos recursos hídricos, incluídos os potenciais energéticos, a pesquisa e a lavra das riquezas minerais em terras indígenas, só podem ser efetivados com autorização do Congresso Nacional, ouvidas as comunidades afetadas.*

A Convenção 169 da Organização Internacional do Trabalho, da qual o país é signatário, vai na mesma direção ao estabelecer a necessidade de

> *consultar os povos interessados, mediante procedimentos apropriados e, particularmente, através de suas instituições representativas, cada vez que sejam previstas medidas legislativas ou administrativas suscetíveis de afetá-los diretamente.*

A aplicação das consultas no caso de Belo Monte, na avaliação do Ministério Público Federal, de organizações de Direitos Humanos e de juristas nacionais e internacionais, se fez necessária uma vez que, apesar de não haver alagamento de terras indígenas, cerca de 100 km do rio terão a vazão drasticamente reduzida, impossibilitando a continuidade do modo de vida de ao menos três aldeias, além de dezenas de pescadores e ribeirinhos. Não obstante e sem realizar as oitivas obrigatórias, em 2005 o Congresso Nacional aprova, em tempo recorde, o decreto que autorizou a implantação de Belo Monte, o que leva a Procuradoria Geral da República a pedir sua anulação no Supremo Tribunal Federal por meio de uma Ação Direta de Inconstitucionalidade.[11]

A não realização de consultas aos indígenas ameaçados por Belo Monte tem relevância no contexto da reorientação autoritária do governo brasileiro por ter sido o disparador de uma grave contenda internacional com a Comissão Interamericana de Direitos Humanos da Organização dos Estados Americanos. Em função da persistente inobservância das exigências legais no processo de licenciamento da obra, da utilização sistemática de manobras do Judiciário contra as imputações do Ministério Público Federal, e diante da virtual impossibilidade de lograr domesticamente a resolução das pendências jurídicas de Belo Monte, em 2010 um grupo de organizações de Direitos Humanos nacionais e internacionais impetrou junto à Comissão Interamericana uma ação para que o Brasil fosse instado a salvaguardar os Direitos Humanos de povos indígenas e outras populações locais, conforme as legislações nacional e internacional. Após análise dos argumentos do governo brasileiro acerca do mérito das questões apresentadas, em abril de 2011 a Comissão acata as denúncias da sociedade civil e decide recomendar ao Brasil que suspenda imediatamente o processo de licenciamento da hidrelétrica e

11 Na época, os ministros do Supremo Tribunal Federal consideraram que a corte não seria a instância correta para decidir o mérito da causa, encerrando o processo. Assim, nova ação civil pública é ajuizada pelo Ministério Público Federal, que segue aguardando julgamento de mérito no Supremo.

impeça a realização de qualquer obra material de execução, até que adote uma série de medidas cautelares – em especial, a consulta livre, prévia e informada – que assegurasse os direitos básicos das populações indígenas.

A reação do governo brasileiro foi violenta. Uma primeira resposta do Ministério das Relações Exteriores qualificou as solicitações da Comissão Interamericana de "precipitadas e injustificáveis". Em seguida, a presidenta Dilma Rousseff convocou de volta ao país seu representante na Organização dos Estados Americanos, suspendeu o repasse de recursos e anunciou que a partir de 2012 o Brasil deixaria o órgão. Concomitantemente, o governo brasileiro deu seguimento à construção de Belo Monte, amparado, em grande medida, em dois mecanismos profundamente antidemocráticos: o instrumento jurídico da suspensão de segurança (ou suspensão de liminar) e a repressão.

Os ecos estridentes do totalitarismo

Definida como "terror jurídico-ditatorial" pelo jurista e desembargador Antonio de Souza Prudente, a figura da suspensão de segurança foi criada em 1964, ano do golpe militar no Brasil. Grosso modo, outorgou a um presidente de tribunal a prerrogativa de suspender monocraticamente qualquer ação liminar que, independente de seu mérito, fosse considerada lesiva "à ordem, à saúde, à segurança e à economia públicas". Em 1992, o instrumento foi reeditado no governo do presidente Fernando Collor de Melo, "ampliando o perfil adamastor da suspensão de segurança para incluir, autoritariamente, a execução de liminares nas ações movidas contra o Poder Público ou seus agentes".[12]

12 Antônio de Souza Prudente, "Direito ambiental: o terror

Em 2001, a edição de uma nova medida provisória sobre a matéria revigorou, na análise de Souza Prudente,

> *os cadáveres normativos do regime de exceção, para assegurar a política governamental das privatizações de empresas estatais, e, agora, também, o programa energético do governo federal, devastador das florestas brasileiras e, sobretudo, do bioma amazônico, (...) no perfil arrogante da ideologia capitalista neoliberal, em permanente agressão ao princípio da proibição do retrocesso no Estado democrático de direito (...).*

De acordo com o jurista,

> *a referida medida provisória nº 2.180-35/2001 atinge o grau máximo desse terror jurídico-ditatorial na suspensão de segurança, quando determina que "a suspensão deferida pelo presidente do tribunal vigorará até o trânsito em julgado da decisão de mérito na ação principal".*

No histórico das ações judiciais do Ministério Público Federal referentes a irregularidades cometidas ao longo dos processos de licenciamento e implementação de hidrelétricas nos rios amazônicos do Madeira, em Rondônia, Teles Pires, no Mato Grosso, Tapajós e Xingu, no Pará,[13] a suspensão de segurança tem sido sistematicamente aplicada, a partir de requerimentos da Advocacia Geral da União, com efeitos perversos. Já incluída no cálculo a morosidade da Justiça no julgamento do mérito das ações, o uso dessa manobra judicial pelo governo, em conivência com parcela do Judiciário, permitiu

jurídico-ditatorial da suspensão da segurança e a proibição do retrocesso no Estado democrático de direito" (*Revista Direito em Ação*, Brasília, UNB, v.11, n.2, 2013 <https://portalrevistas.ucb.br/index.php/RDA/article/view/5857>).

13 Respectivamente, as hidrelétricas de Jirau e Santo Antonio, Teles Pires, Sinop, Colíder, Magessie e São Manuel, São Luiz do Tapajós e Belo Monte.

o prosseguimento das obras de forma a, no caso de Belo Monte, concretizar a íntegra dos prejuízos sociais e ambientais apontados nos questionamentos legais.

Se levada em conta a já referida ineficiência energética de Belo Monte e seu custo exorbitante, resta que se explique em qual das exceções componentes da suspensão de segurança – prejuízo à ordem, à saúde, à segurança e à economia públicas – se baseiam as decisões que julgaram procedentes a sua aplicação, uma vez que as ações liminares por ela anuladas visaram exatamente prevenir prejuízo à ordem, à saúde, à segurança e à economia públicas.

Ou seja, para além do desvio de um exorbitante montante de recursos investigado na Operação Lava Jato, e da lesão à economia pública, a decisão política à margem da institucionalidade jurídica que viabilizou Belo Monte causou danos irreparáveis à ordem, à saúde e à segurança das populações locais. Obviamente tais fatores desencadearam inúmeras ações de resistência, tanto por parte de movimentos sociais quanto no interior da própria obra, em função da precarização do trabalho dos operários. Aos pleitos e protestos destes atores, a resposta do governo federal e dos empreendedores da usina foi o acirramento de ações repressoras tanto por vias da Força Nacional de Segurança Pública, que em 2013 foi transmutada em "guarda pretoriana" do governo federal[14] e se instalou no interior do canteiro de Belo Monte, quanto de manobras mais rasteiras, como a aplicação de interditos proibitórios a lideranças sociais ou até de espionagem contra o Movimento Xingu Vivo para Sempre, principal força de oposição à Belo Monte.

14 João Rafael Diniz, *A nova guarda pretoriana de Dilma Rousseff* (4/4/2013 <http://reporterbrasil.org.br/2013/04/a-nova-guarda-pretoriana-de-dilma-rousseff/?gclid=CJOu6IX9v8cC-FVUGkQodvOgApw>).

Em 2014, a Federação Internacional de Direitos Humanos iniciou uma investigação sobre casos de espionagem contra os movimentos sociais envolvendo empresas privadas, como a mineradora Vale, acionista de Belo Monte, e o consórcio construtor da usina. De acordo com a investigação,

> *os testemunhos e os documentos obtidos parecem confirmar que Vale e Belo Monte incorreram em delitos de corrupção, acesso a informação confidencial, gravações clandestinas, usurpação de identidade, acesso ilícito a bancos de dados públicos e demissão injustificada de empregados. Esses delitos teriam ocorrido com a cumplicidade de agentes do Estado. Alguns documentos demonstram subornos a agentes do Estado e um possível apoio da Agência Brasileira de Inteligência (Abin) no caso de Belo Monte e de agentes da Abin licenciados no caso da Vale, tudo isso contra atores e ONGs considerados por essas empresas como possíveis travas em suas atividades.*[15]

Os ninguéns

O discurso que justifica Belo Monte,[16] assim como os demais superlativos aplicados ao setor produtivo primário e suas estruturas de suporte, é uma das mais perversas expressões de um colonialismo interno que permeia não apenas as políticas de Estado do governo, mas o imaginário de uma numerosa parcela predominantemente urbana

15 FIDH-BRASIL: Vale e Belo Monte sob suspeita de espionagem: a Justiça tem que investigar. Disponível em <https://www.fidh.org/pt/americas/brasil/14676-brasil-vale-e-belo-monte-sob-suspeita-de-espionagem-a-justica-tem-que>.

16 O principal argumento do governo em favor da construção da usina, vendida como segunda maior hidrelétrica do mundo a despeito da ocultada ineficiência energética, é que Belo Monte protegerá o país de um apagão energético, principalmente diante das projeções (irreais) de um crescimento do Brasil de cerca de 4% ao ano.

da sociedade brasileira. As (falsas) ameaças de que haverá faltas – de conforto, do direito de consumir, da perspectiva de acumular ou simplesmente do básico indispensável à sobrevivência – caso "não seja feito o que tem que ser feito" se alinham à premissa de que o desenvolvimento da nação exige seus sacrifícios. Sob a condição, é claro, de que os sacrificados sejam os outros, os invisíveis, os atrasados, os obstáculos ao crescimento, os que "estão acostumados a viver no limbo" e, por isso, "não são como nós nem têm as nossas necessidades".

A dissociação ou ausência de empatia com as populações camponesas e tradicionais que historicamente habitam e zelam pelos territórios cobiçados pelo setor produtivo e seu planejamento infraestrutural é uma patologia que supostamente se verificaria nos escopos ideológicos de direita. A solidez com que o desenvolvimentismo parasitário se hegemonizou sob o totalitarismo do regime militar, no entanto, ressurgiu e se instalou com a mesma desenvoltura nos projetos políticos do progressismo moderno, suplantando com uma surpreendente naturalidade princípios humanitários diante dos desafios de lidar com o capitalismo interno e transnacional.

Este fenômeno, de acordo com o sociólogo mexicano Pablo Gonzales Casanova, pode ser visto da seguinte forma, a despeito de políticas assistencialistas que visem ações compensatórias aos desfavorecidos do capitalismo:

> *Se, como afirmara Marx, "um país se enriquece à custa de outro país" é igual a "uma classe se enriquece à custa de outra classe", em muitos Estados-nação que provêm da conquista de territórios, chame-se Impérios ou Repúblicas, a essas duas formas de enriquecimento juntam-se as do colonialismo interno.*

Explica Casanova:

> *A força dos centros de poder mundial e dos antigos países imperialistas também provém da estruturação e reestruturação de mediações nos sistemas sociais, com refuncionalizações "naturais" e induzidas das classes, camadas e setores médios, e de políticas de distribuição que incluem desde "estímulos" especiais ao grande capital e seus associados, até políticas de marginalização, exclusão e eliminação das populações mais discriminadas e desfavorecidas, tudo combinado com políticas de prêmios e castigos que, nos Estados benfeitores, correspondem a direitos sociais, e nos neoliberais a donativos focalizados e ações humanitárias*[17].

Em um contexto no qual se fazem cada vez mais urgentes as reflexões acerca dos futuros possíveis do planeta, a revalorização do elemento gentileza nas relações entre os seres humanos e destes com a Natureza certamente é essencial em um processo de resistência à desintegração das sociedades que o compartilham. A crítica à fragilização do Estado democrático de direito, aos desvios éticos e ao racismo e colonialismo interno intrínsecos às práticas adotadas pelo desenvolvimentismo extrativista tal qual tem se expressado nos casos aqui analisados não significa a defesa de um retrocesso tecnológico, econômico ou cultural. Outrossim, é um apelo contra a naturalização da predação bruta e obtusa dos bens naturais, das populações e dos territórios mais frágeis e dos sistemas jurídicos, constitucionais e éticos que os protegem. Porque isso nada tem a ver com "desenvolvimento" no sentido de aperfeiçoamento civilizatório. O civilizatório é outra coisa, e propõe outros paradigmas.

17 Pablo Casanova González, "Colonialismo interno (uma redefinição)" (In: Atilio A. Borón; Javier Amadeo; Sabrina González [orgs.], *A teoria marxista hoje. Problemas e perspectivas*. São Paulo: Clacso, 2007).

12

Felício de Araújo Pontes Junior é procurador da República no Pará. Autor de várias Ações Civis Públicas em favor do meio ambiente e das populações atingidas pela construção da usina hidrelétrica de Belo Monte. Mestre em Teoria do Estado e Direito Constitucional pela Pontifícia Universidade Católica do Rio de Janeiro. Exerceu a docência na Universidade da Amazônia.

Lucivaldo Vasconcelos Barros é professor adjunto e pesquisador da Universidade Federal do Pará. Doutor em Desenvolvimento Sustentável pela Universidade de Brasília. Analista do Ministério Público da União – especialidade Biblioteconomia. Assessor Especial de Estudos e Pesquisa Jurídica da Procuradoria da República no Pará. Bacharel em Direito pela Universidade da Amazônia e em Biblioteconomia pela Universidade Federal do Pará.

A Natureza como sujeito de direitos

A proteção do Rio Xingu em face da construção de Belo Monte

Felício de Araújo Pontes Júnior
Lucivaldo Vasconcelos Barros

Quando os primeiros abolicionistas brasileiros do século XVIII proclamaram os escravos como sujeitos de direitos, foram ridicularizados. No mesmo sentido, foram hostilizados os defensores do sufrágio universal, já no século XX, ao lutar pela paridade de direitos no processo eleitoral, exigindo o voto para a mulher ou para os que eram hipossuficientes do ponto de vista financeiro. Da mesma forma, nas relações de trabalho, a qualidade de vida dos operários, o descanso, o direito de trabalhar 44 horas semanais, maior atenção ao fator psicológico e a valorização do homem enquanto ser intimamente ligado com o seu ambiente, eram questões distantes da pauta da responsabilidade social das empresas e instituições.

Foram muitas as lutas e conquistas por direitos na história recente, em várias dimensões da vida humana. Em todos esses casos, a sociedade obteve incalculáveis ganhos, não apenas para o homem, mas para o conjunto dos seres que compõem o universo vivo e não vivo, numa relação simbiótica de interdependência.

Agora, o desafio da humanidade é caminhar para o reconhecimento da Natureza como sujeito de direitos. A visão antropocêntrica utilitária está superada, o que significa dizer que os humanos não podem mais submeter os recursos da Natureza a uma exploração ilimitada. É o que hoje prelecionam José Rubens Morato Leite e Patryck de Araújo Ayala ao desconstruir a visão antropocêntrica. Para eles,

> *a ideia do passado, enraizada entre nós, de que o homem domina e submete a Natureza à exploração ilimitada, perdeu seu fundamento (...) A tendência atual é evoluir-se em um panorama menos antropocêntrico, em que a proteção da Natureza, pelos valores que representa em si mesma, mereça um substancial incremento (...) Hoje a defesa do meio ambiente está relacionada a um interesse intergeracional e com necessidade de um desenvolvimento sustentável, destinado a preservar os recursos naturais para as gerações futuras, fazendo com que a proteção antropocêntrica do passado perca fôlego, pois está em jogo não apenas o interesse da geração atual.*[1]

Na mesma linha de orientação, Fernanda Andrade Mattar Furtado[2] expõe que a velha doutrina antropocêntrica, de caráter e interesse utilitário, pode ser sintetizada como uma visão relacional do homem com a Natureza que "nega o valor intrínseco do meio ambiente e dos recursos naturais, o que resulta na criação de uma hierarquia na qual a humanidade detém posição de superioridade, acima e separada dos demais membros da comunidade natural".

1 José Rubens Morato Leite; Patryck de Araújo Ayala, "A transdisciplinariedade do direito ambiental e sua equidade intergeracional" (*Revista de Direito Ambiental*, v.6, n.22, p.62-80, abr./jun. 2001), p.67.

2 Fernanda Andrade Mattar Furtado, "Concepções éticas da proteção ambiental" (*Direito Público*, n.3, p.150-160, jan./mar. 2004), p.151.

Para Klaus Bosselmann,[3] na medida em que a visão antropocêntrica utilitária do direito ambiental subjuga todas as outras necessidades, interesses e valores da Natureza em favor daqueles relativos à humanidade, as vítimas da degradação, em última instância, serão sempre os seres humanos, e não o meio ambiente.

Se a sociedade insistir nesse caráter utilitário, portanto, o meio ambiente se verá privado de uma proteção direta e independente. E, para uma proteção ambiental integral e efetiva, é necessário assegurar direitos fundamentais à vida de todos os seres – e, consequentemente, assegurar saúde e qualidade para essas vidas, como fatores determinantes para o próprio bem-estar humano e de outros seres, já que a Natureza possui valor intrínseco, não apenas instrumental.

Essa nova doutrina, portanto, surgiu da ameaça causada pela exploração irracional da Natureza. Hoje, todos os povos e espécies vivas já sentem as consequências ambientais dessa exploração.

A vertente antropocêntrica utilitária colocou em risco a própria humanidade, daí a necessidade de impor limitações éticas e ecológicas à ação humana.

No dizer de John McCormick,[4] a compreensão sobre o ambiente natural emergiu de pesquisas conce-

3 Klaus Bosselmann, "Human rights and the environment: the search for common ground" (*Revista de Direito Ambiental*, São Paulo, v.6, n.23, p.35-52, jul.-set. 2001), p.42.

4 John McCormick, *Rumo ao paraíso: a história do movimento ambientalista* (Rio de Janeiro: Relume-Dumará, 1992).

bidas nos séculos XVIII e XIX, afetando profundamente a visão do homem quanto a seu lugar na Natureza. O domínio sobre o meio ambiente era visto como essencial para o progresso e para sobrevivência da raça humana. Mas uma "consciência biocêntrica" foi surgindo gradualmente, reforçando o restabelecimento do sentido de inter-relação entre homem e Natureza e a aceitação de uma responsabilidade moral relacionada à proteção ambiental.

Trata-se, como afirma Fernanda Furtado, da conciliação entre os Direitos Humanos e os Direitos da Natureza. Assim, diz a jurista,

> *a Natureza perde seu caráter instrumental, todos os seres vivos possuem valor próprio, que não pode ser mensurado de acordo com sua utilidade para as aspirações humanas. Da mesma forma, a biodiversidade também deve ser valorada por ela mesma, e não apenas por contribuir para o bem-estar humano (...) Em termos econômicos, as constrições ao desenvolvimento com base no meio ambiente é a matriz básica. Os bens e serviços a serem produzidos devem ser apenas aqueles necessários para a sociedade, o parâmetro não deve ser a rentabilidade, e a eficiência econômica deve ser medida pelo grau de afetação aos recursos naturais.*[5]

Não se está aqui defendendo uma mudança radical para o ecocentrismo profundo (*deep ecology*), uma vez que apenas o ser humano é capaz de reconhecer e respeitar a moralidade. É claro, como diz Furtado,[6] que "a proteção ambiental não pode escapar de um mínimo de antropocentrismo", mas a grande questão está na inclusão do meio

5 Fernanda Andrade Mattar Furtado, "Concepções éticas da proteção ambiental", op. cit., p.152.

6 Ibid., p.155.

ambiente no código moral, gerando deveres de proteção ambiental para todos.

De acordo com Shelton,

> *os seres humanos não são membros separados do Universo. Antes, são participantes interligados e interdependentes com a missão de proteger e conservar todos os elementos da Natureza, sejam conhecidos ou não seus benefícios ou atual utilidade econômica. Essa finalidade antropocêntrica deve ser diferenciada do utilitarismo.*[7]

Os Direitos da Natureza

A tese sobre os Direitos da Natureza foi proposta pela primeira vez em 1972, com a publicação do ensaio *Should trees have standing?*, de Christopher Stone. Desde então, intensificaram-se debates entre juristas, teólogos, filósofos e sociólogos no sentido de admitir a Natureza como sujeito de direitos. Hoje, as ideias desenvolvidas nesta publicação embasam diversas legislações municipais do estado da Pensilvânia, nos Estados Unidos, bem como a Convenção sobre a Diversidade Biológica das Nações Unidas, assinada no Rio de Janeiro em 1992 e promulgada no Brasil em março de 1998.

Já a Constituição do Equador, em seu artigo 71, afirma pela primeira vez que "a Natureza ou *Pacha Mama*, onde se reproduz e realiza a vida, tem direito a

7 Shelton citado por Klaus Bosselmann, "Human rights and the environment", op. cit., p.43. Tradução livre do texto: "[H]umans are not separable members of the universe. Rather, humans are interlinked and interdependent participants with duties to protect and conserve all elements of nature, whether or not they have known benefits or current economic utility. This anthropocentric purpose should be distinguished from utilitarianism".

que se respeite integralmente sua existência e a manutenção e regeneração de seus ciclos vitais, estrutura, funções e processos evolutivos". Diz ainda a Carta equatoriana que "toda pessoa, comunidade, povo ou nacionalidade poderá exigir à autoridade pública o cumprimento dos Direitos da Natureza".

De acordo com Eduardo Gudynas,

> *a nova Constituição reconheceu pela primeira vez os Direitos da Natureza, definidos como o "direito pelo qual se respeita integralmente sua existência, manutenção e regeneração de seus ciclos vitais, estrutura, funções e processos evolutivos". É a primeira vez que se inclui esta perspectiva em um texto constitucional, pelo menos no hemisfério ocidental.*

Ao comentar tal dispositivo constitucional, Alberto Acosta afirma que,

> *nos Direitos da Natureza, o centro está posto na Natureza, que inclui, certamente, o ser humano. A Natureza vale por si mesma, independentemente da utilidade ou dos usos que o ser humano fizer dela. É isto que representa uma visão biocêntrica. Esses direitos não defendem uma Natureza intocada, que nos leve, por exemplo, a deixar de fazer plantações, pesca ou pecuária. Esses direitos defendem a manutenção dos sistemas de vida, os conjuntos de vida. Sua atenção se fixa nos ecossistemas, nas coletividades, não nos indivíduos. Pode-se comer carne, peixes e grãos, por exemplo, enquanto se assegure que haja ecossistemas funcionando com suas espécies nativas.*[8]

8 Alberto Acosta, "Por uma declaração universal dos Direitos da Natureza: reflexões para a ação" (*Ecodebate: cidadania & meio ambiente*, Rio de Janeiro, mar. 2011 <http://www.ecodebate.com.br/2011/03/31/por-uma-declaracao-universal-dos-direitos-da-natureza-reflexoes-para-a-acao-artigo-de-alberto-acosta/>).

Belo Monte e seus impactos na Volta Grande do Xingu

A construção da usina hidrelétrica de Belo Monte, no Pará, atinge de maneira especial a região conhecida como Volta Grande do Xingu, uma área de 622 km^2. Em um trecho de 100 km de extensão, a vazão do rio vai diminuir drasticamente, ficando o ano inteiro nos níveis de forte estiagem. Esse fator poderá ser fatal para uma série de espécies animais e vegetais.

A Volta Grande do Xingu é considerada de "importância biológica extremamente alta" pelo Ministério do Meio Ambiente. A região é refúgio de 45 espécies de aves tidas como extintas na região da usina hidrelétrica de Tucuruí e possui cavernas que abrigam peixes endêmicos de uma única e singular cavidade.

No que se refere à ictiofauna, ao tratar do problema os cientistas avaliam que:

> *Esse trecho [Volta Grande] do rio Xingu é formado por uma série de canais anastomosados, corredeiras e habitats únicos que terão sua funcionalidade perdida. A vazão reduzida irá provocar a mortandade de milhões de peixes ao longo dos 100 km ou mais da Volta Grande e não há medida a ser tomada que mitigue ou sequer compense esse impacto. Conclusões comprometidas: apenas com base no caráter irreversível do impacto sobre a ictiofauna no Trecho de Vazão Reduzida, a conclusão técnica que deveria ser formalizada no EIA é de que o empreendimento hidrelétrico de Belo Monte, do ponto de vista da ictiofauna, é tecnicamente inviável, visto que irá destruir uma grande extensão de ambientes de corredeiras tanto no Trecho de Vazão Reduzida quanto na área do lago. Não existe compensação ambiental à altura desses impactos sobre*

a ictiofauna. Esta conclusão não é apresentada em nenhum momento no EIA *Ictiofauna e demonstra que os impactos foram mencionados, mas não foram dimensionados na sua realidade e irreversibilidade.*[9]

Nesse sentido, é importante destacar que espécies de peixes como o acari-zebra (*Hypancistrus zebra*) e o pacu-capivara (*Ossubtus xinguense*) "são registradas apenas na área da Volta Grande do rio Xingu e em nenhum outro lugar do planeta. Essas espécies constam da Lista de Espécies Ameaçadas de Extinção do Brasil",[10] tendo sido incluídos na Lista Nacional de Invertebrados Aquáticos e Peixes Ameaçados de Extinção.

Sobre os quelônios, a vazão reduzida levará ao extermínio das principais áreas de alimentação desses animais:

> *Uma vazão adequada é capaz de inundar as florestas aluviais, possibilitando aos animais entrar na floresta para se alimentar, é fundamental para garantir a estabilidade das populações dos quelônios, já que esta é sua principal estratégia de vida. Com a redução da vazão na Volta Grande do Xingu, é esperado que os animais fiquem confinados permanentemente na calha do rio, nos mesmos ambientes que utilizam durante o verão. Nessas condições, a viabilidade das populações ali isoladas fica comprometida pela falta de alimento, restando aos animais alimentarem-se do que estará disponível no substrato, de neustofagia (detritos que flutuam na superfície) e de animais mortos. Também deverá ocorrer uma maior pressão de captura desses animais semiconfinados por parte das populações humanas que vivem, pescam ou caçam na região.*

9 Janice Muriel et al. Cunha, "Avaliação do EIA-Rima: ictiofauna" (In: Sônia M. S. B. M. Santos; Francisco Del Moral Hernandez [Orgs.]. *Painel dos especialistas: análise crítica do Estudo de Impacto Ambiental do Aproveitamento Hidrelétrico de Belo Monte*. Belém: ISA, 2009 <http://www.socioambiental.org/banco_imagens/pdfs/Belo_Monte_Painel_especialistas_EIA.pdf>), p.150.

10 Ibid.

Pior é que isso deverá ocorrer durante todo período do ano e não somente no verão, como sucede em condições normais.[11]

A perda do equilíbrio ecológico levará também ao

aumento da incidência de insetos que se alimentam de sangue humano em diferentes partes do reservatório e da área de vazão reduzida (...) Experiências anteriores, como a hidrelétrica de Tucuruí, resultaram em explosões das populações de insetos vetores de doenças – em algumas populações, a malária atingia mais de uma em cada quatro pessoas, chegava-se a experimentar 500 picadas por hora e alguns dos insetos nascidos no reservatório eram encontrados a 12 km do mesmo.[12]

Pode-se concluir, portanto, com base nos pareceres científicos, que parte considerável da biodiversidade que compõe o ecossistema conhecido como Volta Grande do Xingu morrerá. Além disso, essa intervenção humana causará radical mudança no modo de vida dos povos que a habitam, especialmente os povos indígenas, que serão removidos de seu território.

A Volta Grande do Xingu como sujeito de direito

A proteção legal dos ecossistemas naturais e do meio ambiente, no sentido de lhes garantir direitos, está

11 Geraldo Mendes dos Santos, "Impacto sobre quelônios e mamíferos aquáticos" (In: Sônia M. S. B. M. Santos; Francisco Del Moral Hernandez [Orgs.], *Painel dos especialistas*, op. cit.), p.162.

12 Hermes Fonseca de Medeiros, "Avaliação de impactos do projeto de Aproveitamento Hidrelétrico de Belo Monte sobre a vida selvagem, incluindo implicações socioeconômicas" (In: Sônia M. S. B. M. Santos; Francisco Del Moral Hernandez [Orgs.]. *Painel dos especialistas*, op. cit.), p.181.

presente tanto na Constituição brasileira quanto em instrumentos internacionais dos quais o país é signatário. Neste sentido, destacamos: o dever constitucional do poder público em "proteger a fauna e a flora, vedadas, na forma da lei, as práticas que coloquem em risco sua função ecológica, provoquem a extinção das espécies ou submetam os animais a crueldade"; a Política Nacional do Meio Ambiente, que versa sobre o "conjunto de condições, leis, influências e interações de ordem física, química e biológica, que permite, abriga e rege a vida em todas as suas formas"; a Declaração Universal dos Direitos dos Animais da Unesco; e a Convenção sobre Diversidade Biológica da ONU.

No Brasil, de acordo com Marcilene Aparecida Ferreira,

> *a defesa dos Direitos da Natureza foi apresentada pela primeira vez ao judiciário na Ação Civil Pública interposta pelo Ministério Público Federal do Pará no dia 17 de agosto de 2011 com pedido de paralisação das obras da hidrelétrica de Belo Monte, no Rio Xingu.*[13]

No entanto, já em 2004 o Superior Tribunal de Justiça pronunciou-se de maneira bastante progressista em relação a uma ação do Ministério Público Federal acerca do impacto sobre a zona costeira e o mar territorial pela dragagem do Rio Itajaí-Açu, em Santa Catarina.

O confronto entre o direito ao desenvolvimento e os princípios do direito ambiental deve receber solução em prol do último, haja vista a finalidade que este tem de preservar a qualidade da vida humana na Terra. O seu objetivo central é proteger o patrimônio pertencente às presentes e futuras gerações.

13 Marcilene Aparecida Ferreira, "Pacha Mama: os Direitos da Natureza e o novo Constitucionalismo na América Latina" (*Revista de Direito Brasileira*, v.3, n.4, p.400-423, jan.-abr. 2013), p.417.

Em determinado trecho do voto-condutor nesta matéria, está claro o acolhimento da nova doutrina que dota o direito ambiental de alargamento e eficácia, estabelecendo que esse ramo do Direito integra a terceira geração de direitos fundamentais, ao lado do direito à paz, à autodeterminação dos povos, ao desenvolvimento, à conservação e utilização do patrimônio histórico e cultural e do direito de comunicação.
A análise desses princípios e o alargamento dos seus efeitos permitem que, com base nas suas mensagens, possamos elencar que o direito ambiental tem as seguintes características:

- o direito ao meio ambiente ecologicamente equilibrado é um direito fundamental, com dimensões objetivas e subjetivas;
- inexistem limites para o exercício do direito fundamental ao meio ambiente quando a sua aplicação está dirigida diretamente a alcançar seus objetivos;
- o confronto entre o direito ao desenvolvimento e os princípios do direito ambiental deve receber solução em prol do último, haja vista a finalidade que este tem de preservar a qualidade da vida humana na Terra;
- seu objetivo central é proteger o patrimônio que pertence à humanidade;
- sua filosofia de integração internacional é baseada na cooperação, "para que o direito de todos os povos ao desenvolvimento seja alcançado e, simultaneamente, sejam garantidas as condições de afirmação dos Direitos Humanos fundamentais e de proteção do meio ambiente global.[14]

14 Cris Wold, em "Introdução ao estudo dos princípios de direito internacional", capítulo do livro *Princípios de direito ambiental na dimensão internacional e comparada*, Ed. Del Rey, p. 12.

Em 2011, o Ministério Público Federal no Pará impetrou a 13ª Ação Civil Pública contra a usina hidrelétrica de Belo Monte, versando sobre os impactos irreversíveis da usina sobre o ecossistema da Volta Grande do Xingu; sobre a morte iminente do ecossistema; sobre o risco de remoção dos índios das etnias arara e juruna e demais moradores da Volta Grande; sobre a vedação constitucional de remoção; e – aí destaca-se o novo elemento – sobre a violação do direito das futuras gerações; sobre o direito da Natureza; e sobre a Volta Grande do Xingu como sujeito de direito.

Na ação, o Ministério Público Federal adotou a postulação jurídica da pesquisadora do Núcleo de Prática Jurídica da Faculdade de Direito da Universidade de Brasília, Fernanda Andrade Mattar Furtado, para fundamentar o processo:

> *A visão antropocêntrica da relação do homem com a Natureza nega o valor intrínseco do meio ambiente e dos recursos naturais, o que resulta na criação de uma hierarquia na qual a humanidade detém posição de superioridade, acima e separada dos demais membros da comunidade natural. Essa visão priva o meio ambiente de uma proteção direta e independente. Os direitos fundamentais à vida, à saúde e à qualidade de vida são fatores determinantes para os objetivos da proteção ambiental. Assim, o meio ambiente só é protegido como uma consequência e até o limite necessário para proteção do bem-estar humano. A visão antropocêntrica utilitária do direito ambiental subjuga todas as outras necessidades, interesses e valores da Natureza em favor daqueles relativos à humanidade. As vítimas da degradação, em última instância, serão, sempre, os seres humanos, e não o meio ambiente.*

Ou seja, o Ministério Público Federal argumentou que

> *é necessário impor limitações ecológicas à ação humana. Faz-se isso através da compreensão de que a Natureza possui valor*

intrínseco, não apenas instrumental. Passa-se da doutrina antropocêntrica utilitária para o antropocentrismo alargado ou moderado. Trata-se da conciliação entre os Direitos Humanos e os Direitos da Natureza.

Não há dúvida que muito se evoluiu em termos de incluir novos sujeitos como detentores de direitos no arcabouço legal brasileiro. Segundo a procuradora da República Deborah Duprat,[15] no direito pré-constitucional, "o Direito não era cego à qualidade e às competências das pessoas. Ao contrário, operava com classificações, com elementos binários, tais como: homem/mulher; adulto/criança/idoso; branco/outras etnias; proprietário/despossuído; são/doente".

A Constituição de 1988 inaugurou uma sociedade plural para reconhecer a todo cidadão a dignidade de ter direitos de toda ordem, independentemente de sua condição, categorização, opção religiosa, preferência afetiva etc. Não importam as suas condições, podem ser homens, mulheres, ricos, crianças, pobres, negros, seringueiros, quilombolas, faxinais, pescadores, ciganos, quebradeiras de babaçu, obesos, pomeranos, índios, fanhos, surdos, cegos, caiçaras e tantas outras categorias ainda invisíveis aos olhos da sociedade.

A Constituição rompeu também alguns paradigmas na área ambiental. O licenciamento, que não era regra, hoje é necessário para autorizar quaisquer empreendimentos de risco ambiental. Em seu artigo 225, a Carta protegeu a fauna e a flora das práticas que coloquem em risco sua função ecológica e provoquem a extinção das espécies ou submetam os animais à crueldade. Assim, a chamada "Constituição cidadã" estabelece direitos

15 Deborah Duprat (org.), *Pareceres jurídicos: direito dos povos e das comunidades tradicionais* (Manaus: UEA, 2007), p.13.

ambientais alargados, abrangendo a Natureza com todas as suas funções ecológicas, que, em última análise, são essenciais à vida do próprio homem.

A percepção da Natureza como sujeito de direitos não é, portanto, uma discussão apenas teórica ou doutrinária no Direito, como tende a afirmar o julgamento[16] da Ação Civil Pública, acima mencionada, que reivindica os Direitos da Natureza no contexto da construção de Belo Monte.

Quando a humanidade se depara com a escassez de recursos decorrentes de impactos ambientais, na maioria das vezes o tempo acaba sendo um senhor implacável. Mais cedo ou mais tarde, a Natureza manifestará esses sintomas. É hora, portanto, de se assegurar, sim, direitos à Natureza, pois é dela que se extraem todos os insumos que movem a vida, quer seja do ponto de vista social, cultural, econômico ou ambiental.

E Norberto Bobbio[17] menciona a possibilidade de se atribuir direito à Natureza, baseado no fato de que os direitos fundamentais são o produto de conquistas históricas. Segundo o teórico, dentro desse processo de multiplicação de direitos há uma etapa em que

> *ocorreu a passagem da consideração do indivíduo humano* uti singulus, *que foi o primeiro sujeito ao qual se atribuíram direitos*

16 "Já a alegação de ofensa à Natureza, em especial à Volta Grande do Xingu como sujeito de direito, não obstante seu apelo retórico, carece de suficiente grau de concreção, não podendo o Judiciário ser chamado a decidir sobre a matéria que ainda não ultrapassou o âmbito eminentemente teórico e que não se mostre ademais essencial para o deslinde da questão prática posta em juízo, ante a presença de outros argumentos dotados de suficiente concretude e aptos a sustentar as teses das partes postas em contenda. Falta, portanto, à alegação de ofensa à Natureza como sujeito de direito, requisito que no direito norte-americano se chama de *justiciability*, e que visa, entre outros aspectos, evitar que o Judiciário venha a ser acionado simplesmente para opinar sobre discussão de cunho eminentemente teórico, vez que não é esse o seu papel como poder constituído."

17 Citado por Fernanda Andrade Mattar Furtado, "Concepções éticas da proteção ambiental", op. cit., p.156 et seq.

naturais (ou morais) – em outras palavras, da 'pessoa' –, para sujeitos diferentes do indivíduo, como a família, as minorias étnicas e religiosas, toda a humanidade em seu conjunto (como no atual debate, entre filósofos da moral, sobre o direito dos pósteros à sobrevivência); e, além dos indivíduos humanos considerados singularmente ou nas diversas comunidades reais ou ideais que os representam, até mesmo para sujeitos diferentes dos homens, como os animais. Nos movimentos ecológicos, está emergindo quase que um direito da Natureza a ser respeitada ou não explorada, onde as palavras 'respeito' e 'exploração' são exatamente as mesmas usadas tradicionalmente na definição e justificação dos direitos do homem.[18]

Assim,

a bioética diz que a Natureza tem valor intrínseco, de direito próprio, independentemente do seu valor para os seres humanos. Como tais, os seres humanos são moralmente obrigados a respeitar as plantas, os animais e toda a Natureza, que têm direito à existência e a um tratamento humano.[19]

No sistema de proteção à vida não há que se falar em hierarquia. O homem é tão importante quanto a Natureza. Ele – o homem – não pode se sentir superior em relação aos seres que existem no meio natural ao seu redor. É necessário que haja um sentimento de pertença por parte do ser humano, como uma peça de toda biosfera, e como tal deve se colocar. O respeito mútuo entre os seres humanos deve se estender para abranger o respeito

18 Ibid., p.157.

19 Pepper citado por Fernanda Andrade Mattar Furtado, "Concepções éticas da proteção ambiental", op. cit., p152.

aos seres vivos em geral, ou seja, o respeito a todos habitantes do mesmo espaço.

Considerações finais

Mais do que uma proteção baseada no formalismo jurídico, é necessário elaborar uma consciência ética ambiental como alternativa para garantir a perpetuação da vida num planeta sujeito a tantas agressões. A tutela da qualidade do meio ambiente, com os seus múltiplos recursos, visa, em última instância, a garantia de vida enquanto bem maior da existência e a sobrevivência de todos os seres que compõem a "grande teia".

Assegurar um direito aos seres que dependem da Natureza, não importa que seja a flora, a fauna, os rios, o homem ou os animais, confere um grau último de maturidade da civilização que já se encontra no século XX. Para a proteção da Natureza, há necessidade de uma mudança sistêmica e profunda, com a quebra de paradigmas sociais, éticos e jurídicos, tendentes a construir um comportamento voltado à preservação e à sustentabilidade, e não mais a um modelo baseado na exploração irracional dos recursos naturais.

A Ação Civil Pública ajuizada em 2011 pelo Ministério Público Federal do Pará foi a primeira do gênero a enfrentar em juízo e de forma direta a questão da "Natureza como sujeito de direitos". O desafio é grande e há um longo caminho a percorrer. A discussão está apenas começando, mas um pequeno e importante passo foi dado.

13

Horacio Machado Aráoz é professor da Universidade Nacional de Catamarca, Argentina, doutor em Ciências Humanas e pesquisador do Conselho Latino-Americano de Ciências Sociais (Clacso).

O debate sobre o "extrativismo" em tempos de ressaca

A Natureza americana e a ordem colonial

Horacio Machado Aráoz

À memória de Berta Cáceres

Desde sua origem, o capital utiliza todos os
recursos produtivos do planeta...
tem a necessidade de dispor do mundo inteiro
e de não encontrar limite nenhum
na escolha de seus meios de produção.
Rosa Luxemburgo

Há pouco mais de cinco anos, imersos ainda no clima refrescante das expectativas emancipatórias abertas pela "guinada à esquerda" na América Latina, assistíamos à irrupção das discussões em torno da matriz socioprodutiva e às estratégias econômico-políticas da região como rota de saída – e, eventualmente, superação – da trágica etapa do neoliberalismo. Na ocasião, os debates sobre o "extrativismo" espalharam-se como rastro de pólvora nas sempre agitadas terras ideológico-políticas da região.[1]

1 Eduardo Gudynas, "Diez tesis urgentes sobre el nuevo extractivismo. Contextos y demandas bajo el progresismo sudamericano

Para sermos precisos, as agitações causadas pelo tema repercutiram com maior força no hemisfério ideológico de atores e referências (ou seja, políticos, intelectuais e movimentos) da esquerda. Como bem definiu o sociólogo uruguaio Eduardo Gudynas,[2] não estávamos diante de uma problemática que pudesse ser chamada de "nova", mas o contrário. O "novo" ou estranho, no caso, residia em que eram os governos e as forças políticas autoidentificadas como de esquerda que agora assumiam a defesa e o fomento de políticas centradas no aprofundamento da velha matriz primário-exportadora, aquela mesma com a qual nossas sociedades foram violentamente incorporadas ao mundo do capital e sua divisão internacional do trabalho. Essa matriz primário-exportadora – que se forjara como indelével marca colonial das economias latino-americanas, e cujas implicações externas (em termos de dependência e "desenvolvimento do subdesenvolvimento") e internas (configuração de elites oligárquicas autoritárias e rentistas, estratificação social dualista e altamente desigual etc.) foram objeto de crítica e de análise da melhor teoria social latino-americana – era agora reivindicada como uma via popular-emancipatória por políticas (ditas) de esquerda.

Como já muito se sabe, as críticas e as resistências a essas políticas foram sistematicamente rechaçadas e reprimidas, provocando uma escalada de violência que chegou a equiparar as respostas que se davam pela "direita" ou pela

actual" (In: *Extractivismo, política y sociedad*. Quito: Ceap-Claes, 2009); Alberto Acosta, "Extractivismo y neoextractivismo: dos caras de la misma maldición" (*La Línea de Fuego*, 23 dez. 2011); Maristella Svampa, "'Consenso de los Commodities' y lenguajes de valoración en América Latina" (*Revista Nueva Sociedad*, n.244, 2013. Disponível em <http://www.nuso.org/upload/articulos/3926_1.pdf>); Edgardo Lander, "El neoextractivismo como modelo de desarrollo en América Latina y sus contradicciones" (México: Fundación Heinrich Böll, 2013. Disponível em <https://mx.boell.org/sites/default/files/edgardolander.pdf>).

2 Eduardo Gudynas, "Diez tesis urgentes sobre el nuevo extractivismo", op. cit.

"esquerda" no poder. O argumento central da *esquerda governista* era que tais posturas "faziam o jogo da direita".[3] Reivindicava-se o uso estatal da renda extrativista como motor das políticas de "desenvolvimento com inclusão social" e se viam nas críticas somente tentativas solapadas ou abertas de desestabilização. Lamentavelmente, para os governos progressistas da região – e para os intelectuais e forças políticas aderentes –, o conceito de "extrativismo" acabou oficialmente se transformando em "arma ideológica" do ambientalismo de direita. O vice-presidente da Bolívia, Álvaro García Linera, oficializou essa postura, assinalando que "*por trás do recente criticismo extrativista contra os governos revolucionários e progressistas, encontra-se a sombra da restauração conservadora*".[4] Os presidentes que mais publicamente se apresentaram internacionalmente como "defensores da Mãe Terra" ou dos Direitos da Natureza foram paradoxalmente os que mais longe chegaram em suas acusações contra os movimentos sociais que tentavam frear o "extrativismo". Recentemente, o equatoriano Rafael Correa afirmou: "Não acreditem nos ambientalistas românticos, pois aquele que se opõe ao desenvolvimento do país é um terrorista".[5] No mesmo sentido, o boliviano Evo Morales sentenciou que "o ambientalismo é o novo colonialismo do século XXI".[6] O leque das desqualificações ia desde infantilismo, romanti-

3 Atilio Borón, *América Latina en la geopolítica del imperialismo* (Buenos Aires: Luxemburg, 2012).

4 Álvaro García Linera, *Geopolítica de la Amazonía: Poder hacendal-patrimonial y acumulación capitalista* (La Paz: Vicepresidencia del Estado Plurinacional de Bolivia, 2012), p.110.

5 Citado por Edgar Isch, "El extractivismo como negación de la Constitución de la República" (In: *El correísmo al desnudo*. Quito: Abya Yala, 2014).

6 Pablo Stefanoni, "¿Y quién no querría vivir bien? Encrucijadas del proceso de cambio boliviano" (*Cuadernos del Pensamiento Crítico Latinoamericano*, n.53, Clacso, 2012).

cismo, pachamamismo, até as acusações de "ecoterroristas" ou de "agentes secretos do imperialismo".

Depois, reunidos na 12ª Cúpula da Aliança Bolivariana para os Povos da Nossa América (Alba) em Guayaquil, no Equador, os governos progressistas emitiam uma declaração em que apontavam:

> *rechaçamos a posição extremista de determinados grupos que, sob a palavra de ordem do antiextrativismo, opõem-se sistematicamente à exploração de nossos recursos naturais, exigindo que isso só possa ser feito com o consentimento prévio das pessoas e comunidades que vivam perto dessa fonte de riqueza. Na prática, isso suporia a impossibilidade de aproveitar essa alternativa e, em última instância, comprometeria os êxitos alcançados em matéria social e econômica.*[7]

Assim, alegando os interesses das classes oprimidas e a bandeira da luta contra o imperialismo, os governos progressistas acabaram justificando a trilha do "extrativismo" como uma condição necessária para consolidar empregos, salários e políticas sociais. Lamentavelmente, essa argumentação ignorou o fato de que *consolidar o emprego, os salários, o consumo etc. é consolidar o crescimento, os investimentos, as taxas de lucros... enfim, o próprio sistema*. A ênfase "antineoliberal" obstruiu a questão central do problema. Ao se priorizar as políticas de "reativação", contornou-se os desafios da mudança revolucionária. Como apontou o cientista social brasileiro Ruy Mauro Marini em relação a ciclos anteriores, "confundiu-se crescimento com transformação estrutural".[8] Para a desgraça do rumo presente e futuro dos processos sociopolíticos, os tão ponderados "êxitos alcançados em matéria social e eco-

7 XII Cumbre del Alba, Declaración de Guayaquil, 30 jul. 2013.
8 Ruy Mauro Marini, *Subdesenvolvimento e revolução* (Florianópolis: Insular, 2013 [1974]).

nômica" não foram comprometidos pela eficácia das resistências "antiextrativistas", mas sim, como era elementar, pelo esgotamento do ciclo de alta das *commodities*.

Isso altera drasticamente as condições do diálogo, mas não o cerne da questão. É que, quando iniciamos esses debates, vivíamos imersos ainda em um clima marcado pela *embriaguez do crescimento*. A oficialidade do poder vangloriava-se de maiorias esmagadoras forjadas ao ritmo das cotizações de petróleo, soja, pasta de celulose, óleos e proteínas básicas prensadas, ferro, cobre, molibdênio e, claro, ouro e prata. Hoje, o cenário mudou radicalmente.

Agora, o corpo social latino-americano está atravessando *o tempo da ressaca*. Como tantas outras vezes na história econômica da região, o momento cíclico de auge durou pouco – e, depois, vieram à tona os efeitos e sintomas das expropriações e devastações. *A dor da expropriação é sentida à flor da pele.*[9]

Os efeitos anestésicos do consumismo – do consumo ostentoso das elites, do consumo imitativo das classes

9 Horacio Machado Aráoz, "Los dolores de Nuestra América y la condición neocolonial. Extractivismo y biopolítica de la expropiación" (*Revista Observatorio Social de América Latina*, Buenos Aires, Clacso, ano XIII, n.32, nov. 2012, <http://biblioteca.clacso.edu.ar/clacso/osal/20120927103642/OSAL32.pdf>).

médias e do consumo compensatório das bases da pirâmide[10] – perderam eficácia. São tempos de aturdimentos e confusões, e também de crises e levantes oblíquos, de efervescência da conflitividade social e política: em suma, de agravamento e explicitação das violências e das violações expropriatórias.[11] Talvez o único aspecto promissor do sombrio cenário presente é que, talvez, estejamos agora em melhores condições para voltar a propor e repensar precisamente *o cerne da questão.*

O extrativismo como geometabolismo do capital

> *O capitalismo vive à custa de economias coloniais; vive, mais exatamente, de sua ruína. E se para acumular tem absoluta necessidade destas é porque estas lhe oferecem a terra nutritiva à custa da qual se cumpre a acumulação.*
> Rosa Luxemburgo

Em nosso modo de ver, *o cerne da questão* sobre a problemática do – provavelmente malchamado – fenômeno do "extrativismo" é a *natureza colonial do capitalismo* e, mais genericamente, os vícios (por certo, contraditoriamente antimaterialistas) antropocêntricos, produtivistas

10 Horacio Machado Aráoz, "Extractivismo y 'consenso social': expropiación – consumo y fabricación de subjetividades (capitalistas) en contextos neocoloniales" (*Revista Cuestiones de Población y Sociedad*, Centro de Estudios de Población y Desarrollo, Universidad Nacional de Villa María, v.2, n.3, dez. 2013.; Adrián Scribano; Angélica de Senna. "Consumo compensatorio: ¿una nueva forma de construir sociabilidades desde el Estado?" (*Relaces*, n.15, ano 6, ago.-nov. 2014, <http://www.relaces.com.ar/index.php/relaces/article/view/335/216>).

11 Mirta Antonelli, "Formaciones predatorias. Fragmentos de un prisma bio(tanato) político sobre neoextractivismo y capitalismo contemporâneo" (*Revista Actuel Marx Intervenciones*, LOM, Santiago do Chile, n.20, 2016).

e evolucionistas que ainda hoje afetam a radicalidade revolucionária do pensamento marxista.[12]

Sobre a primeira questão fundamental, cabe assinalar que a razão progressista incorre (por interesse próprio ou não) em uma grave omissão teórico-política sobre as raízes, os alcances e as funções do extrativismo na ecologia-mundo do capital. Ao limitá-lo temporariamente a certos períodos ou restringi-lo espacialmente às geografias onde se localizam as "atividades extrativistas", os porta-vozes dos governos progressistas procuram desconectar/desconhecer os incontornáveis vínculos histórica e geograficamente existentes entre *extrativismo, colonialismo* e *capitalismo*. Por exemplo, García Linera propõe que o extrativismo é apenas uma fase ou etapa dos processos produtivos que se encontra em qualquer formação social, independentemente de suas características e condições histórico-políticas específicas. Para ele,

> *o extrativismo, o não extrativismo ou o industrialismo (...) são sistemas técnicos de processamento da Natureza mediante o trabalho e podem estar presentes em sociedades pré-capitalistas, capitalistas ou sociedades comunitaristas. (...) Os críticos do extrativismo confundem sistema técnico com modo de produção e a partir dessa confusão associam extrativismo com capitalismo, esquecendo que existem sociedades não extrativistas, as industriais plenamente capitalistas!*[13]

12 Sobre esse ponto, remeto ao apresentado em nosso artigo "Marx, (los) marxismo(s) y la ecología. Notas para un alegato ecosocialista" (*Revista GEOgraphia*, Universidade Federal Fluminense, v.17, n.34, 2015, <http://www.uff.br/geographia/ojs/index.php/geographia/article/view/837>), p.9-38.

13 Álvaro García Linera, *Geopolítica de la Amazonía*, op. cit., p.107.

No entanto, isso se contradiz com – e renega – as análises elementares de Karl Marx sobre as origens e a natureza do capitalismo. O capitalismo é um modo histórico de produção que, desde suas origens, surge e se constitui como tal enquanto sistema-mundo, não apenas como "economia nacional". Ainda quando Marx tenha se concentrado na análise da economia britânica, como a expressão mais bem-acabada do capitalismo no século XIX, nunca postulou que ela podia ser compreendida em si própria, à margem das relações coloniais estabelecidas com o resto do mundo. E, mais ainda, o apogeu britânico do século XIX não é um fato aleatório, mas sim resultado do processo histórico de desenvolvimento das relações coloniais que a Europa protagoniza a partir do final do século XV.

Um olhar pretensamente marxista não pode ignorar que "no alvorecer da era da produção capitalista" encontramos, como fatos determinantes,

> *o descobrimento das jazidas de ouro e prata da América, a cruzada de extermínio, escravização e sepultamento nas minas da população aborígene, o começo da conquista e saque das Índias Orientais, a conversão do continente africano em campo de caça de escravos negros...*[14]

Além disso, como destacaram as análises de Rosa Luxemburgo[15] e do geógrafo britânico David Harvey,[16] os fatos desencadeantes da acumulação originária não revestem apenas o valor de acontecimentos do passado que marcam as origens do capitalismo, mas sim se trata de um *modus operandi* que revela a lógica intrínseca, constitutiva e consti-

14 Karl Marx, *El Capital* (Tomo I. México: Siglo XXI, 1976 [1867]), p.638.

15 Rosa Luxemburgo, A acumulação do capital (1912).

16 David Harvey, "El 'nuevo' Imperialismo: acumulación por desposesión" (*Socialist Register*, Buenos Aires, Clacso, n.40, "El nuevo desafío imperial", 2004).

tuinte do capitalismo. Longe de ser uma etapa no desenvolvimento do capitalismo que se restringe a suas origens, essas formas de espoliação e de saque constituem um aspecto inerente e contínuo do capitalismo ao longo de suas diversas fases históricas. Não é uma mera coincidência que Marx, em *O capital*, logo depois do capítulo XXIII ("A lei geral da acumulação capitalista"), desenvolva o próximo capítulo com o sugestivo título de "A acumulação primitiva" e, a seguir, faça outro denominado "A moderna teoria da colonização". Essa sequência nos mostra como Marx via que a acumulação primitiva se desenvolve junto com a acumulação civilizada, e os próprios nomes das distintas acumulações indicam o caráter colonial da modernidade capitalista.[17]

A análise de Rosa Luxemburgo é sumamente esclarecedora dessa *desigualdade geográfica* permanente no tempo, própria do capitalismo como sistema mundial. Para ela, o processo de produção de mais-valia que acontece nas metrópoles imperiais ("a acumulação como processo puramente econômico") é inseparavelmente subsidiário da "política colonial", que "se desenvolve no cenário mundial" no qual a acumulação acontece já "sem dissimulação" por meio da "violência, engano, opressão e rapina".[18] Na economia-mundo do capital, as geografias industrializadas estão "organicamente vinculadas" às geografias coloniais, onde impera pura e simplesmente a acumulação por espoliação. Portanto, "a evolução histórica do capitalismo só pode ser compreendida se as estudamos [as geografias industrializadas e as coloniais] conjuntamente".[19]

17 Agradeço ao professor Carlos Walter Porto-Gonçalves, que sugeriu esse pertinente parágrafo enquanto revisava os originais que integram essa publicação.

18 Rosa Luxemburgo, A acumulação do capital (1912).

19 Ibid.

Assim, é preciso descartar totalmente uma grosseira falácia argumentativa sobre o "extrativismo": não se pode conceber a economia brasileira como extrativista devido à sua alta taxa de exportação de bauxita e como não extrativista a economia alemã, que é a que mais consome alumínio *per capita* em todo o mundo, quando o alumínio que abastece as indústrias alemãs é fornecido por jazidas localizadas em território brasileiro. *O "vínculo orgânico" entre as economias industrializadas e as regiões coloniais, apontado por Rosa Luxemburgo, remete diretamente ao des-en-cobrimento do extrativismo como dispositivo colonial do geometabolismo do capital.*

De tal modo que, efetivamente, o extrativismo não é um modo de produção, mas tampouco é uma fase dos processos produtivos, nem algo que defina somente a economia de um país ou região onde se realiza a extração. Nem é um fenômeno recente, nem algo atemporal. O extrativismo é um fenômeno estrutural, historicamente delimitado à moderna era do capital. Emerge como produto histórico geopolítico da diferenciação e hierarquização originária entre territórios coloniais e metrópoles imperiais – os *primeiros* concebidos como meros espaços de saque e espólio para o aprovisionamento dos *segundos*.

Nesse sentido, não é possível ignorar o fundacional e determinante papel performativo desempenhado pela conquista e colonização da América no surgimento, expansão e consolidação do capitalismo como padrão de poder mundial e modelo civilizatório hegemônico. O descobrimento da *Natureza americana* se erige assim como o pilar fundacional desse processo e a condição da própria possibilidade do capitalismo como tal. Desde essa época até o presente, ininterruptamente, *a "riqueza" da Natureza americana (e das regiões coloniais, em geral) se constituirá na matéria-prima da acumulação capitalista global; proverá as bases materiais e simbólicas da produção capitalista da Natureza e da configuração da Natureza como objeto colonial do capital.*

Ou seja, a cosmovisão propriamente moderno-capitalista da Natureza – baseada em uma concepção eminentemente antropocêntrica/utilitarista da mesma – e o padrão hegemônico de relacionamento extrativista resultante se conformaram no específico contexto sócio-histórico do "descobrimento" e conquista da *Natureza americana*. Assim, o *modus operandi* do conquistador exerceu o papel de *habitus* a partir do qual se construíram as tecnologias materiais, institucionais e representacionais de apropriação, uso e manipulação da Natureza, que acabaram sendo instituídas como "únicas", "universais".

Esse *habitus* conquistador está na quintessência do sujeito moderno, do protótipo do indivíduo racional, que, já materializado em seus papéis de *cientista*, de *empresário* ou de *funcionário estatal* (intercambiavelmente) arrogou-se o monopólio do tratamento e da disposição (já "científica", já "eficiente", já "legal") da Natureza. Assim, a partir de então e até a atualidade, a Natureza-vida, já relegada à sua condição de mero recurso, será pensada de modo linear, concebida e tratada como *objeto de conquista* e de exploração a serviço da acumulação.

A ideia de colonialidade da Natureza remete a esse dispositivo epistêmico por meio do qual o capital traçou uma trajetória de objetificação, cientificação e mercantilização da Natureza, tanto daquela *exterior (territórios-recursos naturais)*, como da *interior (corpos-força de trabalho)*. O historiador da ciência Peter Bowler destaca como a formação do "espírito científico" moderno e a própria constituição das ciências naturais estiveram motivacionalmente fundadas "*não apenas pelo desejo de explorar mas também de extrair uma proporção sempre maior da superfície terrestre... Tal atitude exigia uma visão mais impessoal da Natureza; uma imagem dos seres vivos como meros artefatos que estavam ali para serem explorados"*. E não é um detalhe menor o fato de que esses descobrimentos foram protagonizados "por homens que não eram ilustrados, mas sim comerciantes que partiam em busca de lucro".[20] De tal modo, do século XVI em diante, assistimos à ascensão de uma concepção mecanicista da Natureza como verdade científica, que contribuiu para "legitimar a implacável atitude de uma época em que o lucro era a única coisa que importava".[21]

No entanto, vale ressaltar então que esse sistema representacional não foi criado no ar, nem com anterioridade à organização global da economia política do saque. A *colonialidade* como a face oculta da modernidade não é concebível à margem ou independentemente da dinâmica material-energética, *sócio-geo-metabólica*, de imposição de um padrão mundial estrutural de exploração dos territórios e corpos assim con-vertidos em *botins de guerra/objetos de conquista*. Como precisa o geógrafo brasileiro Carlos Walter Porto Gonçalves,

> *sem o ouro e a prata da América, sem a ocupação de suas terras para as plantações de cana-de-açúcar, de café, de tabaco e de tantas outras espécies, sem a exploração do trabalho indígena e escravo, a Europa não seria nem moderna nem centro do mundo.*[22]

Isso significa que *não há colonialidade sem colonialismo; e que não há capitalismo sem extrativismo*. O extrativismo, tal como o temos definido e caracterizado,[23] remete ao padrão

20 Peter Bowler, *Historia fontana de las ciencias ambientales* (México: Fondo de Cultura Económica, 1998), p.50-55.

21 Ibid., p.50.

22 Carlos Walter Porto-Gonçalves, *Geografando nos varadouros do mundo* (Brasília: Ibama, 2003), p.168.

23 Horacio Machado Aráoz, "Ecología política de los regímenes extractivistas. De reconfiguraciones imperiales y re-ex-sistencias

geográfico-colonial de apropriação e disposição das energias vitais (as primárias: energias naturais; e as secundárias: socioterritoriais) por parte de uma minoria social violenta que impôs a *economia de guerra* como cosmovisão e prática de relacionamento com o mundo – o que, em longo prazo, produz *condições (ecobiopolíticas) de superioridade* em alguns (poucos) seres humanos e grupos socioculturais e *efeitos (ecobiopolíticos) de inferiorização* em vastas maiorias da humanidade.

Por outro lado, ao ser um sistema autoexpansivo, que toma como finalidade um objeto abstrato (a acumulação de valor) desvinculando-se da materialidade concreta do mundo da vida, o capitalismo cria uma Natureza em que a produção de "riqueza" está dialética e inexoravelmente ligada à depredação das fontes e meios de vida. *A capitalização da Natureza – inclusive nas formas do conservacionismo – é a morte da Natureza.*

No entanto, essa morte não se distribui proporcional e simetricamente, abrigada de modo diferencial, nas economias coloniais, assim marcadas como *zonas de sacrifício*. A economia imperial do capital, o modo de vida imperial[24] das elites que detêm o controle oligopólico dos meios de violência, somente se faz "sustentável" à custa da exploração extrativista dos corpos e territórios, ou seja, da vida em suas formas históricas elementares. Por isso, o capital é uma necroeconomia de fronteira.

descoloniales en Nuestra América" (*Bajo el Volcán*, Puebla, B. Universidad Autónoma de Puebla, 15 [23], 2015, <http://www.redalyc.org/articulo.oa?id=28643473002>).

24 Ulrich Brand; Markus Wissen, "Crisis socioecológica y modo de vida imperial: crisis y continuidad de las relaciones sociedad-Naturaleza en el capitalismo" (In: *Alternativas al capitalismo/colonialismo del siglo XXI*. Quito: Fundação Rosa Luxemburgo; Abya Yala, 2013).

A apropriação da terra e do trabalho de fronteira tem sido a condição indispensável para as grandes ondas de acumulação de capital (...). As apropriações de fronteira enviam vastas reservas de trabalho, alimento, energia e matérias-primas às entranhas da acumulação global de capital [sem às quais esta não seria materialmente possível].[25]

Crescer para sair do neoliberalismo? As miragens do "crescimento com inclusão social"

O capitalismo de crescimento morreu.
O socialismo de crescimento, que parece um irmão gêmeo daquele, reflete a imagem deformada de nosso passado, não a de nosso futuro.
André Gorz, *Ecología y libertad*

Ver e compreender até que ponto o capitalismo não pode funcionar a não ser à custa da exploração extrativista de economias coloniais poderia não ser politicamente tão importante não fosse o fato de que estamos vivendo e falando *de* e *a partir de Nossa América*. Entender e sentir até que ponto a exploração da Terra é, em si mesma, a exploração dos corpos, é algo crucial para os que estamos situados em uma perspectiva epistêmico-política do Sul.[26] É precisamente isso que nos faz tomar consciência de que a "riqueza" que o capital acumula – e que, em suas versões progressistas, promete "redistribuir" – é a riqueza do valor abstrato, cuja acumulação se dá à custa da fagocitose dos expropriados, dos "condenados da Terra".[27]

25 Jason W. Moore, "El auge de la ecologia-mundo capitalista" (*Laberinto*, n.38, 2013).
26 Boaventura de Souza Santos, *Una epistemología del sur* (México, Clacso; Siglo XXI, 2009).
27 Frantz Fanon, *Los condenados de la tierra* (Buenos Aires: Fondo de

Como já assinalamos em outras oportunidades, os extravios da *razão progressista* nascem precisamente daquela omissão. Ao abraçar fervorosamente a fé cega no progresso (ou seja, o credo colonial-capitalista do evolucionismo, o cientificismo e a onipotência e "neutralidade" tecnológica), a razão progressista acredita firmemente no crescimento infinito como horizonte universal e desejável da história, e na redistribuição desse crescimento como "caminho" da redenção social. Esse imaginário colonial "atacou" de novo os esforços emancipatórios *nossoamericanos* recentes. Nas encruzilhadas do capitalismo/colonialismo senil, os governos progressistas da América Latina, surgidos e fomentados por resistências populares contra o neoliberalismo, recaem – uma vez mais – na *cegueira colonial das fantasias desenvolvimentistas*. Tentam romper as correntes da opressão histórica, aprofundando, no entanto, as vias estruturais que as forjaram. Omitindo que o problema de fundo era e é o capitalismo/colonialismo, optou-se por confrontar com o "neoliberalismo". Confundindo "crescimento" com "revolução social", apostou-se no crescimento – sim, claro, com redistribuição de renda – como "via de saída" para o "pós-neoliberalismo". Apesar de todas as advertências em contrário, a obsessão pelo crescimento, pela expansão do consumo, pela "ascensão das classes médias" como caminho para "superação da pobreza" acabou provocando uma grave amnésia política sobre *o que cresce* e sobre os efeitos ecobiopolíticos desse crescimento.

Inevitavelmente, o que se expande com o crescimento (do Produto Interno Bruto, dos investimentos, dos empregos, e também dos salários e do consumo popular) é o capitalismo. O crescimento não nos tira nem nos

Cultura Económica, 2007 [1961]).

distancia deste, mas nos afunda cada vez mais em suas entranhas necroeconômicas. Nosso crescimento – o de nossas economias latino-americanas – é o crescimento especificamente do capitalismo periférico-colonial-dependente. Portanto, é o aprofundamento das condições histórico-estruturais de superexploração,[28] de depredação da Terra e dos corpos como matéria-prima para a realização da acumulação global. Nosso crescimento não nos distanciou do capitalismo, e sim foi funcional a sua reativação e intensificação. Não apenas em termos macrogeopolíticos, já que o *boom* das *commodities* alimentou o crescimento industrial chinês como locomotiva do mundo, mas também em termos microbiopolíticos, pois a expansão do consumo opera como uma grande fábrica de produção capitalista de subjetividades, de sensibilidades e de sociabilidades feitas corpos, em que as formas de percepção da realidade, os modos de estruturação das relações sociais e até os modos de pensar a própria vida, os sonhos, os desejos e o sentido da existência estão completamente mediados e colonizados pela lógica fetichista da mercadoria.

A expansão da febre consumista, sabemos, provoca estragos nas energias revolucionárias. Quando a forma mercadoria se converte em portadora da felicidade; quando o acesso a estas é tomado como indicador de "bem-estar social"; quando o universo dos ideais políticos – as máximas aspirações libertárias, igualitárias e de justiça – se reduz drasticamente à aspiração minimalista de "participar" no consumo de mercado, aí é quando já perdemos completamente o rumo e até o *sentido da vida*.

Nossas críticas aos governos progressistas não procuram, de nenhum modo, "fazer o jogo da direita", mas o contrário.

28 Ruy Mauro Marini, *Subdesenvolvimento e revolução*, op. cit.

Simplesmente se ressaltou que falar de “capitalismo selvagem” é uma tautologia e que predicar o “capitalismo humanizado” é um oxímoro.

O capitalismo não admite adjetivações, é simplesmente isso: um regime de relações sociais que fagocita as energias vitais como meio para a acumulação pretensamente infinita do valor abstrato. Nesse processo, consome a vitalidade da Terra e a humanidade do humano.

Agora, como chegam novamente tempos de “ajuste e recessão”, vale a pena lembrar o que dissemos em tempos de auge e expansão: o neoliberalismo não é somente sinônimo de privatizações, ajustes, cortes de salários e políticas sociais. O neoliberalismo é uma fase do capital cuja característica central está dada pelo predomínio de processos de *acumulação por espoliação*,[29] vale dizer, pela *intensificação das dinâmicas de mercantilização mediadas por múltiplos e recentes recursos de violência*. O neoliberalismo nada mais é do que o capitalismo em sua fase senil, a era da acumulação em tempos de esgotamento do mundo e de crise terminal das energias vitais, tanto das primárias (que brotam da Terra) como das sociais (que surgem e se mobilizam pelo trabalho).

Precisamente porque a *economia política da devastação*[30] chegou ao seu limite, *a fase do extrativismo neoliberal implica o início de uma nova era: a era da exploração não convencional*. É que as formas convencionais da

29 Frantz Fanon, *Los condenados de la Tierra*, op. cit.

30 John Bellamy Foster, “A ecologia da destruição” (*O Comoneiro*, n.4, mar. 2007, <http://www.ocomuneiro.com/nr04_01_john_bellamy.html>).

exploração (tanto da força de trabalho-natureza interior, como da Terra-natureza exterior) chegaram ao fundo do poço. É o esgotamento das formas neotayloristas de disposição dos corpos e extração das energias sociais. É o esgotamento das formas convencionais de extração de energias em suas formas primárias – petróleo, minerais, nutrientes, proteínas. É, por conseguinte, o início de novos regimes de trabalho/tecnologias de extração de mais-valia e de novas tecnologias de extração e superexploração dos "recursos não convencionais": a era do *fracking*, do *shale-oil* e do pré-sal; da mineração hidroquímica em grande escala; das megaplantações também químicas e carboníferas; a era da transgenia e da intervenção mercantilizadora sobre as estruturas microscópicas da vida (nanotecnologia), assim como das geoengenharias e os mercados de carbono, oxigênio, fósforo, nitrogênio etc. Sob essa dinâmica, o capital avança criando novos regimes de Natureza (capital natural) e novos regimes de subjetividade (capital humano), cujos processos de reprodução se encontram cada vez mais subsumidos à lei do valor. Esse avanço do capital supõe uma fenomenal força de expropriação/apropriação das condições materiais e simbólicas da soberania dos povos, das condições de autodeterminação da própria vida. E tudo isso se realiza à custa da intensificação exponencial da violência como meio de produção-chave da acumulação.

Assim, vivemos então tempos de agravamento e explicitação das violências relacionadas à expropriação. Não por acaso, em 3 de março de 2016, o panorama sociopolítico de Nossa América viu-se sacudido pelo brutal assassinato da ambientalista e líder indígena hondurenha Berta Cáceres, acompanhado de agressões e tentativas de incriminação do ativista mexicano Gustavo Castro Soto, outro companheiro, ambos unidos nas lutas contra os megaprojetos hidrelétricos, de mineração em grande escala e monoculturas extrativistas que implicam, no fundo, *os novos cercamentos (*enclosures*) do século* XXI. Incontestavelmente, o motivo de semelhante crime foi que Berta havia se tornado um duro obstáculo para os projetos de poder. Como líder firme e clara, tinha plena consciência de que sua vida corria perigo. Ela própria, alguns meses antes de seu assassinato, denunciava que o terrorismo, a militarização e as perseguições vividos em Honduras por camponeses, povos originários e o povo garífuna eram parte de uma estratégia cujo fim era "*decapitar o movimento social que está resistindo nos territórios ao avanço do capitalismo*".

Em uma entrevista de novembro de 2014, um jornalista perguntou-lhe: "Berta, diante dessa onda de assassinatos, você teme por sua vida?". Ela respondeu:

> *Sim, sim. Bom, temos medo... Em Honduras não é fácil. É um país em que se vive uma violência brutal. São constantes os assassinatos, as ameaças, os atentados à vida... O encarceramento, as ordens de prisão, bom, esses são riscos menores. (...) O mais perigoso em Honduras, que eu mesma sinto, é o risco de perder a vida. (...) Mas, sim, tememos por nossa vida, mas eu também quero dizer categoricamente que não nos vão paralisar pelo medo. Que eles saibam disso. Além disso, mesmo que aconteça, eu estou absolutamente convencida de que o povo lenca e a resistência do povo hondurenho não vão acabar, ao contrário, vão crescer ainda mais.*[31]

Forma extrema de violência, o assassinato de Berta, como o de tantas e tantos outros sujeitos/corpos-conscientes de sua territorialidade em Nossa América,

31 Entrevista realizada por *Resumen Latinoamericano*, nov. 2014, <https://www.youtube.com/watch?v=R7vrgwbS074>.

emerge como inequívoco sintoma da fase senil, ultrapredatória, em que ingressou o metabolismo necroeconômico do capital, essa ecologia-mundo que tem prosperado e usurpado o nome da humanidade à custa da depredação sacrificial das economias de fronteira, de sua Terra e seu trabalho. Berta tinha clara consciência de que o modo de vida capitalista, colonial, patriarcal contra o qual lutava precisava, para progredir, fraturar as conexões vitais-existenciais entre corpos-trabalho e Terra-territórios de vida. Berta lutou com esses *corpos primitivizados* pela violência modernizadora do capital. Por isso, para a "opinião pública", nas crônicas jornalísticas convencionais, Berta era apresentada como "defensora dos Direitos Humanos". Para quem a conhecemos, para muitas e muitos que fazem parte desses *corpos em re(ex)sistência*, Berta é uma *defensora da Mãe Terra*. Temos a íntima convicção de que ela própria preferia esta última apresentação, porque sua vida é, em si, uma pedagogia política que nos ensina que *não há Direitos Humanos por fora nem acima da Mãe Terra; que não há "dignificação do ser humano" nem "luta contra a exploração das/dos trabalhadoras/es" que se conquiste à custa da exploração e depredação da Terra.*

Da questão de fundo ao fundamental: *pensar-nos Terra como chave para re-orientar nossas lutas emancipatórias*

> *A Natureza é o corpo inorgânico do homem; ou seja, quando não é o próprio corpo humano. Que o homem vive da Natureza quer dizer que a Natureza é seu corpo, com o qual deve manter-se em um processo constante, para não morrer. A afirmação de que a vida física e espiritual do homem se encontra vinculada com a*

Natureza não tem mais sentido do que a de que a Natureza se encontra vinculada consigo mesma, e que o homem é parte da Natureza.
Karl Marx, *Manuscritos econômico-filosóficos*

Salvo notáveis exceções, o pensamento tradicional de esquerda e o marxismo ortodoxo em geral tendem a priorizar a *opressão de classe* em detrimento da *exploração da Natureza*, como se fossem duas problemáticas distintas e desconexas. No entanto, esse tipo de argumentação está em aberta contradição com a ontologia materialista de Marx, que ao pensar os fundamentos da realidade, em vez da consciência, do sujeito ou do objeto, parte do corpo. Em efeito, para Marx, "*a primeira premissa de toda a história humana é a existência de indivíduos humanos vivos. O primeiro fato a se constatar é, portanto, a organização corpórea desses indivíduos e a relação por isso existente com o resto da Natureza*".[32] Trata-se de uma premissa fundamental sobre a qual se edifica todo o pensamento filosófico, antropológico e político de Marx.

Em primeiro lugar, partir dos indivíduos humanos *viventes* implica, antes de mais nada, negar radicalmente toda separação entre Natureza e sociedade e rechaçar todo antropocentrismo. Ou, caso se prefira assim, supõe partir da afirmação básica de que *o ser humano é Natureza. A materialidade do corpo remete indefectivelmente ao enraizamento histórico-materialista* – como propõe Marx –, o que nos leva a reconhecer que, *historicamente, viemos da Natureza*: somos parte do processo natural de irrupção, desenvolvimento e complexificação da matéria no transcurso geológico da vida no planeta. E que, *fisiologicamente, dependemos da Natureza*: os

32 Karl Marx; Friedrich Engels, *La ideología alemana* (Barcelona: Grijalbo, 1974 [1846]), p.19.

corpos humanos viventes (natureza interior) têm uma relação de dependência existencial com o conjunto de seres vivos e de fatores e condições biosféricas da Terra (natureza exterior). A Terra – como sistema vivente – nos *excede*, nos *precede* e nos *contém* absolutamente. Nossa vida é estrutural e funcionalmente dependente de uma sistemática e ininterrupta vinculação material com o resto da Natureza em geral. Portanto, o humano não pode ser separado da Natureza: não pode ser pensado ou concebido como algo *exterior*, *alheio ou contraposto* à Natureza.

Em segundo lugar, ao partir dos corpos, *Marx coloca a questão da vida – a problemática dos indivíduos humanos viventes – na base de sua construção teórica e no centro de suas preocupações políticas*. Diferentemente do idealismo, do empirismo naturalista e do materialismo mecanicista (cada um, em suas diferentes variantes), Marx não concebe o mundo nem como "ideia" nem como "coisa", mas sim como *vida-prática*. Em Marx, *o real é o vivo* enquanto tal: o conjunto de processos prático-materiais através dos quais acontece a vida em geral – e também, em particular, a vida humana, como expressão histórico-específica daquela.

Assim, a centralidade do corpo, enquanto permite desobstruir a ficção idealista de todo antropocentrismo, é fundamental para uma epistemologia política que se pensa em chave de emancipação e realização plena da vida. Pois, quando o que ocupa o centro de nossas preocupações epistêmicas e políticas é a vida plena dos seres humanos viventes, não há lugar para sustentar a falácia do antagonismo *Homem versus Natureza*. Pelo contrário, faz-se evidente que, na realidade, a contradição *capital versus trabalho* não é anterior nem exterior à contradição capital *versus* Natureza-vida. Não se trata de duas contradições,[33] mas sim de uma única grande

33 James O'Connor, *Causas naturales: ensayos de marxismo ecológico* (México: Siglo XXI, 2001).

contradição fundamental, na qual a dinâmica necroeconômica do capital supõe (e exige) sacrificar a vida (na radicalidade de suas fontes e na diversidade de suas formas e manifestações) no altar do valor abstrato. Faz-se, definitivamente, manifesto que o encarceramento da Terra – através da propriedade – é o primeiro elo dos grilhões que acorrentam o trabalho.

Assim, a crucial questão da libertação humana (das amarras do capital) exige hoje, mais do que nunca, nos limiares do século XXI, repensar a Terra. Repensar a Terra como questão vital-fundamental é repensá-la e redescobri-la como Mãe. E é também repensar-nos, os seres humanos, como ontologicamente filhos da Terra: seres terrestres, no sentido existencial de que não vivemos somente sobre a Terra e da Terra, mas que literalmente somos Terra. Precisamos, de modo urgente, voltar a saber-nos e, sobretudo, sentir-nos Terra.

Se a in-civilização do capital chegou tão longe na devastação e vilipêndio da vida, é precisamente porque não apenas cresceu e se globalizou declarando guerra à Mãe Terra, como também, decisivamente, foi muito eficaz na criação de sujeitos-indivíduos que não se concebem como filhos da Terra, mas que a sentem e concebem a partir da *exterioridade*, da *superioridade* e da *instrumentalidade*. Indivíduos que acreditam e que sentem que vivem do dinheiro e não da Mãe Terra, que concebem o progresso e o desenvolvimento do humano em termos de domínio e exploração supostamente infinita dos "recursos" da Terra.

Diante do cenário de barbárie globalizada e diversificada que o século XXI nos oferece, depois de mais de cinco séculos de "desenvolvimento capitalista", precisamos urgentemente repensar a Terra para reorientar o horizonte e o sentido de nossas lutas emancipatórias.

Repensar a Terra como Mãe não é *romanticismo pachamamista* nem *obscurantismo anticientífico*. Embora seja, sim, uma afirmação efetivamente pré-científica (no sentido de que se trata de um saber humano cuja articulação como tal antecede historicamente a própria constituição da ciência, como regime hegemônico de produção de conhecimentos), trata-se, no entanto, de uma *verdade fundamental*, não apenas no mais profundo sentido filosófico, mas também no mais rigoroso sentido científico. Reconhecê-la como tal e adequar a ela nossos modos de vida, nossas instituições, nossas subjetividades – ou seja, nossos corpos e nossos sonhos, nossas formas de conceber, perceber, pensar, sentir e viver nosso lugar no mundo – talvez seja o maior desafio pedagógico-político que enfrentamos como espécie, em um momento em que *o caminho da emancipação* tornou-se, nada mais, nada menos, do que *o caminho pela sobrevivência*: a sobrevivência, pelo menos, da Humanidade do humano. *Se as forças de esquerda não assumem como próprio esse desafio, então quem o fará?*

Primeira edição, outubro de 2016
Quinta reimpressão, janeiro de 2020
São Paulo, Brasil

Dados Internacionais de Catalogação na Publicação (CIP)
Vagner Rodolfo CRB-8/9410

D485
Descolonizar o imaginário: debates sobre pós-extrativismo e alternativas ao desenvolvimento / Gerhard Dilger, Miriam Lang, Jorge Pereira Filho (Orgs.) ; traduzido por Igor Ojeda. - São Paulo : Fundação Rosa Luxemburgo, 2016.
472 p. ; 14,5cm x 23cm.

Inclui índice e bibliografia.
ISBN: 978-85-68302-07-1

1. Bem estar social. 2. Natureza. 3. Direitos humanos. 4. Política. 5. Movimento indígena. 6. Movimentos sociais. 7. Ecologia. 8. América Latina. I. Dilger, Gerhard. II. Lang, Miriam. III. Pereira Filho, Jorge. IV. Ojeda, Igor. V. Título.

CDD 361.61
2016-176 CDU 364

Índices para catálogo sistemático:
1. Políticas sociais 361.61
2. Políticas sociais 364

Autonomia Literária
autonomialiteraria.com.br
autonomialiteraria@gmail.com
fb.com/autonomialiteraria
@autonomialiteraria

Editora Elefante
editoraelefante.com.br
editoraelefante@gmail.com
fb.com/editoraelefante
@editoraelefante

fontes GT Walsheim & Fournier MT Std

papel Kraft 240 g/m² e Lux Cream 70 g/m²

impressão BMF Gráfica

tiragem 2.000 exemplares